제4판 미래인을 키우기 위한

아동 미술활동의 지도와 이해

최 재 영

창지사

머리말

21세기의 인류 역사는 무한하고 새로운 문명의 도래를 예고하며 힘차고 거대한 물결로 우리에게 밀려오고 있다. 앞으로의 세계는 아무도 예측할 수 없는 불확실한 시대를 살아갈 것이라는 영국의 스티븐 호킹 박사의 말처럼 불투명하기만 한 미래를 우리 후손들이 더욱 밝고 아름답게 펼쳐나갈 수 있게 도와주고 이끌어야 하는 것은 지금 우리가 해야 할 절대적인 과제이며 의무다.

지금 사회 전반에 걸쳐서 만연한 가치관의 혼란은 국가를 위기로 내몰고 있으며, 이러한 시대를 살아가야 하는 현대인이 진정으로 진실하고 가치 있는 삶이 무엇인지를 숙고해 보아야 하는 시점임을 알아야 한다.

교육은 시대와 시대를 연결하고 새로운 문화를 꽃피우는 가장 확실한 방법이자 대안이다. 이것을 고려하지 않고 위대한 역사와 문화를 꿈꾸는 것은 씨앗을 심지 않고 열매를 기다리는 어리석은 농부와 무엇이 다르겠는가?

인간을 육성하는 한 방편으로써, 미래를 준비하는 과정으로써, 아직은 그 무엇으로도 대신할 수 없는 교육활동은 우리가 기대하는 최선의 돌파구가 되고 있다는 점에선 아무도 부인하지 못할 것이다.

미술교육은 바로 이처럼 바람직한 인격 형성과 인류문화 창조라는 면에서 이해하고 인식할 때 그 가치가 올바르게 평가된다. 이러한 의미에서 미술교육은 진정한 인간교육의 수단으로서 인간의 무한한 창조력을 배양한다는 더욱 높은 차원에서 인식되어져야만 한다.

본서에서는 이러한 절대적인 목표를 달성하기 위해, 특히 우리나라의 미래를 위한 교육의 발판을 마련한다는 뜻에서 집필되었음을 밝혀 둔다. 그래서 본서에서는 더욱 효과적인 결과를 달성하기 위하여 다음의 몇 가지에 초점을 맞추었다.

1. 본서의 모든 내용은 우리나라 아동 미술교육의 현실을 직시하고 효과적인 운영을 이끌고자 하는 차원에서 고려되었다.
2. 다른 나라 미술교육연구가들이 주장한 학설을 참고하되, 우리나라 교육 현실과 비교하여 가장 타당성 있는 내용을 도출하고자 하였다.
3. 학설을 주장한 인물의 구체적인 신상은 본서가 강조하는 면과 그다지 중요한 관계가 아니므로 가능한 한 생략하였다.
4. 우리나라에서 이미 출간된 아동미술 지도서의 상당수가 실기활동 중심이며, 미술교육 과정이나 학문적 이론을 다룬 서적 대부분은 외국 번역물이 주를 이루다 보니 용어 적용이 부적절하고 우리의 교육 현실에 맞지 않는 내용이 많았다. 또한, 문장연결이 부정확하여 전체적인 내용을 파악하기가 어려울 뿐만 아니라 때로는 혼선을 주는 경우도 적지 않았다. 그래서 아동의 실기나 체험활동을 다룬 책들은 많이 출간되어 있는 점을 고려하여 본서에서는 그것을 최대한 배제하고 이론적 바탕을 중심으로 하였으며, 번역문을 인용할 때는 사전적인 풀이를 떠나서 현장중심의 문장으로 쉽게 풀어서 독자의 이해를 돕고자 하였다.
5. 저자가 30년 이상 아동 미술교육에 관련된 강의를 하면서 느끼고 연구하였던 실무경험과 아동 미술대회, 학부모 교육 및 상담활동 경험 등을 바탕으로 우리나라 미술교육의 현실을 최대한 반영하여, 현장감 있는 지도서가 될 수 있도록 노력하였다.

끝으로 본서에 실린 모든 참고자료는 저자가 직접 유치원, 초등학교, 중학교 등의 교육현장과 각종 미술대회에서 수집한 자료를 활용하였으며, 여러 부분에서 도움을 주신 분들께 심심한 감사의 말씀을 드리는 바이다.

2019년 6월

최 재 영

차 례

■ 머리말 / 2

Chapter 01 미술이란? 9

1. 미술의 정의 / 10
2. 문명을 선도하는 미술 / 11
3. 미술이 교육에 미치는 영향 / 16
4. 오늘날의 미술교육으로 발전하기까지 / 18
5. 인간육성으로서의 미술 / 26
6. 한국 미술교육의 현실 / 30
7. 앞으로의 미술교육에 대한 제언 / 33

Chapter 02 아동 미술교육 39

1. 아동 미술교육의 개념 / 40
2. 아동 미술교육의 의의 / 41
3. 아동 미술교육의 목표 / 46
4. 바람직한 아동 미술교육 / 63

Chapter 03 아동 미술의 특징 67

1. 아동화에 나타나는 여러 가지 특징 / 68
2. 아동화의 여러 가지 유형 / 84
3. 아동화와 형태 / 105
4. 아동화와 구도 / 107
5. 아동화와 색채 / 111

Chapter 04 아동화의 발달단계 113

1. 아동화 발달단계의 여러 연구 / 114
2. 저자의 연령별 아동화 발달단계 / 126

Chapter 05 아동 미술교육의 특징 137

1. 아동 미술교육의 원리 / 138
2. 아동 미술교육의 형식 / 145
3. 아동 미술교육의 특성 / 151
4. 아동 미술교육의 방법 / 155
5. 그리기 활동(회화영역)의 영역과 지도 / 158
6. 만들기 활동(조소영역)의 영역과 지도 / 181
7. 꾸미기 활동(디자인)의 영역과 지도 / 189

Chapter 06 아동 미술의 감상 199

1. 감상의 의미 / 200
2. 아동 미술 감상 / 202
3. 감상 활동 / 204
4. 아동 미술활동의 영역별 목표 / 208

Chapter 07 아동 미술 활동의 평가 209

1. 평가의 의의 / 210
2. 평가의 목표 / 210
3. 평가의 내용 / 211
4. 평가의 방법 / 213
5. 평가의 결과 처리 / 218

Chapter 08 아동 미술과 교사 219

1. 교사의 요건 / 220
2. 교사의 역할 / 222

Chapter 09 아동 미술의 이해 229

1. 아동 미술과 정신위생 / 230
2. 낙서와 정신위생 / 232
3. 그림을 통한 아동의 이해 / 245

Chapter 10 아동화의 개념과 그 교정 275

1. 개념화의 의미 / 276
2. 개념화의 교정 / 277

Chapter 11 그림으로 보는 아동의 이해 283

1. 형태로 보는 아동의 이해 / 284
2. 색채로 보는 아동의 이해 / 286
3. 화면의 전체적 분위기로 보는 아동의 이해 / 287
4. 그림으로 보는 아동 이해의 실제 / 290
5. 아동화 이해의 바람직한 방법 / 320
6. 아동화 이해의 맺는 말 / 324

- 참고문헌 / 326
- 저자소개 / 327

01

미술이란?

능산리 고분 옆 폐사지에서 출토된 '백제 금동향료'

미술작품은 한 시대의 정신문화와
가치를 가늠해 볼 수 있는 척도가 되기도 한다.

1 미술의 정의

인류의 역사가 수많은 세월을 거쳐 오면서 근대에 이르기까지 미술이라는 의미는 기능, 기술이라는 뜻의 범주에서 크게 벗어나지 못하고 있었다. 영어의 'Fine Art'나 독일어의 'Kunst', 우리나라의 '미술'이라는 단어 속에는 특정한 기술을 포함하는 의미가 컸다. 이러한 미술은 건축, 조소, 서화기술 등과 같은 기능적 요소의 범주를 벗어나지 못하였고, 고대 그리스나 로마 시대, 중세시대, 우리나라는 조선 말기까지 오늘날의 미술이라는 개념보다 기술 또는 기능이라는 관념이 앞섰다. 물론 어디까지가 기술이고, 또한 어디까지가 미술이냐 하는 관계는 상대적인 함수 관계에 있는 것이기에 그것을 구분 짓는 것이 어려운 것임은 분명하다.

17세기 이후 유럽, 특히 프랑스의 루이 왕조 이후 미술에 대한 개념이 차츰 정리되기 시작했는데, 인간의 기술과 능력에 의해서 이루어지는 효과를 복합하면서 아름다움에 대한 객관성이 만들어지고 여기에 예술적 의미를 접합시키면서 미술로서의 가치가 나타난다고 하였다.

우리가 미(美)를 이야기할 때 '아름다움'이란, '아름답지 못한 것'에 대한 상대적 의미이며, 어떤 객관적인 잣대에 의해서 결정되는 것은 아니다. 보는 사람의 관점에 따라 상반된 감정 의식이 따르기 때문에 꼬집어 말할 수는 없겠지만, 어쨌거나 '아름답다.'와 '아름답지 못하다.'는 두 관점에 대한 구분은 누구나 감각적 능력을 갖추고 있다는 점에서 볼 때 시각으로 확인되어진 대상을 통해서 어떤 의미와 가치를 부여하느냐의 정도에 따라 나름의 판단과 감정을 갖는 것이라 하겠다.

원초적으로 존재하는 자연의 아름다움과 그것을 바탕으로 하여 인간이 창조한 아름다움이 인간의 생활을 보다 윤택하게 하는 것이라면 인간은 미술활동이라는 관념으로 끊임없이 변화와 발전을 추구할 것임은 분명하다. 다시 말해서 자연에서 얻는 아름다움의 이미지(image)와 인간의 능력과 기술에 의하여 내면의 감정이 승화되어 이루어진 창조의 아름다움이 예술의 구현이며 곧 미술이라고 할 수 있다.

이것은 오늘날 미술에 대한 일반적 정의로 규정되고 있다.

인간의 이러한 미술활동이 추구하는 미적 형태나 상황은 매우 복잡하고 다양성을 띤다. 때문에 미술활동은 인류의 역사와 더불어 끊임없이 변화하면서 개인은 물론이고 사회, 국가 나아가 인류의 역사와 문화에 주도적으로 영향을 끼치게 될 것임은 틀림없는 사실이다.

2 문명을 선도하는 미술

인류 최초의 조상은 약 4백만 년 전에 두 발로 걷기 시작하였고, 그들이 어떻게 두 팔을 사용하였는지에 대해서는 아직도 알 수 없다. 그 후 2백만 년 이상이 지난 뒤 인간이 도구를 만들기 시작했다는 첫 자취가 나타났다. 구석기 시대 도구가 바로 그것이다. 물론 그 훨씬 전에 도구를 사용하여 짐승을 잡거나 열매를 따거나 또 다른 용도로 사용할 줄 알았던 것은 충분히 짐작된다.

도구를 사용할 줄 안다는 사실과 도구를 만든다는 것과의 차이는 엄청나다. 처음에는 구하기 쉬운 나무 막대기나 돌 등을 이용하다가 더 나은 능률을 올리기 위해 형태와 기능을 연결하기 시작하였고 최대의 기능을 얻기 위해 깨거나 깎아서 형태를 개량하여 나갔다. 이것이 우리가 실증할 수 있는 최초의 기술이며 그것과 함께 구석기 시대(Old Stone Age)로 알려진 인류문명 발달의 커다란 분기점에 들어섰다. 여기에서 인류는 끊임없는 기술의 발달과 그 기술의 축적에 의한 새로운 문화를 발전시켰으며, 가장 오래된 것으로 실증된 인류의 미술작품들과 우리가 만나게 된 것은 약 3만 5천 년 전 구석기 시대 마지막 단계의 유물이다.

최초의 인류는 비교적 생존에 유리한 기후 조건을 찾아 계속 이동하였고, 돌출된 바위 밑이나 동굴에서 살기 시작했다. 지금의 스페인이나 남 · 서 프랑스 등지가 이들의 생활 근거지가 되었을 것이다. 북부 스페인의 알타미라 동굴에서 볼 수 있는 동굴 벽화 「상처 입은 들소」나 프랑스 도로도뉴 지방의 「라스코 동굴 벽화」는 곧 그들의 생활 근거지를 가늠케 하는 좋은 증거이다. 우리나라 한반도도 인류가 살기에 적합한 곳이어서 일찍부터 인간이 살았음을 보여 주는 흔적이 많이 남아 있는데, 울산 태화강 상류의 반구대 '암각화'가 그 대표적인 것이다.

▼ 알타미라 동굴 벽화
(스페인, 구석기 시대)

▼ 울주군 대곡리 반구대 암각화 부분
(울산, 구석기 시대)

이러한 선사 시대의 동굴 벽화나 암각화는 그 표현의 사실성이나 회화성에서 우리를 놀라게 한다. 그리고 그것이 '어떤 의미가 있는가.' 하는 문제에는 많은 학자의 견해가 있다. 지금까지의 연구 결과 중에서는 '어쩌면 사냥의 성공을 확실히 하기 위한' 주술적 의식의 일부로 만들어졌다는 견해가 가장 타당하다고 여겨진다.

원시인은 오늘날과 비교해서 훨씬 열악한 환경 속에서 목숨을 걸고 짐승을 사냥하였을 것이다. 살아남기 위한 기원은 처절하고 간절한 것이었고 그것이 곧 일상이었음을 짐작할 수 있다. 그들은 밤이 되면 컴컴한 동굴 깊숙이 들어가서 횃불을 밝히고 들짐승의 피와 기름으로 동굴 벽면과 천장에 엄숙한 예배를 드리듯이 그림을 그렸을 것이다. 짐승을 잡아야만 생존할 수 있는 절대적인 위기감은 곧 신앙과도 같은 것이 되어 그들의 손에 의해 반복적으로 그려지고 이러한 생활의 되풀이를 통해서 아름다움에 대한 의식이 깊어지고, 더 깊은 정신적 안정을 얻을 수 있었을 것이다. 그러나 이러한 견해도 인간의 그리고 싶은 본능 욕구를 그 근거로 하고 있다는 점에 초점을 둘 수 있다. 무엇인가를 나타내고 싶은 충동, 욕구를 통해서 얻어지는 희열과 찬탄 등은 인간 본연의 느낌이요, 숨길 수 없는 감정이다. 원시인의 생존을 위한 투쟁의 결과물이라 할 수 있는 이러한 활동은 곧 그들의 생활조건에서 크게 영향을 받았음을 알 수 있다. 인류는 이러한 지극히 동물적이고 원시적인 생활에서 점차 지식을 축적했으며, 문자가 발명되기 전 인류문명의 저장방법으로 그림이 최초의 수단이었음을 짐작할 수 있다.

인간이 점차 정착생활을 하면서 자연히 농경사회로 발전되었다. 농경 생활의 정착으로 인류는 엄청난 사회구조의 변화와 문화의 발전을 가져오게 된다. 석기시대에서 철기시대로의 변화는 역사시대의 개막을 예고하였다.

▼ 피라미드와 스핑크스(고대 이집트)

▼ 수렵도 벽화(고대 이집트)

역사시대의 시작은 문자의 발명이 이루어진 기원전 약 2천 년 전으로 이야기하고 있다. 이것은 역사의 시작과 문자의 발명 시기가 대체로 일치함을 보여 주며 기록된 문자의 유무는 확실히 선사시대와 역사시대를 구분 짓는 중요한 단서이다. 분명히 선사시대는 평온하고 무사한 시대는 아니었다. 수렵에서 농경까지의 길은 멀고도 험한 노정이었다. 그리고 그것은 과거 5천 년 동안 발생한 사건들에 비추어 볼 때 매우 느리고 점진적이었던 것으로 보인다.

문자의 발명은 인간의 모든 것을 가속화했고 이집트와 메소포타미아, 인더스 계곡과 중국의 황하 유역 등지에서 더욱 새롭고 역동적인 세계를 만들었다. 인류의 새로운 역사를 열게 한 불가결한 문자 발명의 업적은 오늘날 우리가 알고 있는 인류문명 발전에 절대적 역할을 하였음은 의심의 여지가 없다. 이러한 인류문명의 발전에 절대적인 역할을 한 문자의 초기형태는 주로 원시인이 살았던 동굴이나, 그들이 사용했던 도구들, 암각화 등에서 발견되는 그림들과 상당한 관련이 있었음을 알 수 있다. 원초적 본능에 의해 나타난 그리기 욕구는 수만 년 동안의 완만한 전진을 거듭하여 드디어 문자를 만들었고, 이러한 사건은 인류문명의 발전에 엄청난 변화를 가져왔다.

▼ 인더스 문명의 유적 '모헨조다로'

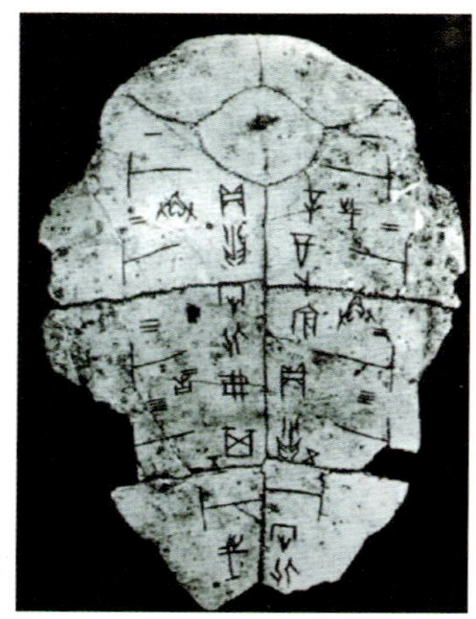

▼ 황하 문명의 대표적 유물인 '갑골문' (은나라 후기)

서구문명의 모체가 된 이집트 미술은 사후세계의 열망, 현실의 생활을 죽음 후의 세계에 연결하려는 염원에서 비롯되어 분묘미술이 발달하였고, 당시의 문화를 이해하는 중요한 단서가 되었다. 신앙이 되다시피 한 사후세계를 준비하기 위해 그들은 부단히 기술을 개발하고 새로운 문명을 일구어내었으며, 그 후 직·간접적으로 영향을 받은 그리스와 로마 시대를 거치면서 유럽의 문명으로 변화·발전되었다.

인더스와 황하에서 시작한 동양의 역사시대 또한 절대 정체되지 않고 보수성과 혁신을 반복하면서 변화·발전되었다. 그러다가 기원전 5세기경 인도 갠지스 강 유역에서 일어난 불교문명은 종전의 동양문명에 많은 변화를 주면서 중국을 거쳐 한반도와 일본에 새로운 문명을 태동케 하였다. 그리고 그것은 불교미술이라는 형식을 통하여 우리의 생활 전반에 영향을 미쳤고 나름의 민족미술로 정착되었다.

▼ 불국사와 다보탑(통일신라시대)

▼ 석굴암 본존 불상(통일신라시대)

미술은 정체된 것이 아니라, 끊임없이 변화하는 역동적인 것이다. 그리하여 인간의 의식과 사상, 환경, 생활풍습 등 모든 것에 직·간접적으로 영향을 디치면서 새로운 가치와 문명을 만드는 인류의 가장 원초적인 창조활동이라고 할 수 있다. 이러한 의미에서 미술은 인류의 보편적 가치를 가장 확실하게 결정지어주는 기저이다.

3 미술이 교육에 미치는 영향

21세기 교육사조에서 일반적인 흐름의 가장 두드러진 변화는 조기교육이다. 세계의 많은 나라에서 꾸준히 이루어지고 있는 교육연령의 하향 추세는 양질의 교육을 조기에 제공함으로써 더 많은 정보와 지식, 정제되고 세련된 감성을 키워 더욱 능력 있고 우수한 인재를 양성하려는 염원의 반영이라 하겠다.

미국은 1966년 국민교육연합위원회(National Education Association: NEA)에서 아동의 교육기회 균등이라는 제안을 제시하며, 취학 전 4~5세 아동의 수학 욕구 증대와 이에 부응하는 교육기관의 설립 요청, 맞벌이 아동이나 미혼모 아동에게 폭넓은 교육의 기회를 제공하려는 사회복지의 증진, 취학 전 아동의 요구에 부응하는 실험적 교육활동 등 여러 사회적인 요인에 의하여 소위 '헤드 스타트 운동'(Head Start Movement)이 일어났고, 그 결과 우수 아동의 조기 취학 경향과 유치원의 공교육화, 무학년 제도의 시도 등 새로운 교육활동이 나타나기 시작하였다. 이에 영향을 받은 영국에서는 1967년 이후 조기교육의 일환으로 유치원의 확대와 교육기회의 균등을 모색하기 시작하였으며, 취학 전 아동의 의무교육에 대비한 준비교육으로 사실상의 취학 연령을 낮추기 시작했고 아동 개개의 성장과 발달을 위한 활동이 매우 두드러지게 나타났다.

일본이나 중국, 우리나라도 마찬가지로 십수 년 전부터 아동의 조기교육 필요성과 그것의 공교육화를 모색하는 움직임이 나타나기 시작하여 지금은 거의 일반화된 추세이다. 특히, 일본은 오래전부터 "세계인을 기른다."는 교육목표를 세우고 다른 나라의 지역사회와 결연하여 그 지역 가정에 아동을 보내어 그곳의 아동과 같이 생활하면서 그 나라의 풍습과 언어, 문화 등을 직접 몸으로 체험하는 활동을 전개하고 있다. 이에 우리나라도 이러한 활동이 점차 늘어나는 추세여서 다변화의 국제시대에 능동적으로 대응하는 인재를 육성해야 하는 시대적 요청을 적절히 반영하는 것 같아 무척 다행으로 여겨진다. 중국 역시 새로운 경제 대국으로 부상하면서 지속적인 국가발전을 도모하기 위해서는 교육에 대한 투자가 가장 확실한 길임을 깨닫고 아동의 조기교육프로그램 개발과 확대에 엄청난 국가적 역량을 경주하는 추세다.

오늘날 세계 각국의 일반적 교육경향을 보면 아동의 조기교육에 관해서는 그 어느 때보다도 많은 관심과 투자를 아끼지 않고 있다. 나름의 정치적 상황이나 사회 여건에 따라 색깔을 달리하고는 있지만 일찍부터 여러 활동을 통하여 학습의 경험을 넓히고 정보의 극대화를 통하여 더욱 유능한 인재를 길러내겠다는 의미는 서로 공통성을 띤다.

취학 전 아동의 주된 학습활동의 하나로 이루어지고 있는 것이 미술활동이다. 지각이나 수리, 탐구력 등 모든 면에서 미분화되고 성숙하지 못한 아동의 정서에 비춰 볼 때 미술활동은 비교적 저항이 적고 효과적인 방법으로 인식되기 때문이다. 미술을 통한 여러 가지 놀이 활동은 사회성과 합리적 사고, 수리력과 탐구력을 키워 주는 데 저항을 최소화한 자연스러운 방법이 될 수 있다. 또한, 아동의 갈등을 해소해 주는 수단으로 정신위생에 기여함은 물론 정서적 안정을 기하고 적극적인 생활 태도를 기른다는 의미에서 많은 교육가는 상당히 긍정적인 활동으로 평가한다. 이러한 면에서 볼 때 미술활동은 아동이 가장 좋아하는 놀이로서뿐만 아니라 아동의 자연스러운 교육활동으로서 바람직한 인생을 준비하고 창조의식을 길러주어 인생의 행복을 느낄 수 있는 반석을 마련한다는 의미에서도 그 가치를 둘 수 있다.

▼ 엄마와 함께하는 만들기 놀이

▼ 친구와 즐겁게 그리기 놀이

취학 전 아동의 주된 학습활동으로서는 미술놀이가 효과적이다.

4 오늘날의 미술교육으로 발전하기까지

오늘날의 미술교육 과정과 의의, 목적 등이 확립·발전되어 그 기틀을 잡기 시작한 곳은 유럽이다. 대체로 그 시기는 1760년경에 영국에서 비롯된 산업혁명이 유럽의 여러 나라로 파급되어 가던 1830년을 전후를 기점으로 새로운 미술교육의 필요성을 인식하기 시작했다고 볼 수 있다. 그 이전의 미술교육은 특별히 미술이라고 하기에는 극히 한정적인 면을 일부 특수한 장인들이 제자를 길러내기 위해서 행해지던 것으로, 모방과 훈련을 통해서 전문기능을 전달하는 반복활동이 고작이었고 오늘날 우리가 말하는 일반 국민교육은 아니었다.

이러한 사회현상에서 근대 미술교육과정의 출발로 볼 수 있는 영국과 독일의 미술교육 사조를 요약하여 살펴보는 것은 미래교육의 새로운 시각을 갖는 데 도움을 주므로 이를 제시해 본다.

1) 영국에서 시작된 미술교육 사조

영국에서 일어난 산업혁명의 기폭제가 된 것은 방직산업이었다. 종전의 가내 수공업에 의해 생산되던 직물이 기계를 이용한 공장제 공업으로 전환되면서 대량생산시대로 접어들게 되었다. 그러나 당시의 기계들은 오늘날과 같이 정밀하고 세련되지 못하였을 뿐만 아니라 직공들 또한 섬세하고 아름다운 직물을 만들어 내기에는 기술이나 미의식이 부족하였다. 손으로 한 올 한 올 엮어서 짜던 수공업보다 오히려 아름다움은 떨어졌고, 다만 양적인 성장에 치중하던 때였다. 그래서 영국 정부에서는 어떻게 하면 양적인 것뿐만 아니라 수공업에서 보여 주던 아름다운 직물을 생산할 수 있을지를 고심하기 시작하였으며 이를 달성하기 위한 연구기관으로 1835년에 미술공업조사위원회를 설립하였다. 이어서 직공의 미적 감각을 높이기 위한 훈련기관으로 1837년에 국립도안학교를 설립하고 각 공장의 직공을 선발하여 교육이 행해지기 시작하였다.

▼ 영국의 산업혁명을 주도한
최초의 면직기인 아크라이트의 수력 면직기

▼ 와트의 증기기관은
영국 산업혁명을 더욱 가속화시켰다.

이 학교에서 훈련받은 직공들은 직장으로 돌아가 다른 동료 직공들에게 전수하는 방법으로 교육을 확대한 결과 상당히 높은 성과를 달성하였으며, 방직공업의 새로운 가능성을 확인시켜 주는 계기가 되었다. 그 후 영국 정부는 이러한 교육이 무척 효과적임을 인식하고 이를 극대화하기 위해 전국 각지에 분교를 설치하였을 뿐만 아니라 국민교육으로서의 미술공예교육을 확대해 나갔다.

▼ 런던에서 개최된 제1회 세계만국박람회장인 수정궁과 박람회 전시장

그러다가 1851년 런던에서 처음으로 개최된 세계만국박람회에서 영국의 영향을 받아 산업혁명이 뒤늦게 일어난 프랑스가 출품한 제품과 비교해 본 결과, 자국의 제품이 모든 면에서 조잡하고 뒤떨어진다는 사실을 인식하고 큰 충격과 자극을

받게 된다. 이미 유럽 전역으로 퍼져나간 산업혁명의 열기는 전통적으로 수준 높은 미의식을 가진 프랑스 제품에서 그 진가가 나타나기 시작한 것임을 보여 준 것이다. 이는 영국인의 자존심에 큰 상처를 주는 계기가 되었고, 위기의식을 갖는 기회가 되기도 했다.

이때부터 영국은 전문가뿐만 아니라 전체 국민교육을 통하여 미의식을 더욱 차원 높게 확대해야 한다는 목표를 정하고 초·중·고등학교의 교과목으로 미술을 신설하여 읽기·쓰기·산술과 더불어 정식 교육과정으로 시행하기에 이른다.

2) 독일에서 시작된 미술교육 사조

산업혁명을 통해 우수한 제품을 만들어야 한다는 실용적인 필요에 의해 일어난 영국의 미술교육과는 달리 독일에서는 이론적 근거에 민감한 민족성에 그 바탕을 두고 있다. 인간교육이라는 차원에서 '어떻게 하면 아동을 바람직한 인간으로 성장시킬 것인가?' 하는 문제는 독일 국민 누구나 갖고 있던 공통 관심사였고 전인적 인간으로서의 육성에는 반드시 수준 높은 정서교육이 지식교육과 함께 병행되어야 한다는 점을 많은 사상가들이 일찍부터 주장하였으며, 이러한 주장이 국민의식 가운데 자리하게 되었다.

▼ 근대 교육의 아버지로 불리는 스위스 출신의 페스탈로치

종교 개혁을 주창한 루터(Luther)나 캘빈(Calvin), 즈윈글리(Zwingli), 멜란히톤(Melanchthon) 등에 의해 보통교육이 제창되었고, 보통학교 교과목인 종교, 독서, 습자, 음악, 체조, 상업, 가사, 공작 등 지식 위주의 교육이 아니라, 실천적인 기술을 배워야 한다는 주장이 강조되기도 했다. 그 후 17세기에 들어와서 코메니우스(Comenius)는 감각적 실학주의를 주창, 아동의 감각적 경험을 중요시하고 모든 재료는 교재가 될 수 있다는 감각교육론을 강하게 주장하였다. 실학

주의자 로크(Locke)도 감상을 통한 교육을 주장하였고, 아동의 체험을 존중하는 교육이 실천되어야 한다고 강조한 페스탈로치(Pestalozzi)나 프뢰벨(Fröbel)에 의해 자연물을 직접 관찰해보고 그것을 사생해 보거나 점토 공작, 수공기능 체험을 위한 공장견학 등의 활동을 그들의 실험학교에서 교육과정으로 다루었다. 바제도우(Basedow)는 아동의 유희와 직관의 원리를 다루고 생활에 필요한 지식을 중요시하여, 공작이나 원예를 통한 자유로운 학습활동을 강조했다.

▼ 페스탈로치의 영향을 많이 받아 아동교육을 주창한 독일의 프뢰벨

현대 미술교육이 지향하는 가장 가까운 사상을 바탕으로 한 독일의 근대 미술교육의 태동은 그들의 진보적인 인간교육의 한 기본으로서 유럽의 미술교육 발전에 커다란 영향을 미치게 되었다.

3) 두 사조의 교육 내용

유럽의 근대미술교육 발전의 초석이 되었던 이 두 경향의 사조는 그 교육 내용에서 거의 유사한 공통점을 가지고 있다. 특히, 도화활동(그리기)에서 초기에는 수직선이나 수평선, 사선 긋기를 주로 하였으며, 이것이 어느 정도 숙달되면 삼각형, 정사각형, 직사각형 그리기 과정으로 이어지다가 다음 단계인 무늬 묘사로 점차 복잡하고 어려운 단계를 더하여 갔다. 무늬 묘사는 당시 유럽에 수입되던 페르시아산 양탄자의 복잡한 기하학적 문양이나 무늬가 학습 자료로 이용되었고, 이 과정에서 서양 회화의 원근 법칙이 함께 학습되었다. 이후 용구를 이용한 기하도법과 투영・투시도법의 원리를 습득하여, 실제 생활에 활용 가능한 제도 기술을 익히게 하였다.

이러한 미술교육은 근 반세기 동안 지속되다가 점차 용구의 사용을 줄여나가면서 직접 손으로 하는 묘사력을 늘려 나갔다. 가장 주된 내용이 되었던 기하 형태의 제도 외에 생활 주변의 여러 가지 도구나 기물뿐만 아니라 동물이나 식물 등을 직접 관찰하고 그리는 사생도 점차 늘려 활동의 범위를 넓혀 나갔다.

이 두 경향의 사조와 교육내용은 유럽 여러 나라로 퍼져나갔으며, 서구의 근대 미술교육의 틀을 형성하는 중요한 요인이 되었다.

4) 근대 미술교육의 확립

19세기 유럽 각국은 의무교육론을 국정과제로 제기하였고 그것이 실행되면서 미술교육도 일반화되기 시작하였다. 초등학교 교육과정은 '노력의 교육에서 흥미의 교육'으로 개선되고 그리기와 만들기도 산업혁명과 더불어 '생산적이고 능동적인 활동'이 강조되는 내용으로 그 필요성이 바뀌게 되었다.

이 시대의 가장 큰 관심은 국민의 일반적인 교육인 초등교육에 있었고 '개인의 모든 능력의 조화로운 발전'이 최고의 목표가 되었다. '인간의 조화로운 형성'이 교육의 이상이며 '교육 자체가 예술'이라는 미적 교육사상의 기초를 강조한 헤르바르트(Herbert)나 "여가를 보람되게 활용하기 위해서는 흥미와 정서를 풍부하게 하는 예술적 창작과 감상활동의 중요성을 인식하고 초등교육의 활동으로 정착되어야 한다."고 주장한 영국의 스펜스(Spencer) 등에 의해 19세기 이전까지 교육을 철학적 견지에서 보던 시각이 실천철학과 심리학에 의존한 과학적인 시각으로 바뀌기 시작한 것은 엄청난 발전이라 할 수 있다. "아동의 창의적 구성 활동은 자발성과 사회적 계약을 조화시키는 힘이 된다."는 주장으로 아동 미술교육의 기초를 닦은 프뢰벨은 1837년 최초의 유치원을 개설하고 놀이를 통한 미술교육의 새로운 활동을 시도하였다.

영국의 러스킨(Ruskin)은 건전한 사회의 복원을 예술정신에 두고 수공예의 부흥과 도화교육에 의한 정조함양(情操涵養)으로 원만한 품성을 기르고 실용성에 바탕을 둔 미술교육의 개혁을 주장하였고, 독일의 모리스(Morris)는 공예미술, 민중예술, 생활예술, 환경미화 운동을 전개하여 고도의 기술주의, 과학주의에 대한 저항으로 인간성을 회복하여 인간의 생명과 조화되는 문화를 확립하자는 점을 강조하였다. 독일의 케르켄슈타이너(Kerchensteiner)는 아동화의 발달단계를 분석하고 아동의 성장에 기초한 노작활동의 필요성과 아동심리를 이해한 선각적 사상으로 새로운 교육을 열어갈 것을 주장하였다.

19세기 유럽은 산업혁명이라는 역동적인 사회변화를 거치는 동안 과거의 가치관이나 도덕관, 교육의 목표 등 사회를 뒷받침하는 전반적인 면에서 엄청난 변화를 겪게 된다. 그에 따라 미술교육에 대한 여러 학자의 주장 또한 다양한 사상과 형태로 나타났으며, 각 나라가 추구하는 교육목적과 이익을 위해 많은 노력이 이루어지기도 하였다.

5) 우리나라 미술교육의 역사

우리나라는 조선조 1392년 태조 원년에 전문 화공을 양성하기 위해 오늘날의 국립 미술대학과 유사한 도화원(圖畵院)을 설립하였다. 도화원의 주된 역할은 나라에서 필요로 하는 그림, 왕실이나 귀족의 초상 등을 제작하는 일을 맡았고 화원은 종 6품에서 정 6품까지 '별제' 벼슬을 주어 국가에서 양성하였다. 지방에는 일부 양반계층을 위하여 서당을 중심으로 붓글씨와 더불어 서화가 일률적으로 교육되기도 하였으나, 갑오경장 이전까지만 하여도 이러한 교육활동은 일반 서민교육이 아닌 양반계층에서만 이루어지던 특별한 것이었다.

▼ 한국 최초로 서양식의 신개념 학교교육이 시작된 원산학사의 외부와 교실의 당시 모습. 모금에 의한 민간자본으로 세워진 한국 최초의 사립학교이기도 하다.

서양에서 발전되어 온 근대 미술교육의 형태가 우리나라에 도입된 것은 1883년(고종 20년)으로, 함경남도 원산항이 개항되면서 무역에 필요한 인재양성을 위해 민간자본에 의해서 세워진 원산학사가 우리나라 최초의 서양식 학교이다. 당시 문예반을 편성했다는 기록으로 보아 미술 교육이 최초로 이루어졌을 것으로 짐작된다. 이후 서양선교사들이 본격적으로 우리나라에 들어와 선교활동을 시작하면서부터 선교 차원의 서양식 교육에 편성하여 미술교육이 행해졌다고 할 수 있다.

1885년(고종 22년) 원주에 천주교 신학당이 세워지면서, 아동 미술교육이 단편적으로 행해졌다는 기록이 보인다. 그 해 아펜젤러가 서울에 배재학당을, 1887년에 이화학당을 개교하면서 서양식 학교 교육이 시도되었고, 1897년 평양의 숭실학교가 개교되고 그 뒤를 이어 전국 각지에 신교육 개념의 학교가 계속해서 세워졌다. 1894년 갑오경장 이후 교육을 국가중흥의 중요한 수단으로 삼으려는 정책이 입안되면서 1895년에 교사양성을 위한 목적으로 한성사범학교 관제법규가 발표되었다. 1895년에 소학교령이, 1906년에 보통학교령이 반포되자 그에 따라 습자, 도화, 공작 등이 다른 교과와 함께 교육과정으로 다뤄졌으나 모방을 위주로 하는 연필 스케치, 붓글씨, 수묵화 정도의 수준을 벗어나지 못하는 정도였다.

1910년 일본 강점기부터 1945년 주권이 회복되기까지 미술교육의 내용은 일본의 단순한 교과서 모방, 사생화, 기억화, 간단한 수공과 공작 등이었다. 당시 일본 교육계는 유럽 페스탈로치의 교육사상에 많은 영향을 받아 수공, 수예 등이 강조된 노작활동을 통한 실용교육이 우세하였으며, 이러한 영향은 당시 우리나라의 미술교육에도 적용되었으리라 짐작된다.

이후 일본 군국주의는 인간교육이라는 면보다 전쟁에서 이기기 위한 수단으로 교육을 이용하기 시작하였다. 소학교의 도화, 공작 시간에도 전쟁을 주제로 한 선동 포스터, 전쟁화, 전투기, 군함, 모형 비행기 만들기로 아동의 개성 신장이나 인성 발달을 위한 것과는 거리가 먼 활동으로 일관하였다. 2차 세계대전의 종전으로 주권회복이 이루어졌고 자유민주주의의 이념을 바탕으로 한 새 교육사상이 들어오면서 인권존중의 교육기회를 접하기 시작하였다. 1950년 홍익인간을 표방한 민주시

민양성이라는 개정된 교육법이 공표되기는 하였으나 일제강점기에 교육을 받은 대부분 교사의 경직된 사고는 민주주의 이념 교육을 실천하기엔 역부족이었다. 1950년 동족상잔의 남북전쟁으로 모든 교육시설이 파괴되었고 정상적인 교육활동이 불가능한 상태가 되었다.

전쟁 이후 교육 재건을 위한 여러 우여곡절을 겪으면서 점차 아동 미술교육에 대한 관심과 연구가 점진적으로 이루어지기 시작하였으며, 세계의 아동 미술을 접할 수 있는 전시회가 숙명여자중학교 주최로 1956년 처음으로 서울에서 개최되었다. 그 후 여러 단체가 주축이 되어 국제아동미술전시회가 이루어지면서 이러한 활동들이 미술교육의 발전에 긍정적인 영향을 미치게 되었다.

1963년 12월 제3공화국이 출범하면서 우리나라는 경제개발이 본격화되고, 경제성장에 따라 미술계 활동이 활발해지면서 각종 국제교류전 참가, 미술교육시설의 확충, 전문미술교육지도자의 양성 등 괄목할 만한 성장을 보여 주게 되었다. 이는 아동 미술에 대한 국민의 관심과 인식에 많은 변화를 가져왔으며, 그 중요성과 효과가 아동의 성장 발달에 얼마나 많은 영향을 미치는지에 대한 교육경영자들의 인식도 새로운 차원에서 엄청나게 달라진 것도 사실이다.

지금은 서울이나 대도시인 광역시는 물론, 어지간한 중소도시에서도 아동 미술대회가 연중행사로 개최되고 있으며, 도시의 골목 어디에서나 아동미술학원을 볼 수 있는, 그야말로 아동 미술교육의 황금기라고 할 정도의 질적 · 양적인 성장을 보여 주고 있다. 이러한 현상은 그만큼 미술활동이 인격육성에 지대한 영향을 미친다는 사실을 대부분의 학부모들이 인식하고 있으며, 또한 입증하는 사례라고 할 수 있다.

▼ 국제아동미술전시회 모습(서울)

5 인간육성으로서의 미술

동물의 세계에서도 반복적인 훈련을 통하여 생존의 기본방법을 전수하고 그들 나름의 사회구조를 형성·계승시켜 나가고 있음을 볼 수 있다. 하물며 인간의 세계에서야 말할 나위가 없는 일이다. '교육을 통하여 인간이 어떻게 살아야 하는가?', '무엇이 인생의 가치가 되는가?' 하는 원론적인 문제뿐만 아니라 문화를 전수하고, 또한 그 위에 새로운 문화를 창조하여 더욱더 발전된 사회로 변화시켜 왔기 때문에 오늘날 우리는 고도로 발전된 문명사회에서 살아갈 수 있는 것이다.

그러나 우리가 교육문제에 근본적으로 접근해 보면 아주 단순한 말로 요약할 수도 있다. '행복한 인간육성을 위해서'라는 것이다. 행복이라는 말은 많은 의미를 포함하고 있다. 인간의 기본적인 욕구 충족뿐만 아니라 복잡하고 고차원적인 욕구 충족에 의한 만족감이나 쾌감을 주는 것이 반드시 행복이 되는 것은 아니다. 여러 가지 의미 중에서 도덕적 과정으로서의 '행복'에 중점을 두었던 페스탈로치나 헤발트(Herbart)는 "인간의 자발적인 의욕과 행위에서 인간의 의지를 올바른 방향으로 이끌어 갈 수 있게 하는 것"이라고 하였다. 여기에서 자발적 의욕과 행위는 자유를 전제로 한다고 하였다. 따라서 인간의 행복은 자유를 근본으로 하는 것임을 강조한 것이다.

1) 자유로운 인간교육

인간교육이라는 문제에서 첫째로 자기 의사에 맞게 자유로운 선택과 실현을 할 수 있는 인간육성이 전제되어야 한다. 개체성 있는 자아의 발견과 그것에 의해 구현되는 자아의 실현이다. 진정한 자아의 실현은 자유가 전제되는 창의성·가능성·계획성이 중심이 되어야 하며, 행복한 인간육성은 자연적이고 생득적인 자유를 스스로 자기 기질에 맞게 훈련하는 것이 중요하다. 20세기 실존 철학에서 강조된 자아실현은 인류의 오랜 역사와 사회적 통념에서 형성된 보편성을 바탕으로 한 지적인 덕에 무조건 따라가야 한다는 것에 대한 반항의 의미가 많았다.

현대교육에서 강조하는 것은 개성을 억제하는 형식화된 도덕을 피하고 자기 내부의 본능적인 역량을 자발적으로 분출하는 덕의 실행에서 시작되어야 하고, 자발적인 덕의 실행은 개인의 자유를 최대한 허용한다는 의미가 있다고 했다. 그러므로 오늘날 우리에게 필요한 것은 자유를 바탕으로 한 개인의 특성을 스스로 계발하는 것이 무엇보다 중요한 인간교육의 목적으로 보는 견해가 많다.

2) 사회의식을 가진 인간교육

인간 개개인이 가진 무한한 내적 가능성을 스스로 계발한다는 것과 스스로가 갖는 자유의 의미는 그 자체가 방종이 아닌 통합화를 위한 한계를 가지고 있다. 이러한 자유는 단순하고 획일적인 것에 대한 방종보다 더한 책임을 포괄하고 있다. 자유라는 전제에서 비롯되는 개성 신장은 그가 속하고 있는 사회 집단과 얼마나 조화가 잘 되느냐 하는 것에서 가치가 있다. 이것은 인간의 자유가 사회질서에 맞아야 한다는 상호 부조나 개인이 갖는 사회의식을 말한다.

교육은 개인의 자유성과 그것의 신장에 의한 개별화의 과정에 의의가 있으며, 동시에 통합의 의미가 없으면 안 된다는 의미를 가진다. 아리스토텔레스(Aristoteles)의 "완전한 덕에 일치되는 영혼의 작용"이라는 말이나 고드윈(Godwin)의 "개인의식이 사회의식에 비례해야 한다."는 주장은 바로 개별성이 사회에 얼마나 부합되고 조화되어야 하는지의 중요성을 나타낸 말이다.

최근 들어 우리 사회에서 사회성의 중요성은 소홀히 하고 개인의 자유성과 개별성만 너무 강조하다 보니 인권존중이라는 문제에 부딪혀 교육현장에서 일어나는 문제가 사회문제로 번지는 경우가 많다. 아무리 개별성이 중요하더라도 '인간은 사회적 동물'이라는 한계를 결코 뛰어넘을 수는 없다. 따라서 행복한 인간이란, 개인의식과 사회의식을 동시에 갖춘 조화를 이루는 인간을 만드는 것이 교육의 목표가 되어야 함을 모든 사람이 깊이 인식해야 한다. 급격히 무너지고 있는 사회의식과 사라져 가는 윤리, 도덕은 우리 사회를 살얼음판으로 만들고 있다. 남을 배려하고 나를 낮추는 겸손이 상실되는 사회는 행복을 주지 못한다.

우리나라가 OECD 국가들 중 자살률이 가장 높다고 개탄한다. 맞는 말이다. 풍족함과 편리함은 세계에서 상위라고 자랑하지만, 행복함을 느끼지 못하기 때문이다. 나이 든 어른들은 "그 옛날이 사람 살 맛 나는 시절이었다."고 한다. 그때는 더불어 사는 사회였다. 이것이 얼마나 중요한지를 깨닫고 개별성 못지않게 사회의식을 심어 주는 진정한 인간교육이 달성되어야 함을 지금 우리가 깊이 고심하지 않으면 안 될 때이다.

3) 인간육성으로서의 미술

일찍이 플라톤(Platon)은 그의 '이상국'에서 교육의 원리를 음악에서 찾을 것을 강조하였다. 리듬과 조화는 인간의 영혼 속에 가장 깊이 스며들 수 있고 영혼의 세계를 가장 힘있게 지배하는 것이다. 그 결과 인간의 영혼 속에 우아함과 고상함이 생긴다. 이러한 음악교육이 올바르게 행해졌을 때 우아한 인간이 될 수 있다는 주장이었다. 예술과 행위 사이에 하나의 일치된 공통인수를 찾아서 교육론을 강조하였던 그는 특히 합창의 예술을 강조하였다. 각자가 가지는 고유한 음색을 마음껏 발휘하는 것이 교육에서 독자성을 인정하는 개별화의 과정이라면 그것이 합창단이라는 전체에 어디까지나 조화되어야 한다는 것은 교육에서 사회의식을 필요로 하는 통합화의 과정에 속한다고 할 수 있다. 개인의 역량이 아무리 뛰어나도 그것이 더욱 진정한 의미를 갖게 되는 것은 전체에 얼마나 조화를 이루었는지에 달려 있으며, 이것은 교육에 있어 바로 통합화의 과정이라고 하는 것이다.

미술을 통한 인간육성도 이와 같은 원리에서 생각해 볼 수 있다. 한 장의 그림에서도 그것의 구성요소가 되는 점 · 선 · 색채 등이 하나의 독자성을 가지고 있으며, 이것은 인간 개개인의 개성에 비유할 수 있다.

▼ 고대 그리스 철학자 플라톤

▼ 우리나라 선교사에 의해 케냐 빈민촌 아이들로 결성된 지라니 합창단의 국내공연 모습

플라톤은 사회성을 기르기 위한 사회의식의 통합화에는 합창이 효과적이라고 강조했다.

"아름다운 그림이란?" 이러한 그림의 여러 가지 구성요소가 서로 잘 조화되어 있다는 뜻이며, 이것은 곧 건강한 사회와 비유할 수 있다. 다시 말해서 미술이 이러한 여러 요소를 잘 구성하여 아름다운 그림을 만들듯, 미술교육의 목적을 아름다운 사회를 구성하는 한 요소로서의 자질을 길러준다는 뜻으로 보아야 한다는 것이다. 미술은 어느 시대, 어느 한 양식에 머물러 있는 것이 아니고 다양성과 지속적으로 변화하는 특성을 보인다. 그것은 어떤 시대에 따라 우주의 사물에 대한 인식의 정도가 다르기 때문이다. 많은 미술가가 그들 나름의 작품세계를 형태나 색채 또는 감정표현 등에 두고 강한 창조성을 보인 것은 이처럼 사물을 보는 관점의 변화와 다양성의 결과인 것이다.

미술에 있어 창조에 관한 원칙은 인간의 내재된 창조적 가능성을 계발해 줌으로써 개인을 가장 개인답게 하는 교육적 기능을 가지고 있다. 그러나 이러한 개인의 창조성은 그것만으로 진정한 가치를 가질 수는 없다. 개개의 창조원칙에 대응하는, 여러 사람의 예술이기 위해서는 누구나 공통으로 지니는 미적 감수성에 맞는 보편적인 가치를 갖는 것 또한 중요하다. 그것을 우리는 형태에 관한 원칙이라고 한다.

예술가는 사물의 속뜻과 그 도덕적 생명을 느끼기만 하면 되는 것이 아니다. 개개의 감정을 외형화하지 않으면 안 된다. 외형화는 단순히 물질적인 매개만이 아니라 조형의 원리가 되는 것들에 의하여 적절히 구성될 때 우리에게 감동을 주는 것이다. 하나의 소재에 의해 제작된 작품이라도 그것을 그리는 사람에 따라서는 각기 다른 의미로 다르게 표현되지만, 그것이 공통된 예술성으로 누구에게나 느껴진다는 것은 창조성이라는 특수성에 보편성을 지녀야 한다는 형태의 원칙을 필수적으로 포함할 때 가능한 것이다.

미술의 형태에 관한 원칙은 인간의 감정 세계를 표면화하여 구체적인 형태를 보여 줌으로써 자유로운 감정세계에 질서를 부여한다. 이러한 미술 속에서의 질서는 바로 사회가 갖는 질서의 원리를 상징하는 것이며, 그것은 통합화라는 교육의 전제를 바람직하게 이루어가는 한 방법이기도 하다.

미술은 그것이 지니는 창조성 계발로 개인의 특질을 강화하고 변화시켜 생기 있는 개성을 지닌 인간으로 육성하고 표현에 따르는 형태의 원칙을 연마하여 인간이 스스로 유용하게 사회에 적응할 수 있는 능력을 갖추도록 한다. 인간이 미술을 통해서 스스로 인간답게 육성되어질 수 있다는 것, 이것이야말로 미술을 통하여 바람직한 인간을 만들어 나가는 데 직 · 간접으로 많은 기여를 한다는 의미를 가지며 또한 미술교육의 중요성이라 하겠다.

6 한국 미술교육의 현실

1948년 12월 31일 대한민국 교육법이 공포되면서 한국의 교육이념, 목적, 행정체제, 교육기관의 종류 및 계열 등이 처음으로 확립되고 교육의 기본을 세워가기 시작하였다. 이후 수많은 정치적 · 사회적 변화에 맞춰 바람직한 인간육성이라는 교육의 목표를 달성하기 위하여 21세기에 접어들기까지 한국교육은 많은 변화를 거듭하였다. 이에 부응하여 미술교육 또한 그 변화에 맞는 교육과정의 형태와 방법을

끊임없이 변화 · 발전시켜 왔다.

특히, 1960년대 후반부터 일어나기 시작한 한국의 산업발전은 물질문명의 급성장으로 다시 한번 커다란 변화를 가져온다. 그리하여 교육에 대한 국민 의식은 인간교육이라는 본래의 목적보다 국가의 산업발전에 적극적이고 실제적인 기술 인력을 양성한다는 측면으로 변질되어 갔다. 교육의 본질은 경제논리에 얼마나 부응하느냐 하는 잣대로 평가되기 시작하였고, 이러한 바탕에 효과적인 인력을 양산하기 위한 교육활동이 지속되면서 오늘날 우리 사회는 황금만능주의가 판을 치는 결과를 초래한 것이다. 유능한 인재는 올바른 인격을 갖춘 사람이 아니다 '얼마나 많은 경제 효과를 만들어 낼 수 있는가?' 라는 척도로 평가되고 공업화와 경제성장에 도움을 주는 것만이 최고의 가치를 가지는 교육처럼 여기는 탈교육현상이 교육계를 주도하는 현상으로 나타나고 말았다. 선구적 생각을 하는 많은 교육자에 의해, 미래에 닥치게 될 패해가 예견되면서, '교육바로세우기운동'이 일어나기도 하였으나, 경제 우선의 국가정책에 밀려 그 빛을 발하지는 못하였다.

그러다가 1980년 중반부터 나타나기 시작한 물질주의와 배금주의가 판을 치는 사회 분위기 속에서 필연적으로 나타날 수밖에 없는 후유증이 극명하게 돌출되면서 새로운 교육의 이념과 방법이 모색되어야 함을 강조하는 목소리가 한층 높아지기 시작하였다. 교육활동의 개선이 없고서는 국가의 장래 또한 암울하다는 위기의식은 올바른 인간교육이 무엇인지를 심각하게 생각하는 계기가 되었고, 그것의 실천을 위해서는 도덕성의 재무장, 정서교육의 부활이라는 움직임으로 나타나기 시작하였다. 1980년대 후반부터 정서교육의 함양이라는 취지에서 초등학교에서는 예체능 교과의 전담교사제도가 도입 · 정착되기 시작하였고, 유치원뿐만 아니라 중 · 고등학교에서도 정서교육이 강조되기 시작하였으나, 오랜 세월 동안 왜곡되어 고착된 교육이념과 국민의식은 그리 쉽게 개선될 기미가 보이지 않고 있는 것이 오늘날 우리 교육의 현실이다. 그동안의 노력으로 이러한 교육형태가 초등교육에서는 많이 개선되었다고는 하나 아직도 상당수의 중등교육에서는 미술교육이 구색 갖추기 수준을 넘지 못하는 지경에 머물러 있다.

▼ 소크라테스

▼ 고대 그리스 아테네학당에서의 소크라테스

"너 자신을 알라."는 그의 사상은 '자기 성찰을 통한 자아발견'으로
인성 도야와 개성 창출을 강조하는 오늘날의 교육이념과 많이 닮았다.

정서교육의 중요성을 강조하는 인간교육의 원리에서 교육받은 교육자들의 부재 현상이 심각한 오늘의 현실에서 올바른 교육이념이 바르게 세워지고 정제된 감정으로 보다 차원 높은 정신세계와 질 높은 문화의 창조를 가치 있는 것으로 인식하는 전반적인 사회 분위기가 그 어느 때보다 높이 평가될 수 있을 때, 우리의 미술교육은 한 차원 높은 수준으로 발전해 갈 수 있을 것이다. 또한, 그러한 의식이 바탕이 되는 교육이 정착되어야만 우리나라의 보다 차원 높은 행복이 보장되는 것임을 깊이 인식하여야 할 때이다.

우리나라는 정부가 바뀔 때마다 제일 우선을 두는 것이 교육정책이었고 지금까지도 많은 예산을 교육에 투자하고는 있지만, 소위 일류대학 진학만이 성공적인 삶으로 가는 확실한 길이라고 여겨 오직 입시 위주에만 매달리는 국민의식이 바뀌지 않는 한 교육선진국이 되기에는 아득하다. 진정한 행복을 누리는 삶이 어떤 것인지를 깊이 통찰하고, 그것을 달성하기 위한 한 수단으로서 미술교육을 제자리에 올려놓는 것이 무엇보다 중요하다는 사실을 우리 모두는 깨달아야만 할 때다.

7 앞으로의 미술교육에 대한 제언

과거 수 천 년 동안에 걸쳐서 이룩해온 인류의 문명보다 더 많은 지식과 정보, 과학, 기술 등이 불과 몇 시간의 시차도 없이 그 양과 질이 상상을 초월하는, 그야말로 숨 막히는 발전과 변화를 만들어가는 것이 지금이다. 21세기의 주력산업으로 예견되는 유전공학과 인체의 게놈연구를 바탕으로 한 의학의 발달, 새로운 우주 산업과 IT 산업, AI 인공지능, 나노기술, 로봇기술 등을 망라하는 4차 산업혁명이 인류의 문명을 어떤 방향으로 이끌어갈지 그 누구도 예측하기 어려운 불확실한 시대를 살아가는 것이 우리의 현주소이다. 그야말로 과학 만능이요, 물질 만능의 시대를 살아가야 하는 현대인은 무엇이 인간의 진정한 가치이며, 어떻게 사는 것이 가치 있는 삶인지 깊은 반성과 의식의 정립이 절실한 때이다. 이러한 가치의식을 정립하는 데는 적절한 교육방법이 모색되어야 하며, 그러기 위해서는 올바른 정서교육이 무엇보다 필요하다. 이러한 차원에서 미술교육의 역할을 다시 한 번 생각해 보고 이것을 통하여 올바른 도덕성과 가치관을 갖춘 인간육성을 모색하여야 한다.

1) 인성 교육으로서의 정서활동이어야 한다.

아름답고 추한 것에 대한 인식, 좋은 것과 나쁜 것, 슬픔과 기쁨 등은 인간의 정서적인 훈련에 의해 다듬어지는 차원 높은 정신활동이다. 아무리 도덕성의 교육이 강조되더라도 인간의 올바른 정서가 바탕이 되지 않고서는 근본적인 가치관의 확립이 어렵다는 사실에 주목하여야 하며, 이의 실천이 다각도로 연구되어야 한다. 아무리 훌륭한 과학이나 기술도 이러한 가치관을 바탕으로 하지 않으면 오히려 인간문명의 발전에 해악을 끼치는 결과를 초래하기 때문이다.

20세기 초·중반을 거치는 세계 역사에서 피로 물들게 한 세계대전이나 우리의 6·25 한국전쟁만 하더라도 그 전쟁을 일으킨 주역들을 조금만 살펴보면 그 답을 쉽게 얻을 수 있다. 한 개인의 비뚤어진 정서가 인류역사에 얼마나 무서운 악영향을 끼쳤는지를 보여 주는 예는 무척이나 많다는 사실에서 올바른 정서를 키우는 것은 중요한 일이다.

최근 들어 인성 교육의 중요성을 정부정책으로 확대하려는 움직임이 일고 있다. 이러한 정책은 정서활동이 기본적으로 깔리지 않고는 달성이 어렵다. 미술교육은 바로 이러한 정서적 바탕을 마련하는 데 효과적이고도 가치 있는 활동임을 이해하는 것이 중요하다.

▼ 2차 세계대전에서 파괴된 독일 탱크

▼ 6 · 25 한국전쟁 인천상륙작전 기념비

인류를 재앙으로 몰고 간 주역 대부분이 유년기 정서교육 부재자였다고 한다.

2) 건전한 사회인을 기르기 위해서는 미술교육이 적절히 이용되어야 한다.

산업발전은 부의 축적과 배금사상이 지배하는 사회를 만들었고 '나만 잘살면 된다.'는 극단적인 개인주의를 만연하게 했다. 경제적인 양부를 성공의 잣대로 보는 시각은 가치관을 혼란스럽게 하였으며, 많은 부를 축적하는 것이 곧 성공한 인생이란 등식을 만들었다. 그리하여 더욱 많은 부의 획득을 위해 수단과 방법을 가리지 않는 결과중심주의를 낳고 말았다. 수단과 방법이 되는 과정이야 어떠하든지 결과를 중시하다 보니 남을 해치거나 사회에 큰 물의를 일으켜도 오히려 그것을 허용 · 인정하는 아주 무서운 성공의식이 우리 사회에 만연해 버리고 말았다.

결코 혼자만 살아가는 곳도, 혼자만 살 수 있는 곳이 아닌 곳이 인간사회이다. 어쩔 수 없이 타인이라는 구성원들과 더불어 살아갈 수밖에 없는 곳이 이 세상임을 인식하고, 남이 있음으로써 나 또한 있을 수 있다는 상대적 존재의식을 갖는 것이 절대 필요하다. 나의 모든 행동과 생각이 다른 사람들에게 영향을 끼친다는 사실과, 인간은 서로 상부상조하며 살아갈 수밖에 없는 존재라는 점을 깊이 인식시켜 주는 것은 교육의 가장 큰 책무이다.

이러한 의미에서 볼 때 미술활동을 통한, 특히 공동제작이나 협력활동을 통하여 서로 돕고 생각과 지혜를 나눌 때, 혼자 하는 활동에서 경험할 수 없는 또 다른 차원의 수준 높은 결과를 경험할 기회가 되며, 이러한 활동의 반복을 통하여 더불어 사는 공동사회의 기본이 되는 사회성을 키워갈 수 있게 된다.

▼ 더불어 살자는 세계인들의 협동체인 UN 본부(미국 뉴욕)

▼ 협동하여 거리를 청소하는 시민들

사람은 더불어 살아갈 수밖에 없는 사회적인 존재이다.

3) 미술활동은 미래사회의 준비가 되어야 한다.

하루가 무섭게 급변하는 현대사회에서 각 나라는 나름대로 이러한 변화를 주도하고, 자기 문화를 세계 문화의 최선두 서열에 두고자 열띤 패권 다툼을 벌이고 있다. 이러한 서열의식은 곧 그 나라의 미래를 가늠하는 척도로 인식하려는 경향으로 나타나기도 한다. 어쩌면 이러한 의식의 저변에는 국력을 상징하기도 하며 세계 역사를 주도하려는 능동적인 선진 의식이 밑바닥에 깔린 결과이기도 하다.

오늘날 세계를 주도하면서, 지구의 경찰국가라고 자부하는 미국의 경우를 보노라면 때에 따라서는 오만방자해 보이기까지 하여 이해관계에 얽힌 다른 나라에 불쾌함을 주기도 한다. 그러나 아무리 국가 간의 자존심이 걸린 문제라지만 이를 인정할 수밖에 없는 처지에서 거기에 반감을 품고 이의를 제기하지 못하는 것이 국제사회의 현실이다.

이처럼 일류 선진국의 위치를 차지하는 것은 그 사회를 구성하는 국민의 자세가 무엇보다 중요하다. 무엇이든 받아들이기만 하는 수동적인 자세에서는 불가능하다. 더욱 적극적 · 역동적인 의식으로 항상 새로운 것에 도전하고, 사회에서 발생하는 문제를 발견하여 해결점을 찾으려는 노력이 충만할 때만이 가능해진다. 그러기 위해서는 남의 선진 문화를 수용하기만 하는 자세가 아니라 능동적이고도 진취적인 자세로 개발을 주도하고자 하는 위치에 있을 때 가능해진다.

우리나라도 과거의 수동적인 자세를 탈피하여 수십 년간 적극적인 산업개발과 선진의식을 키우기 위해 부단히 노력한 것이 사실이다. 그리하여 중국을 비롯한 많은 개발도상국의 부러움과 경제부흥의 본보기가 되고 있다. 우리 민족은 전 세계를 통틀어 그 어느 종족보다도 우수한 두뇌와 열정을 가졌다고 자타가 공인한다. 세계의 많은 석학이 우리의 미래도 꾸준히 발전을 이어가리라는 고무적인 전망을 제시한다. 그러나 이러한 발전도 이쯤에서 만족하고 안주한다면 미래에도 결코 발전이 이어지리라 여기긴 어렵다. 지금보다 더 능동적인 의식과 자세로 선진 문화를 개발 · 창출해 나가는 범국민적 노력이 지속되어야만 한다. 그러자면 여태까지의 교육제도나 방법, 교육과정 등에서 파생된 문제들을 면밀히 검토하고 연구하여 새롭게 개선해야 하며, 또한 현장에서 활용되어야 한다.

미술교육은 바로 이러한 미래의 비전인 능동적 자세와 실천을 요구하는 시대에 적절하게 부응할 수 있는 방법을 제시해 주는 효과적인 활동이 될 수 있다는 점에서 그 가치가 있다. 미술활동은 그 자체가 스스로에 의해서 이루어지지 않으면 안 되는 활동이기 때문에 그만큼 개인의 흥미와 참여도가 높으며, 창조적인 결과를 얻는 데서 오는 만족감은 더욱 열정적인 자세를 고취해 주는 과정이 되기도 한다. 따라서 직접체험을 바탕으로 하는 미술활동이야말로 아동 누구에게나 성취감을 안겨줄 수 있는 과정이며 이것이 자극제가 되어서 더 나은 활동으로 이어지게 하며 나아가 아동의 미래를 준비하는 초석을 마련하는 데 매우 효과적이라는 점에서 그 중요성을 인식하여야 한다.

우리나라뿐만 아니라 전 세계적인 추세가 아동의 조기교육에 관한 관심이라고 했다. 그렇다 보니 지금까지 많은 교육과정과 방법이 개발되고 있다. 그중에서 가장 아동의 저항이 적고, 접근이 용이한 미술활동을 통해서 표현의 어려움을 경험해 보고, 그 어려움을 해결하려는 노력에 의해서 더욱 적극적으로 대응하는 태도를 배양시켜 나갈 수 있다는 점에서 큰 뜻이 있다. 이것을 통해서 다가오는 미래를 주도하면서 나아갈 수 있는 인재를 육성하고 선진국의 장래를 준비하는 한 방편이 된다는 점에 유의해야 한다.

▼ 발전된 서울 모습(야경)

▼ 한국 산업개발의 기반이었던 포스코

대한민국의 부흥은 적극적 · 창의적인 인재육성에서 비롯되었으며
개발도상국들의 롤모델이 되고 있다.

02

아동 미술교육

바다여행(6세 남아)

아동은 자신의 관심이나 희망이 그리기의 소재가 되는 경우가 많다.

1 아동 미술교육의 개념

1) 아동의 정의

교육 심리학에서는 인간 발달의 한 단계로 태아, 신생아, 영아, 유아, 아동으로 구분하고 있다. 그러나 본서에서는 대체로 첫돌을 지난 후 초등학교에 취학하기 전까지로 구분하는 유아기와, 초등학교 취학부터 12세까지의 어린이를 포함하는 비교적 넓은 의미로 아동을 정의하였다. 그것은 미술활동에서 나타나는 특성들이 연령에 따라 명확하게 구별되어 나타나는 것이 아니며, 국가나 지리적 여건, 지역사회의 여러 가지 환경과 가정, 타고난 기질 등에 의해서도 서로 많은 차이를 나타낼 뿐만 아니라 때에 따라서는 발달의 차이가 상식을 벗어나는 매우 큰 편차를 보일 때도 있으므로 이러한 점을 고려하여 포괄적인 의미를 부여하였음을 밝혀 둔다.

2) 아동 미술의 개념

아동 미술은 아동의 그리기, 만들기, 꾸미기 등을 통해서 얻어지는 통합적인 활동을 뜻하며, 이러한 활동에서 비롯되는 흥미와 관심, 표현을 통한 성취감과 새로운 표현에 대한 기대, 놀이로서의 즐거움을 느끼고, 또한 아동 각자의 개성과 창의력을 신장시킴으로써 올바른 인격을 갖춘 바람직한 인간을 만들기 위함이다. 미술활동은 그 자체가 체험을 바탕으로 하는 것이기 때문에 이것을 통해서 이루어지는 아동의 모든 조형 활동을 의미하는 개념이다.

3) 아동 미술교육이란?

교육은 인류의 역사에서 축적된 여러 가지 지식을 어떤 개체에게 가르치는 활동을 통하여 채워 나간다는 뜻을 가지고 있다. 그리고 그것은 반복된 연습과 훈련을 수반하며, 때로는 주입이라는 방법을 동원하기도 한다. 또 다른 의미로는 개체가 가지고 있는 잠재능력을 외부로 발산하게 하여 뻗어 나가게 하는 활동으로 기른다는 의미도 갖는다. 다시 말해서 외부의 지식을 내부에 불어넣어 주기도 하고, 또한 내부의 잠재된 능력을 외부로 끄집어내어 확산시키고 뻗어 나가게 하여 더욱 발전적인 방향으로 변모시켜 나간다는 의미가 있다.

이러한 교육의 원리에서 볼 때 아동 미술교육이란, 그리기 · 만들기 · 꾸미기 등에 필요한 기술을 습득시키는 의미도 있겠으나 이보다 더 큰 의미는 아동의 내부에 잠재된 조형 본능을 부추겨 창조의 가능성을 발산 · 신장시켜 준다는 것에 더 큰 비중을 두기도 한다. 또한, 활동방법을 다각적인 방향에서 모색해 보고 터득하는 것을 목표로 하는 교육활동이다.

2 아동 미술교육의 의의

20세기에 초반부터 많은 교육자와 사상가에 의해서 예술교육의 중요성과 그 가치성에 대해서 관심이 높아지기 시작하다가 금세기에 들어서면서 그 중요성이 더욱 강조되었다. 특히, 조기교육의 확산과 심화에서 필연적으로 제기되는 정서교육의 일환으로 아동 미술교육에 대한 관심은 그 도를 더해가고 있다. 교육활동의 목표로서 올바른 인격의 육성을 위해서는 아동의 내부에 내재되어 있는 감성의 표출을 통한 정서의 순화와 창조성의 육성 및 계발, 개성의 신장 등이 중요한 의미가 있다고 볼 때 이것은 예술교육 곧 미술교육에서 강조하는 것과 동일한 의미를 갖는다. 이러한 관점에서뿐만 아니라 예술적 기능을 기르는 전통문화의 전승이라는 관점에서도 미술교육의 또 다른 가치를 생각해 볼 수 있다.

1) 직관적 지성의 육성으로 인간기초를 다진다.

인간의 지성은 두 가지 맥락을 지니고 있음을 강조한 철학자 크로체(Croce)는 수학 · 과학 등의 영역에서 주로 다루는 이성에 의한 분석적 · 합리적 지성과 음악 · 미술 등의 예술적인 영역에서 다루는 감성에 의한 통합적 · 창조적인 지성으로 나누었다. 이 중에서 지금까지 교육정책과 활동에서 가장 강조하면서 우선에 두었던 것은 흔히 지성 · 인식 · 인지로 일컬어지는 이성적 지성이었다. 감성적 · 감각적 · 정서적 · 예술적 · 직관적인 것으로 대변되는 감정의 바탕은 한 격이 떨어지는 것으로 취급되었다.

더 알아보기!

크로체(Croce. B., 1866~1952)

20세기 초두 이탈리아의 철학자.
그는 특히 미학에 관심을 두고 많은 연구를 하였고,
인간의 감성과 감각적인 면의 중요성을 강조하기도 했다.

그래서 학교에서는 소위 중요 교과로 취급되는 수학 · 과학 · 언어영역 등은 많은 시간을 배정하고 학습의욕이 효과적인 시간대에 두었으며, 예체능은 배정 시간을 적게 잡고, 비교적 의욕이 저하되는 시간대에 두었던 것이 지금까지의 우리나라 교육정책이었다. 이러한 현상은 지금의 중 · 고등학교 교육과정을 보아도 쉽게 알 수 있다. 현행 대학입시 제도에 부합하는 논리적 지성의 교과 영역에 교육과정이 편중되어 있고, 단위 수와 시간 배정이 정서에 관련되는 교과보다 평균 2~3배를 능가하고 있다. 오직 지식 위주의 교과 영역에서 얻어지는 결과만을 검증하는 대학수학능력고사도 그렇지만 인간의 능력을 지식의 정도로 파악하고 평가하려는 사회인식이 교육현장에서 이러한 지성과 감성에 대한 편견을 불러왔다고 할 수밖에 없다.

고대 그리스의 플라톤이나 이후 데카르트(Descartes)의 사상에서 보여 주고 있는 지성과 감성의 문제는 지성의 적대적 관계로써 감성을 규정하고 있으면서 항상 지성의 아래에 두었고, 그것은 곧 서구 유럽의 교육철학 형성에 많은 영향을 끼쳤으며, 이러한 영향을 받은 우리의 교육 사조에도 결정적인 영향을 받았음은 부인하지는 못한다.

그러나 오늘날과 같은 다양한 문화와 삶의 방식, 초고속으로 발전하는 과학과 기술, 엄청난 양의 정보화시대에서는 분명히 우리의 의식이 달라지지 않으면 안 된다. 우리는 폭넓은 새로운 지성관을 가져야 한다. 예술은 전통적으로 편협한 이성적 지성관으로서는 그 본질을 설명하기가 어렵다. 논리성을 바탕으로 합리적인 설명이 가능하고 검증에 의한 확실한 결과를 보여 주는 이성적 지성으로 설명될 수 없는 것이 바로 시각적 사고나 어떤 현상의 분위기적인 의식과정, 예술적인 감성 등이다.

분석적이고 합리적인 지성은 추상성과 개념의 깊이가 더할수록 실제와는 공백이 가중되지만, 감성에 의한 지성은 대상의 질적인 특성의 포착과 그것의 표현을 통하여 대상의 생동하는 특성을 부각시켜주고 그 존재 의미를 있는 그대로 진실하게 나타내준다. 미술을 통한 교육은 사물이나 대상을 통한 직접체험을 바탕으로 이루어지는 경우가 많으므로 인간의 인식능력을 더욱 폭넓게 하고 생동적인 활동으로 이어지게 하여 인간의 본성적인 기초를 튼튼히 다져준다. 그리하여 정감 넘치고 사랑과 인간애가 풍부한 품성을 갖게 도와준다는 데서 그 의의가 크다.

2) 인간의 원초적 조형감각과 미의식을 일깨워 준다.

미술은 특별한 소질을 가지고 태어난 사람에 의하여 그 가치가 생성되고 증대되는 특수한 것이 아니라는 점에 주목해야 한다. 모든 인간은 태어날 때부터 원초적으로 예술적 능력을 갖고 태어난다고 주장한 사람이 많다는 점에 유의해 볼 일이다. 인간의 능력은 어느 특정한 정신적 · 생리적 한계에 정체되어 있는 것이 아니

▼ 걸음마를 겨우 하는 어린아이도 그리기, 만들기를 즐기는 원초적인 조형감각을 가지고 있다.(2세 남아)

라, 누구든지 훈련이나 교육을 통해서 무한히 뻗어나갈 수 있는 가능성을 타고 난다. 그러므로 예술적 재능은 특별한 사람에게만 특별한 의미를 가지고 주어진 것이 아니라, 모든 사람에게 내재되어 있는 잠재적인 능력으로서의 보편성을 가지고 있다. 흔히 주변에서 인식되고 있는 교육적 · 사회적 통념으로서의 예술가란 대단히 특수한 재능을 타고난 사람으로, 보통사람은 도저히 습득하거나 이해되지도 않을 특별한 지각과 능력을 갖춘 사람으로 단정하고 있다. 이러한 인식은 예술교육의 장애요인이며, 예술활동 그 자체에 대한 인식 부족이라고 할 수밖에 없다.

누구에게나 잠재된 예술적 능력을 표출하게 하고 그것을 통해서 새롭고 가치 있는 문화를 창조해 나갈 수 있다고 확신할 때 우리는 보다 더 적극적인 미술활동을 전개해 나갈 수 있다. 그러므로 미술교육은 어느 특별한 재능을 가졌다고 판단되는 사람이나 어떤 잣대에 의해서 선발된 사람의 것이 아니라 보편적인 사람에 의해서 이루어지는 보편적인 사람을 위한 활동이라는 것에 그 가치를 두어야 한다.

3) 사물에 의한 직접체험의 생명력이 있다.

인간이 생존하기 위해서 반드시 필요한 식재료나 생산에 필요한 도구와 몸을 보호하는 모든 것의 재료가 되는 사물을 빼놓고는 하루도 살아가기가 어렵다. 우리는 이러한 사물 속에 살고 있으면서도 그 사물을 있는 그대로의 것으로 받아들이지 않고, 사물에 대한 생각이나 사물에 관련되는 행위만을 격을 높여 중요한 것으로 인식하려는 경향이 있었다. 특히, 교육에서는 사상이나 이념을 우선하는 정신활동이 최고의 가치를 가진 것인 양 강조하고, 권유하며, 교육하여 왔다. 그러나 우리가 살고 있는 이 세계는 이러한 정신적인 것뿐만 아니라 오히려 사물에 더 의지하며, 그것에 더 많은 지배를 받으면서 살아가고 있다고 할 수도 있다.

현대에는 사물에 의해서 정신적인 것이 영향을 받는 경우의 정도가 점점 더 심화되고 있다. 이렇게 볼 때 사물을 배제하고서 올바른 교육을 하겠다는 발상은 핵심을 모르고 껍데기만 주물럭대는 부질없는 행동과 다름없다. 그렇기 때문에 미술교육은 사물을 매개로 한 활동임을 알아야 한다.

미술활동은 직접 사물을 주무르기, 깎기, 문지르기, 두드리기 등의 체험에 의하여 얻어지는 생생한 생명력을 가진 활동이다. 아동의 이러한 경험은 사물의 속성과 본질을 이해하고, 그것이 우리 생활에 어떤 유익을 주며 새로운 것을 창조하는 데 활용되는지를 보여 주는 귀중한 교육적 바탕이 된다는 점에 의의를 두어야 한다.

▼ 물감으로 칠하고 색종이로 붙이기

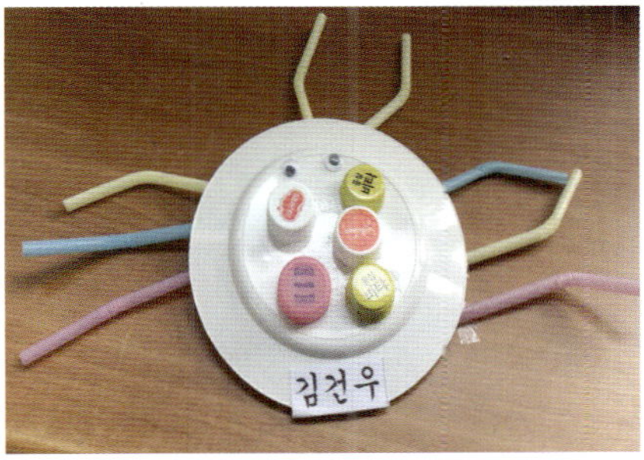

▼ 플라스틱 용기로 만들기

아동 미술활동은 반드시 사물을 매개로 하는 활동이므로
주변의 모든 것이 표현의 재료가 된다.

4) 창조활동은 적극적인 인간형성의 바탕이다.

미술활동 그 자체는 새로운 것에 대한 도전이며 문제의 발견과 해결의 원리를 동시에 담고 있다. 어떤 모양이 좋을까?, 무슨 색깔을 입히면 더 아름다울까?, 좀 더 근사하게 하기 위해 무엇을 할까? 이러한 여러 가지 문제를 자신의 활동 가운데 연속적으로 제기하는 것이 미술활동이다. 그리고 이러한 문제를 해결하기 위한 노력은 다양한 방법으로 나타난다. 바로 이러한 문제의 제기와 그것을 해결하기 위한 방법을 찾아 부단히 노력하고 고심할 때 새로운 것에 대한 도전과 창조력이 키워지며, 더욱 깊이 있는 발전과 생각의 상승효과를 기대할 수가 있다.

이러한 창조활동은 인격형성의 과정이며 가장 자연스러운 생의 즐거움을 느끼는 계기가 되기도 한다. 활동의 결과에 만족감을 느끼고 성취의 즐거움으로 충만해 할 때 새로운 인생의 아름다움도 얻게 되는 것이 미술활동이다. 그것은 그다음에 만나게 되는 또 다른 문제에 대한 긍정적인 반응을 축적해 나가는 결과를 갖게도 한다. 그러므로 미술교육은 모든 일에 더욱 적극적으로 참여하려는 열정적인 인간성을 길러주어 사회가 필요로 하는 바람직한 인간을 육성하는 데 효과적인 길을 제시해 주는 활동이기도 하다.

3 아동 미술교육의 목표

아동의 여러 가지 조형 활동에서 획득되는 미적 경험은 아동 미술교육의 가장 중요한 목표이다. 미적인 감각과 그 가치를 인식하고 표현하는 미적 경험은 아동의 인간성과 인격발달에 절대적인 영향을 미치는 활동이므로 그 지도와 내용이 신중하게 설정되어야 한다. 그러므로 아동 미술교육의 목표는 이러한 아동의 성장 발달을 도와주고 나아가 건전한 사회성을 지닌 훌륭한 인격체를 갖추는 데 적절히 부합되어야 한다.

1) 조형미에 대한 의식을 발달시킨다.

우리를 둘러싸고 있는 자연환경에서 체득하는 아름다움에 대한 의식은 그것을 구성하는 여러 가지 요소와 원리의 반복적인 관찰과 체험 및 훈련에서 얻어진다. 가령 “장미꽃은 아름답다!”고 했을 때 ‘그 아름다움은 어디에서 오는 것인가?’ 하는 인식은 바로 아름다움에 대한 사람 각자가 지니고 있는 의식의 정도에 따라서 그 느낌의 크기나 모양이 다르게 나타난다. 장미꽃 그 자체는 자연의 일부일 따름이지 아름다움의 기준이나 폿대는 아니다. 다만 우리의 의식에 의해 구성된 아름다움의 원리에 얼마나 부합되는지에 따라 미의 정도가 결정되는 대상일 뿐이다. 그리고 그 원리는 모양 · 색깔 · 향기 · 생기 등에 의해 구성된다는 사실을 반복적인 체험을 통해서 이해하고 지속적인 감각의 훈련에 의하여 비로소 '장미가 아름답다.' 라는 의식에 도달한 것이다. 태어나서 꽃을 한 번도 본 적이 없는 사람이 처음으로 꽃을 대했을 때, 과연 얼마만큼 아름다움을 인식하고 있을까? 하는 문제와 같다. 바로 조형미에 대한 의식도 그와 같다고 할 수 있다.

▼ 장미꽃이나 자연이 아름답다는 것은 그 자체가 아름다운 것이 아니라 인간의 미적 감각과 높은 정신활동에서 느끼는 감정이다.

아동의 조형미에 대한 의식은 여러 가지 표현 활동과 감상 활동에서 자극되고 체득되면서 발달하는 것이다. 조형의 아름다움을 결정짓는 조형요소와 원리에 대한 이해와 그것들의 상호작용이 어떻게 조형미를 형성하는가?를 인식하는 것은 아동의 반복적인 조형 활동을 통한 체험과 훈련을 거치면서 그것을 파악하고 이해하려는 노력이 뒤따를 때 가능해지며 조형미의 가치와 기준이 형성된다. 그리고 그것은 조형미에 대한 보다 수준 높은 가치와 의식을 갖게 되는 기회가 되며, 이러한 경험들을 통하여 폭넓은 미의식으로 사물을 바라볼 수 있을 때 아름다움에 관한 감동과 기쁨을 맛보게 된다. 바로 이러한 감동과 기쁨을 스스로 느끼고 일상 가운데 풍성해질 때, 생활의 즐거움과 행복을 느끼는 길이 되기도 한다.

2) 폭넓은 정서를 기른다.

미술교육 자체를 곧 정서교육이라고 일컫는다. 그것은 인간의 희로애락에서 오는 감정을 순화시켜 더욱 폭넓은 정신적 발달을 도모하는 것이기 때문이다. 기능이나 기술을 육성하는 것보다 아동의 내면에 내재하는 여러 가지 감정을 더욱 긍정적인 방향으로 육성 · 계발시켜 주는 것이 무엇보다 중요하다. 긴장 · 불안 · 초조 · 욕구불만 · 충동 · 거부 등 부정적인 감정의 응어리를 문지르기 · 찢어 붙이기 · 굴리기 · 오리기 · 뚫기 등 여러 가지 조형 활동을 통해서 해소함으로써 마음의 안정을 기하도록 하는 것이 곧 정서순화인 것이다.

이 밖에도 슬픔 · 노여움 · 행복 · 외로움 · 즐거움 등의 감정을 때로는 부추기고 때로는 절제하게 하여 내면적인 정서를 도야함으로써 보다 원만한 성격 형성을 기해야 한다. 이러한 감정의 모습들은 아동의 미술활동에 자주 묻어나며, 또한 처방과 치유의 방법을 제시하기도 한다.

금세기에 접어들면서 미술을 이용한 치료법의 개발과 이의 활용이 무척 활성화되고 있음을 본다. 웬만한 병원의 신경과나 신경정신과에서는 실제 치료에 활용하고 있으며 노인전문병원, 노인요양병원 및 요양원은 물론 우울증, 조울증 등 심한 정서적 질병을 앓고 있는 부녀자나 청소년을 대상으로 한 미술치료법은 상당한 치

▼ 노인요양병원에서 이루어지는 집단미술치료

▼ 미술치료를 알리는 광고문

미술활동은 심신을 안정시키고 응어리진 마음을 풀어주어
건강을 회복시켜주는 것으로 현대의학에서도 각광받는 분야가 되고 있다.

유 효과가 있는 것으로 검증되고 있음도 바로 아동 미술활동에서 얻어지는 효과와 결코 무관하지 않다는 증거이다.

아동의 미술활동은 정서적인 감정을 부추겨 아름다움과 풍성함 · 성취감 · 자신감 · 참여의식을 배양할 수 있는 좋은 기회를 제공하는 효과적인 것이다. 이것은 오늘날 메마른 사회구조에서 상실되어가는 인간성과 풍부한 감성을 회복할 수 있는 좋은 촉매제가 되기도 한다.

요즘 우리나라 청소년의 스마트폰 보급률은 세계 최상위에 이른다고 한다. 각박한 세상살이로 맞벌이 부부가 늘어나면서 자녀들과의 통신용 혹은 감시용(?)으로 이용하기 위한 것도 있겠지만, IT 강국이라는 이름에 걸맞게 안 가진 아이를 보기가 힘들 정도이다. 그렇다 보니 그로 인한 폐해는 도를 넘고 있다. 또래와의 놀이문화가 저해되고 스마트폰과의 소통만이 유일한 친구가 되어서 자신의 내부로만 집착하려는 경향이 늘고 있어, 사람과 사람의 관계가 단절되고 당연히 지켜야 할 예절이나 도리를 배우지 못한 자유방임주의에 빠진 아이들이 늘고 있다는 것이다. 이제는 그것이 지나쳐서 사회문제가 되고 있는 것이 현실이다. 이것을 한시바삐 개선하지 않으면 예의를 제일로 여겼던 전통은 영영 사라지고 말 것이다. 과거의 아름다웠던 인간중심의 우리 사회전통을 회복할 길은 없는 것일까?

아동의 순수하고 아름다운 마음을 곱게 성장시켜 남을 생각할 줄 알고 서로 협동할 줄 아는 원만한 인격체의 육성을 기하기 위해서는 인간관계교육이 필요하며 이것은 곧 정서의 폭넓은 배양에서 달성되는 것이라는 인식이 확산되어야 한다. 이러한 정서의 배양은 미술활동에서 가장 효과적으로 얻어질 수 있는 것이기 때문이다.

3) 창조의식을 배양한다.

인류의 문명이 지속적으로 발전해 올 수 있었던 것은 인간의 사고를 바탕으로 한 창조성에서 연유한다. 만약 인간의 이러한 창조성이 없었다면 세상을 지배하고 문화를 만들어 수준 높은 생활을 영위할 수 없었을 것이며, 수십억 년을 지나오면서도 거의 제자리걸음만 하는 동물들과 다름이 없었을 것이다.

수 만 년 전의 새 둥지가 지금의 둥지와 별반 다를 것이 없고 천 년 전의 개미굴이 지금의 개미굴과 변화된 흔적이 보이지 않는다는 것은 동물의 세계에서는 새로운 것에 대한 도전과 그것을 개선하고 발전할 수 있는 그 무엇이 없다는 것이다. 이것은 동물의 세계에는 창조의식이 존재하지 않는다는 뜻이며, 다만 동물은 원초적인 본능에 따른 생존의 반복만 있었을 뿐이라는 점이다.

반드시 미술교육에의 창조성만을 강조하는 것은 아니다. 우리의 모든 교육활동에서 가장 흔하게 사용하는 말 가운데 하나가 바로 창조의식을 바탕으로 하는 '창조성'이라는 용어이다. 창조의식이란, 이미 알고 있는 경험과 느낌의 바탕 위에 새로운 것을 생각해 내거나 만들어 내는 힘의 근원을 뜻한다. 이미 만들어져 있는 것을 그대로 모방하는 것이 아니라, 아동 스스로가 생각하고 무엇인가를 새롭게 만들어 보려는 의식을 말한다.

오늘날 우리가 살고 있는 이 세상에서 창조의식은 국가나 사회를 발전시키는 원동력이자 최고의 가치를 지닌다. 그것은 오늘날 국제사회에서도 충분히 증명되고 있는 사실이다. 경제 대국으로 세계의 주목을 받는 일본은 창조라는 면에 있어서는 언제나 미국을 뒤좇아가는 수동적 자세였다. 미국의 새로운 기술개발을 재빠르게 모방하고 약간의 개선으로 경제적 실리를 취하는 방법으로 경제 대국의 목표를 달성하였으나, 창조에 의한 인류의 문명을 발전시키는 데는 크게 기여하지 못하였다는 혹평을 국제사회로부터 받아야 했던 것은 좋은 예이다. 이러한 소극적이고 수동적인 자세에서 벗어나기 위해 나름대로는 범국가적 정책으로 최선을 다하고 있다지만, 일본사회의 관습화된 경직성과 일본국민의 의식을 지배하고 있는 집단주의적인 고정관념과 수직적 체계를 중히 여기는 관료주의는 개인의 창조의식을 발휘할 수 있는 길을 차단하는 꼴이 되고 말았다. 개인의 창조성이 최대한으로 존중되는 사회 분위기가 형성될 때 그 가치가 인정되고 존경의 대상이 되는 것이다. 바로 이러한 개인의 창조성이 그 어느 곳보다도 인정을 받고 존중을 받는 미국의 경우를 살펴볼 필요가 있다.

지구촌 선두에 서서 강력한 지도력을 발휘할 수 있는 것은 바로 개인의 창조의식을 최대한 인정해 주고, 또한 그것이 존경의 대상이 되는 사회 분위기에서 찾을 수 있다. 이러한 의미에서 볼 때 오늘날 미국이 모든 면에서 선진국임을 자부하는 근원이 어디에서 비롯된 것인지는 말하지 않아도 알 수 있는 것처럼, 창조의식은 국제사회에서도 적용되는 적자생존의 근원이 된다고 보아도 무리는 아니다. 현재에 안주하려 하고 침체되어 경직된 의식은 항상 창조의 적이 된다. 창조의 가치를 알고 창조 활동을 고무시켜 주고, 부추기는 사회 분위기는 발전의 중요한 요인으로 작용한다. 개인의 창조의식을 최대한 존중하고 그에 따르는 마땅한 보상으로 창조 의욕을 부추겨주고 확산시켜주는 길이 곧 국가 발전을 끌어내 준다는 점에 깊은 이해가 있어야 한다.

▼ 아동의 미술활동은 창조성을 키워 주는 바탕이며, 미의식 육성에 적절하다.

창조적인 활동을 유발하는 요인으로는 대체로 사물이나 활동을 통해서 다른 사물 또는 활동을 끌어내는 유추와 감동, 아동의 무의식 속에 내재되어 있는 잠재능력 등을 들 수 있다. 이것은 과학적인 지적 창조와 정서적인 미적 창조에도 모두 관여한다. 그중에서 감동은 과학과 예술을 구별하는 요인이기도 하다. 과학에서는 부족한 것을 충족시키려는 욕구가 창조의 동기가 된다면 예술에서는 감동 그 자체가 창조 행위로 전환되는 동기가 되는 것이다. 그래서 아동기에는 지적 창조보다 미적 창조의 육성이 적절하다. 그것은 아동의 꿈을 키워 주고 상상력과 풍부한 정서를 길러줌으로써 새로운 것에 대한 도전의식을 형성시켜 주기 때문이다.

미술활동은 아동 자신의 경험을 새롭게 표출하는 계기가 되기도 한다. 창조성이란 자기가 가지고 있는 것을 자기 속에 가두어 두는 것이 아니라 외부로 표출함으로써 육성되는 것이다. 따라서 미술활동은 수동적인 수용의 활동이 아니라 스스로 드러내는 적극적인 표현활동을 통해서 이루어지는 것이다. 창조적 형태는 독창성 및 풍부한 상상력이 구체적인 형태를 갖추도록 그리기 · 만들기 · 꾸미기 등으로 표현하는 것과의 상호작용에 의하여 이루어진다. 다시 말해 상상력은 인간의 내부에 내재하는 주관이며, 이것이 여러 가지 소재와 물질에 의하여 자유롭게 조작되어 어떤 질서로 구체화되는 것이 창조적인 형태인 것이다. 창조는 개인의 감정과 사고가 중요하게 작용한다. 그것은 곧 창조의 속성이기도 하다. 그러므로 창조는 외부의 간섭이나 억압이 최대한 배제될 때 그 가치가 상승한다. 그래서 미술교육은 누구의 것도 아닌 바로 아동 자신의 자유와 새로움에 대한 열망 등에 의해서 이루어져야 하는 것이기에 이 자체가 창조에 대한 끊임없는 도전이라고 할 수 있다.

▼ 2006년1월에 발사된 미 우주선 뉴호라이즌스 호와 명왕성(합성사진)

▼ 2015년 7월 14일 20시경 12,500km 근접영상전송에 환호하는 존스홉킨스대 연구진들

새로운 것에 대한 도전의식은 어릴 때부터 꿈과 상상력, 풍부한 정서를 키웠을 때 가능하다. 우주세계에 대한 새로운 도전을 가능하게 한 것도 미국인의 창조의식에서 비롯된 것이다.

창조는 창조적인 의식이 우선되어야 한다. 의식이 없는 창조는 단순한 노작의 유희에 지나지 않기 때문이다. 따라서 아동에게 이러한 의식을 배양시켜 줄 때 창조적인 인간으로 성장할 수 있다. 그러기 위해서는 아동의 독창적인 사고를 존중하고, 다양한 재료와 방법 · 기법 등을 체험하게 하여 응용할 수 있는 능력을 키워 주어야 할 뿐만 아니라 더 많은 생활경험을 제공해 줄 때 아동의 창조의식은 더욱더 발달하게 된다. 특히, 4~5세 아동에게서 현저하게 형성되기 시작하는 창조의식은 그 어떤 활동을 동원하는 것보다 훨씬 효과적이다. 이러한 미술활동을 통하여 창조의식을 한층 더 심화시킬 수 있다는 면에서 볼 때 또 하나의 중요한 교육적 목적을 달성하는 길이기도 하다.

4) 지적 성장을 돕는다.

아동은 성장 과정에서 사물이나 현상에 대한 많은 경험을 통하여 그것을 인식하고 지각하게 된다. 그리하여 그것이 이미지화되고 그 이미지는 지속해서 변화의 과정을 거치면서 성장으로 이어진다. 성장과 새로운 사물현상에 대한 이해는 지속적으로 자신의 시각을 수정하고 반응을 조직하여 환경에 적응하도록 한다. 사회에 대한 개개의 연관성을 규정짓고 조직하는 이러한 노력이 인식의 발달을 가져오게 하는 과정인 것이다.

아동은 미술활동을 통하여 그들 자신의 설계에 따라 현실을 구조화하고 체계를 형성한다. 그리고 아동 자신의 창조활동을 통하여 이해하기를 배운다. 가령 녹색 물감이 없는 상태에서 노란색에 파란색을 섞어 녹색을 만들었을 때, 현실적으로 나타나는 문제는 '녹색이 없다.'는 사실이고 그것의 해결을 위해서 노란색과 파란색을 이용했다는 것은, 그 방법이 우연이든 아니든 경험에 의하여 어떤 객관적 현상을 추론하여 구조화한 덕분에 녹색이라는 결과로 나타난 것이다. 그리하여 아동은 나름대로 녹색에 대한 체계를 개념화하게 된다. 이처럼 인지는 지각을 통하여 개념화하고 추론하며, 궁극적으로는 지식이 되는 복합적인 정신활동의 과정을 밟아 형성된다. 인지가 발달함에 따라 복합적인 상징체계는 점점 그 범위가 넓어져 간다. 이러한 상징체계는 아동의 어떤 새로운 상황에 대한 대처능력으로 나타나기도 한다.

자신에게 필요하다고 여겨지는 것을 선택하고 조작할 능력이 없다거나 용기가 없는 아동이라면 어떤 새로운 상황에 부딪혔을 때 그것을 능히 이겨나가기 어려울 것이다. 이러한 과정을 통해서 통제와 조절, 선택과 도전의 개념을 형성하여 사물이나 현상 등을 분류하고 판단하여 행동하는 능력을 갖추게 된다. 이것이 바로 지식이자 지적 수준이 되는 것이다. "지식은 내적으로 구축되는 것이며, 아동의 표현활동에 대한 활발한 참여는 사회적 관계를 발달시킨다."고 한 피아제의 주장처럼 아동은 다양한 표현활동을 통하여 서로 이야기 나누고 각자의 의견을 교환함으로써 언어능력뿐만 아니라 사고능력과 지각능력도 발달한다.

이처럼 미술활동은 탐색하고 경험한 것에서 느낌과 생각을 표현해 봄으로써 성취감을 맛보며, 무엇이 가치 있는 것인지에 대한 통찰이 이루어지게 되면서 비로소 자아개념이 형성된다. 아동이 어떤 새로운 상황에 적극적으로 대처할 수 있는 능력이 되는 지적 성장을 도모하기 위한 가장 효과적인 방법은 아동에게 더욱 많은 경험의 기회를 주는 것이다. 바로 이러한 면에서 미술활동은 지적 성장의 근원을 마련해 주며 인식과 이해의 폭을 넓혀주는 계기를 마련해 준다는 의미에서 그 뜻이 깊다.

5) 사회성의 발달을 돕는다.

우리나라 교육현장에서 아동과 직접 접촉할 수밖에 없는 교사들의 얘기를 들어보면 하나같이 요즘 아이들은 자기밖에 모른다고 한다. 한 가정 한 자녀이거나 둘이 고작인 가정이 우리의 현실이다. 가족 구성이 핵가족으로 이루어지다 보니 부모의 관심은 아이에게 집중될 수밖에 없고, 아이가 원하는 것이면 여과 없이 수용하게 되고 그 결과 고집을 부리면 무엇이든 다 얻을 수 있다는 나쁜 습성이 몸에 배게 됐다는 것이다. 그리하여 집단생활을 해야 하는 교육현장에서도 집에서 가졌던 이러한 고집불통의 습성이 나타나면서 자기의 불만이 해소될 때까지 떼를 쓰기도 하고 다른 아이들과 어울리지 못하고 문제를 일으키는 일이 많이 일어난다고 한다. 그리고 이러한 현상은 해가 더할수록 증가하는 추세라며 이를 우려하는 교사들이 많아지고 있다. 이것은 분명히 우리가 관심을 가지고 깊이 통찰해야 할 부분이다. 그 이유는 성인사회를 구성하는 가장 기초단위가 원이나 학교라는 사실이며 앞으로 마땅히 갖추어야 할 사회성과 밀접한 관계를 갖기 때문이다.

아동의 그리기 활동 중에서 낙서의 단계를 지나자마자 가장 먼저 관심을 두는 소재는 사람의 얼굴이다. 이것은 최초의 사회적 관심을 보여 주는 결과라고 할 수 있다. 아동이 태어나서 가장 먼저 눈으로 익히는 것이 엄마의 얼굴이고 성장 과정에서 또한 가장 가까운 데서 익혀 나가는 것이 사람의 얼굴이다. 엄마와의 관계를 규정지어 주는 요인이 필연적일 수밖에 없다고 하더라도 그것은 엄연히 가장 기초적인 사회적 관계를 의미하는 것이다. 아동의 뇌리에 각인 되어 있는 것이 바로 엄마의 얼굴이며, 이것을 바탕으로 관계가 가까운 가족들과 친지들, 주변 사람들 순으로 얼굴이 하나둘씩 담겨져 간다. 아동이 최초의 그림이라고 생각하면서 나타내는 것은 자연을 통해서 얻은 동물이나 식물 등이 아니라 사람이다. 그리고 그것은 곧 아동의 머릿속에 담겨있는 엄마의 얼굴이며 앞에서 말한 것처럼 가장 기초적인 사회적 관계를 의미하는 증거이다. 이처럼 다양한 얼굴의 표현이 이루어질 때쯤이면 벌써 폭넓은 인간관계, 즉 사회적 관계를 인식하고 있다는 것이며, 그것은 사회적 환경에 대한 의식의 발달을 반사한 것으로 볼 수 있다.

아동 미술은 의사소통의 한 수단으로써 이용된다는 의미도 있다. 그것은 개인적인 표현이라기보다 사회적인 의식의 표출로 보아도 좋다. 주제에 대한 관찰에서 타인을 포함하기 시작하면서 눈에 보이는 현상을 그대로 묘사하려는 사실세계로의 자기신장이 될 수도 있다. 이러한 사회적 의식은 자신의 세계를 포함하는 더 넓은 세계에 대한 이해의 시작이다. 사회성의 발달을 기할 수 있는 미술활동으로서 효과적인 방법으로 협동작업을 들 수 있다. 여러 아동이 서로 의논하여 이루어지는 협동작업은 아동 각자가 맡은 부분의 이해와 그 역할을 인식하고 그것이 전체에 어떠한 영향을 미치는지를 생각한 결과이며, 협동작업 그 자체가 사회성 발달을 도모하는 놀이이기 때문이다. 어떤 하나의 주제를 두고 그 주제의 완성을 위해 서로 협력하고 의견을 교환하여 전체라는 덩어리 속에 자기의 생각을 합일로 이끌어 나가는 것은 타인의 의견을 존중하고 더불어 존재함을 인식하는 것이 되며 사회성의 근본을 습득하는 길이기도 하다.

이러한 활동이야말로 아동 각자가 맡은 책임을 의식하는 계기가 되기도 한다. 사회적이라는 면에서 볼 때, 책임의식을 수반하는 협동제작을 통한 아동의 창조적인 작업은 다른 아동의 경험과 함께 자신을 전체 아동에게 부합시키기 위한 세밀한 감정을 보여 주는 행위이다. 또래 집단에서 제약을 받거나 욕구를 저지당한 아동은 타인의 경험에 대한 자신의 조화가 원만하지 못하여 고립되기도 한다. 그것은 우리 사회에서 거론되는 소위 '왕따'라는 사회적 소외를 가져오며, 사회 모든 것에 대한 적응력 부족으로 이어져 결국에는 부조화의 인간으로 전락할 수도 있다.

미국의 가장 성공한 사람 중 한 명인 벤처기업가 스티븐 케이시가 "내가 가장 성공할 수 있었던 것은 좋은 인간관계를 맺을 수 있었기 때문이다."라고 한 말의 의미는 IT사업의 성공에 가장 중요한 요인은 뛰어난 기술이 아니라 좋은 인간관계를 맺는 것임을 강조한 것으로 사회성이 개인의 성공을 결정하는 데 지대한 영향을 끼친다는 단편적인 사례라고 할 수 있다. 따라서 사회에서 원만한 인간관계를 구성하고 협동심을 발휘할 수 있는 능력을 길러주는 일은 아동 각자에게 무척이나 소중하다. 사회성은 자신과 타인과의 사이를 엮어주는 인간이 갖춰야 할 기초적이고 중요한 덕목이다. 거기에는 반드시 책임이라는 매개의 발달에 의해 길러지는 것이다. 아동의 미술활동, 특히 공동작업은 이러한 책임의식을 갖는 데서 전체와의 상호 관련을 이해하고 중요한 역할을 담당한다는 의식을 심어 주는 활동이며, 그것이 곧 사회성의 발달을 돕는 길이다.

▼ 텃밭 가꾸기 공동작업

▼ 협동화 그리기

서로 더불어 살아가는 기본은 사회성이 바탕이 되었을 때 가능하다.
특히, 아동의 협동화 제작은 사회성을 기르는 데 효과적이다.

6) 신체 발육을 돕는다.

유아가 무엇을 쥘 수 있을 정도의 손과 팔의 근육이 발달하면서부터 무엇이든 손에 잡히면 때와 장소를 가리지 않고 마구 휘두르면서 그리기 행동을 나타낸다. 이때는 무엇을 그린다는 목적의식이 없다. 다만 손과 팔이 가는 대로 긁적거리는 행동을 보인다. 그러다가 점차 자기 생각과 연결하여 어떤 대상을 그린다는 목적을 갖기 시작한다.

아동의 경험에 관계되는 폭이 넓어질수록 미술활동의 범위와 분량이 많아지고 그것에 비례하여 손과 팔의 근육이 발달하면서 힘이 점차 강해진다. 경험의 가장 확실한 확인으로 이어지는 시 · 지각 발달은 표현활동을 더욱 확대시키며 눈과 손, 팔의 협응이라는 더 섬세하고 발달된 신체조절기능으로 나타난다. 이처럼 아동은 미술활동을 통하여 신체적인 발달을 기하는 데 많은 영향을 받기도 한다. 또한, 운동감각을 통합하는 능력을 기르게 된다. 이러한 활동을 통하여 얻어지는 신체기능의 발달은 미래에 대한 온전한 육체적 완성을 이루어가는 기반으로써의 역할을 한다고 할 수 있다.

▼ 아동이 좋아하는 물놀이나 다른 활동을 통한 신체기능 발달도 있지만
미술활동은 팔이나 손가락의 미세한 신체발육에 효과가 있다.

신체기능의 발달은 반복적인 활동에 의해서 차원을 달리하는 발육으로 이어진다. 그 예로 젓가락을 주로 사용하는 동양의 경우를 보자! 포크를 주로 사용하는 서양인에 비해 섬세한 손가락 기능을 요구하는 젓가락질을 어릴 때부터 익힌 탓에 두 개의 짧은 막대기로 물건을 집거나 여러 가지 기능을 자유롭게 구사할 수 있다는 것은 바로 반복된 신체의 훈련에 의한 결과이다. 초등학교나 중학교 심지어는 고등학교 교실에서도 흔히 목격할 수 있는 재미있는 현상은 연필을 깎는 기능의 퇴조를 들 수 있다. 과거에 칼로 연필을 깎던 것에서 자동연필깎기나 샤프펜슬을 많이 사용하다 보니 손으로 연필을 섬세하게 깎을 필요가 없어졌다. 더욱 아름답고 예리하게 연필심을 세울 수 있는 섬세한 손가락 기능이 떨어지다 보니 미술 시간에 주로 사용하는 미술 연필을 깎을 때는 연필의 허리를 쥐고 낫으로 나무를 밀어치듯이 연필을 깎는다. 깎는다기보다 칼로 친다. 그러다 보면 번번이 연필심을 고르게 세우지도 못하고 부러져 버리기를 반복해서 연필 한 자루가 금방 날아가 버리는 웃지 못할 현상을 보게 되는 것이다. 신체기능의 발달은 어릴 때부터 그와 관련되는 여러 가지 활동으로 훈련되고 성장하는 것이라는 것을 보여 주는 예이다.

이러한 면에서 볼 때 아동의 바람직한 신체 발달을 위해서는 미술활동을 통하여 신체의 여러 가지 기능과 근육을 활발하게 키워 나갈 수 있도록 해 주는 것이 중요하다. 인간은 감각을 통하여 새로운 것을 받아들이고 지각하며 성장 · 발달한다. 아동의 흥미를 유발하고 경험을 통하여 더욱더 사물을 이해하고 조작할 수 있는 능력을 많이 길러주어야 한다. 다양한 조형 활동과 환경을 제공하여 시각적 · 촉각적 경험을 증대시키고 여러 가지 형태의 제재와 조형 경험 및 재료를 제공함으로써 아동이 여러 가지 사물을 탐색하고 그리기 · 꾸미기 · 만들기 등을 통하여 그것을 분석하고 분류할 수 있는 능력과 재료가 가진 다양한 특성을 이해하고 시각과 촉각의 인식력을 높일 수 있게 하는 것은 아동의 성장에 절대적인 가치를 가진다. 이러한 활동이야말로 신체의 균형 있는 발육을 위해서 필요한 훈련의 기회를 제공한다는 의미로 볼 수가 있으며, 아동 미술교육에서 얻을 수 있는 또 하나의 목표가 될 수 있다고 하겠다.

7) 재료 활용에 대한 폭을 넓혀준다.

아동의 창조능력을 풍부하게 키워 주기 위해서는 아동의 조형 활동에 대한 홍미와 관심을 불러일으켜 주는 것이 우선되어야 한다. 그것의 한 방법으로써 다양한 재료를 경험하게 하는 것은 아동의 흥미를 지속해서 이끄는 좋은 기회가 된다. 전통적으로 아동의 미술활동에 주로 사용되는 재료는 한정되고 규격화된 경향을 볼 수 있다. 그리기에서는 으레 4절지, 8절지 등의 규격화된 흰색 도화지를 생각한다. 만들기에서는 지점토 또는 찰흙 공작, 꾸미기에서는 색종이 오려 붙이기 등을 연상하는 우리의 미술교육이 그만큼 규격화된 정형화를 벗어나지 못하고 획일화되어 왔다는 것을 보여 주는 것이다.

아동의 그리기가 꼭 흰 종이 위에 그려져야 한다는 규정이 있는 것도 아닌데 왜 우리는 그것을 굳이 고집할까? 그것은 바로 지금까지 이루어진 미술교육의 정형화와 개념화에 교육받은 교사와 학부모의 의식에서 찾을 수 있다. 포장지면 어떻고 신문지나 모랫바닥 또는 헝겊 조각이어도 무슨 상관인가? 규격화 · 개념화된 재료에 대한 의식의 변환이 무엇보다 필요하다. 아동에게 재료에 대한 폭넓은 이해를 제공하여 더욱 다양하고 창조적인 활동이 될 수 있도록 하여야 한다. 그러기 위해서는 다양하고 폭넓은 재료를 접할 수 있도록 해 줌으로써 재료선택에 대해 더욱 자유롭게 의식하도록 해 주어야 한다.

세계적인 명성을 떨친 많은 근 · 현대 미술가 중에는 바로 전통적인 재료나 소재

▼ 앤디 워홀 〈브릴로 상자〉

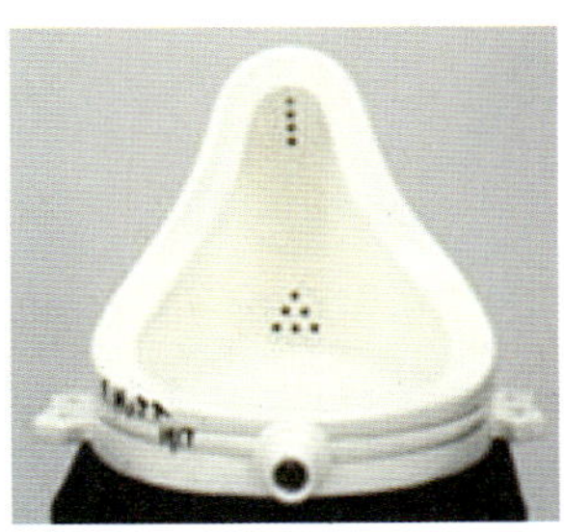

▼ 마르셀 뒤샹 〈샘〉

▼ 리히텐슈타인 〈알로하〉

이들은 전통적인 기법이나 재료를 과감히 뛰어넘어 새로운 창조의 지평을 개척하였다.

의 고정관념을 뛰어넘어 나름의 방법으로 자신의 예술 세계를 펼쳐 보임으로써 많은 사람에게 감동을 던져준 예는 적지 않다. 유럽과 미국을 넘나들며 활동했던 마르셀 뒤샹이나 앤디 워홀, 리히텐슈타인, 우리나라에서도 전시회를 했던 키스 해링 같은 작가들이 대표적이다.

평면회화에서 전통적이고 일반적으로 보여 주던 표현재료와 방법을 무시하고 밟거나, 처바르거나, 입체 물질을 붙이거나 찢으면서 재료와 표현방법의 자유성을 최대한 누리고 있음을 본다. 우리나라의 미술교육이 얼마나 틀에 얽매여 있는지를 생각하게 하는 좋은 예는 얼마든지 찾아볼 수가 있다.

오늘날의 현대회화에서 보여 주는 다양한 표현 재료와 기법이 전통적인 것을 뛰어넘어 새롭고 획기적인 양식으로 창조의식을 충족시켜주고 있을 뿐만 아니라 새로운 문화를 만들어 가는 것이 세계의 보편적인 추세이다. 이러한 추세를 반영하여 아동에게 더 넓고 깊이 있는 창조의식을 키워 주어야 하는 선구적인 교육철학이 오늘날 진정으로 요구되는 시대에 있으면서도 오히려 학교에서는 이러한 시대적 조류에 역행하는 느낌을 주는 바가 적지 않다. 유치원이나 초등학교 미술시간에는 크레파스 · 수채물감 · 색종이 등이 표현 재료의 전부인 양 고정관념으로 굳어진 경우를 자주 보게 된다. 물론 재료에 익숙하지 않은 아동을 배려하여 쓰기 쉬운 재료를 선택하다 보니 그럴 수도 있지만 이렇게 재료에 대한 고정관념은 아동의 무한한 발전을 부추기는 데는 분명히 장애 요인이다.

그림은 반드시 물감으로 그려야 한다는 고정관념은 확실히 이 시대에 맞지 않는 사고다. 숯이나 황토 또는 풀잎을 짓이긴 풀물 등 무엇이나 물감의 재료가 될 수 있으며, 반드시 붓으로 채색해야 한다는 과거의 관념에서 벗어나 막대기나 빗자루로 그린다고 해서 그림이 될 수 없다는 법칙은 없다.

이처럼 아동이 다양한 재료를 접할 수 있도록 하여 재료에 대한 거부감이나 획일적인 재료 선택의 의식을 바꾸어 줌으로써 자유로운 표현의식이 몸에 밸 수 있도록 해야 한다. 그것은 곧 아동에게 더욱더 다양한 사고의 능력을 넓혀주고 키워 주는 길이며, 나아가 표현활동에서 재료의 다양성과 자율성을 길러 주는 길이자, 창조적인 의식을 키워나갈 기회를 제공해 준다는 의미를 포함하기 때문이다.

8) 개성의 신장을 돕는다.

우리 사회를 구성하는 가장 기본단위는 개인이다. 어떤 사회의 문화에 대한 가치척도를 결정짓는 요인은 개인의 가치관에 의해서 절대적인 영향을 받는다. 그리고 그것은 개인의 특성으로 나타나며 곧 그가 속한 사회의 문화적 특성이 된다. 이렇게 사회의 문화적 특성을 결정지어 주는 것이 개인의 특성이라고 본다면 바로 이러한 개성을 바람직하게 키워 주는 일은 바람직한 사회로의 발전을 의미한다.

인간은 자신에게 주어진 의지나 능력을 자신의 의사에 맞게 자유롭게 선택하여 발전하고 실현할 수 있는 자유를 가지며, 또한 교육에서는 이러한 것을 고무시키고 육성하는 것을 가장 중요한 과제로 삼아야 한다. 그것은 곧 개인이 갖는 독자성의 육성이라는 의미이다. 다시 말해서 자신을 자신답게 하는 의미에서 자아의 결정과 실현이라는 의미를 담고 있다는 뜻이다.

타인과 구별되는 진정한 자아가 실현되려면 자유가 전제되는 창조성, 가능성과 계획성이 중심이 되어야 하며, 행복한 인간의 육성이라고 할 때 자연적 · 생득적인 자유를 스스로 자기 기질에 맞게 훈련하는 것이 중요하다. 스스로가 갖는 이 자유의 의미는 그 자체가 방종이 아닌 통합화를 위한 한계를 포함한다. 이러한 자유는 단순하고 획일적인 것에 대한 거부의 방종보다 더한 책임을 포괄하고 있다. 여기에서의 통합화는 사회의 능률에 맞아야 한다는 의미로 해석할 수도 있다. 또한, 자유의 실행으로서 개성의 신장은 그가 속하고 있는 사회집단에 얼마나 잘 조화가 되느냐 하는 것으로 그 가치가 결정되기도 한다.

인간의 자유라는 의미는 사회질서에 맞아야 한다는 상호부조나 개인이 갖는 사회의식을 포함한다는 의미가 있다. 고드윈(Godwin)이 "개인의 독자성은 그것이 사회에 얼마나 조화가 되었는가에 비례하여 가치가 있는 것이다."라고 주장한 것에서 우리는 올바른 개인의식을 갖추었을 때 올바른 사회의식을 가지는 것이며, 그것은 곧 행복한 인간의 조건을 갖춘다는 뜻을 의미함을 알 수 있다. 개인의 성장발달이 곧 국가의 흥망성쇠로 이어진다는 좋은 역사적 본보기로 우리에게 던져 주는 의미가 크다 할 것이다.

개성의 신장이란 아동이 지닌 독특하고 독창적인 가능성을 키워 주고 개인의 고유한 인격을 형성시켜 주는 것이다. 개성은 그가 속한 사회에서 이질적이고 튀는 생각을 하는 인간으로서의 의미가 아니라 현실 사회에서 독특한 기능을 발휘하여 지금까지 쌓아온 기성문화를 한 단계 더 발전시켜 나갈 수 있도록 능력을 갖추어 가는 것이다. 각자의 개성을 충분히 발휘하여 자기의 실현을 가치 있도록 해 줌으로써 이러한 개성이 모여 서로 적절한 조화를 만들어 나갈 때 우리 사회는 한층 더 발전적인 방향으로 전진해 나갈 수 있다. 개성이 억압되고 유린당한 사회는 결코 경직이라는 굴레를 벗어날 수 없다. 다양한 개성의 올바른 신장은 더욱더 다양한 사회의 결성을 가져오며 그것은 사회발전의 상승효과를 꾀하기도 한다.

▼ 1991년 12월의 소연방 붕괴 1년 후 노동자 시위(모스코바)

▼ 소련 공산주의에 항거한 대표적인 작가 솔제니친

▼ 러시아의 부활을 주도한 고르바초프와 지지자들

1991년 소연방 해체는 인간의 기본적인 자유와 개성을 통제 · 억압하는 것은 그 어떤 국가도 발전과 부흥을 누릴 수 없음을 보여 주는 대표적인 사례이다.

20세기 말 공산주의 국가 대부분이 붕괴하고 해체를 겪지 않으면 안 되었던 근본적인 이유는 올바른 개성의 존중과 신장으로 사회 전체의 발전을 기하여야 한다는 의식이 정치에 의해서 유린당하고 왜곡 · 선동된 탓에 국가의 전체적인 발전이 침체되고 경제가 피폐해지면서 개인의 욕구와 자유가 극도로 통제되었기 때문이다. 이러한 행태가 수십 년간 반복되면서 사람들은 지쳐갔고, 자유와 행복에 대한 갈망이 목숨보다 더한 열망으로 증폭되면서 폭발 직전의 단계에 이르렀다. 그리고 급기야 그 막강했던 국가 권력이 힘을 잃고 붕괴되기 시작하자 인간의 가장 기본 권리인 자유에 대한 소망이 화산과 같은 뜨거운 용암으로 분출되면서 독재정치의 전형으로 비쳤던 소련과 동유럽 공산주의는 해체와 패망의 길을 걸을 수밖에 없었다.

물이 흐르지 못하고 오랫동안 정체되어 있으면 썩게 마련이듯 정체되고 경직되어 고인 물과 같은 사회를 만들지 않으려면 바로 건전한 개성 신장이 필요하다. 미술활동은 이러한 개성 신장에 효과적인 계기를 마련해 주는 정화제이다. 미술활동 그 자체가 아동 각자의 개성을 필요로 하는 것이며, 그것으로 인한 가치가 존중되는 것은 무엇보다 중요한 의미가 있다.

4 바람직한 아동 미술교육

미술교육의 의미를 '미술'과 '교육'이라는 두 가지 면에서 구체적으로 분리하여 생각해 보면 '미술을 위한' 교육과 '미술에 의한' 교육으로 나눌 수 있다.

1) 미술을 위한 교육

미술교육이 예술 속의 미술이라는 의미에 초점을 맞추었을 때 훌륭한 예술작품을 제작하기 위한 창조적 기능과 감상능력을 향상한다는 하나의 교육목표를 생각해 볼 수 있다. 미술작품의 생산자로서 미술가와 미술작품의 소비자로서 감상능력을 누리는 인간, 곧 미적인 기술의 연마를 통한 작가와 작품을 이해하고 미적인 아름다움을 느낄 수 있는 인격의 양성에 목적을 두는 것이다. 훌륭한 미술작품의 제작과 훌륭한 미술작품과의 대면에서 그 가치를 깊이 느낄 수 있는 감정을 강조한 점에서 보았을 때 일반적으로 미술교육이라고 하면 우리의 생활에 얼마나 활용하고 이익을 줄 수 있는가 하는, 비교적 생산적인 가치에 비중을 두는 경향이 지금까지의 미술교육이었다. 이러한 미술교육은 창작이라는 면과 감상이라는 면으로 분리해 목표로 잡는다 해도 기능 중심의 특별한 미술가 양성에서 행해지는 교육방법과 별반 다르지 않은 한계에 부딪힌다는 점을 유의해야 한다.

2) 미술에 의한, 미술을 통한 교육

미술의 창조과정과 활동 자체를 인간육성의 한 수단으로 보고 미술의 제반 원리를 교육의 원리로 삼고, 목표를 두는 경우를 의미한다. 미술에 의한 교육으로, 미술에서 행해지는 기능을 교육적 결과로 보는 견해이다. 여기에서 미술은 목표에 대한 수단으로 이용되며 창조적인 활동이 되도록 창조과정을 중요시한다.

미적인 가치를 가진 작품을 목표로 하는 것이 아니라 그 작품의 제작과정, 즉 심미적 욕구에서 이것을 만족하게 하려는 인간의 억압된 충동을 해방하고 자유로운 의식을 배양하는 것에 그 가치를 두며, 이러한 충동과 욕구의 해방으로 더욱 안정되고 승화된 도덕성 높은 인격을 갖추도록 한다는 점에 의미를 두기도 한다. 그러므로 획일적인 암기에 의한 지적인 인식이나 개념을 최대한 배제하고 선명하고 강렬한 구체적인 지성과 감성으로 상황이나 사물 현상을 인식하는 방편으로서의 가치를 가진다고 볼 수 있다.

3) 바람직한 아동 미술교육

이상의 두 가지 면에서 미술교육의 의미와 그 가치에 대해 살펴보았다. 이 두 가지의 목적에서 학교 교육이 어떤 면에 더 큰 비중을 두는지에 따라 교육과정이나 방법이 달라지겠지만, 간혹 학교의 특수한 사정에 따라 한 쪽에 더 큰 비중을 두는 경우도 있다. 각종 미술대회에서 학교의 위상을 높이기 위해서거나 학부모의 잘못된 예술 교육의 인식과 편견에 의해 점수를 높이기 위한 수단으로밖에 생각하지 않는 경우라든가, 미술 대학이나 이와 유사한 다른 목적의 학교에 더 많은 합격생을 내기 위해서 예술학교나 특수목적학교에서는 미술을 위한 교육을 강조하기도 한다.

▼ 미술교육은 크레파스 같은 다양한 색깔을 지닌 아동을 서로 화합하며,
사회에 유익한 인격체로 성장시켜 나갈 수 있게 하는 데 초점이 모아져야 한다.

바람직한 아동 미술교육은 미술을 위한 교육보다 미술에 의한, 미술을 통한 교육에 전적으로 비중을 실어주어야 한다는 것에 본래의 뜻을 두어야 한다. 아동의 올바른 인격육성을 위해서는 어릴 때의 교육이 무엇보다 중요하다는 여러 교육학자의 주장에 부응하는 인간교육의 수단으로서 미술교육의 존재가치를 인식해야 할 것이다.

미술교육의 의의와 목표에서 강조하는 인간교육의 바탕을 마련한다는 의미는 더욱더 건강하고 발전적인 사회를 구성하는 개체의 온전한 완성을 위해서 그 중요성이 강조되어야 한다. "미적으로 온전히 정립된 인간육성이라는 의디의 활동은 미술이 아닌 다른 영역, 즉 아동의 성장과 발달을 돕는 모든 영역의 활동에도 우익하다."는 웨버(Weber)의 주장은 미술을 위한, 미술 그 자체를 목적으로 하는 미술교육이 아니라, 여러 모든 영역에서 우수한 능력을 발휘하여 사회를 발전적으로 끌어나갈 수 있는 바람직한 인간육성으로 미술교육이 인식 · 강조해야 한다. 이렇게 볼 때 아동 미술교육은 곧 인간교육의 수단으로서 사회가 요구하는 건전한 인격체의 육성을 위해서 그 가치와 목표를 두어야 한다는 점을 명심해야 한다.

03

아동 미술의 특징

목마를 탔어요(8세 여아)

아동화에서는 여러 가지 특징을 발견할 수 있다.

미술이 아동의 성장발달에 직간접으로 많은 영향을 미친다는 사실에 주목하고 연구하기 시작한 유럽이나 미국의 교육학자들은 1950년대 이전에 이미 다양한 연구서들을 내놓기도 했지만 우리나라 교육계나 일반인들이 주목하기 시작한 것은 70년대 후반부터라고 할 수 있다. 아동화나 아동에 의해서 이루어지는 모든 조형활동이 새롭게 인식되고, 그것을 연구하는 학자도 이때부터 나타나기 시작했다고 할 정도로 아동미술에 관한 우리나라의 연구는 무척 더디었다고 할 수 있다. 그것은 저자가 아동화 연구를 석사 논문으로 발표했던 것이 우리나라에서는 두세 번째였고 연구를 위해 참고서적을 찾았으나 대부분 번역서 수준을 벗어나지 못하던 때였다. 우리나라가 이처럼 아동 미술교육에 취약했다가 늦게나마 관심이 모아지기 시작한 것은 아동의 표현형식이나 방법에서 성인의 표현과는 매우 상이한 특징을 지녔기 때문이며, 이러한 사실은 아동의 성장 발달에 직 · 간접으로 많은 영향을 미친다는 사실이 극히 일부의 학자에 의하여 연구되고 여러 가지로 검증될 수 있었던 결과인 것이다.

그리기 활동에서만 보더라도 아동의 그림에는 아동의 성격, 성장 과정, 갈등이나 욕구 등 소박한 생명감이 그대로 나타나기 때문에 이것이 아동을 육성하고 교육한다는 차원에서 중요하게 다루어져야 한다. 또한, 이것을 통해서 아동의 미의식을 발달시킴은 물론 온전한 인격을 갖춘 건전한 사회인을 기르는 데 필요한 여러 가지 교육원리와 다양한 연구 과제를 제공한다는 데 큰 의미가 있다.

1 아동화에 나타나는 여러 가지 특징

1) 난화(亂畵)와 그 의미

아동은 대개 첫 돌 이후 3~4세까지 낙서라고 여겨지는 난화가 나타난다. 외형상으로는 아무렇게나 마구 그린 선의 덩어리로 나타나며, 종이 위에만 그리는 것이 아니라 담벼락, 방바닥, 마루 할 것 없이 닥치는 대로, 무엇이든 손에 잡히는 대로 휘두르듯이 마구 그어댄다. 이러한 특징을 심리학에서는 기능적 쾌락이라고 한다. 즉, 팔을 휘두르면서 나타나는 여러 가지 낙서에서 즐거움과 그리기 본능에 대한 욕구의 충족을 꾀한다는 뜻이다. 이 시기를 다른 의미로는 착화기라고도 하는데, 그것은 우리가 눈으로 확인할 수 있는 가시적 효과가 나타난다는 뜻으로 해석하는 여러 학자의 견해를 바탕으로 하는 것이다. 무엇을 그린다는 목적이 없고 그리는 그 자체가 즐거움과 목적이 된다.

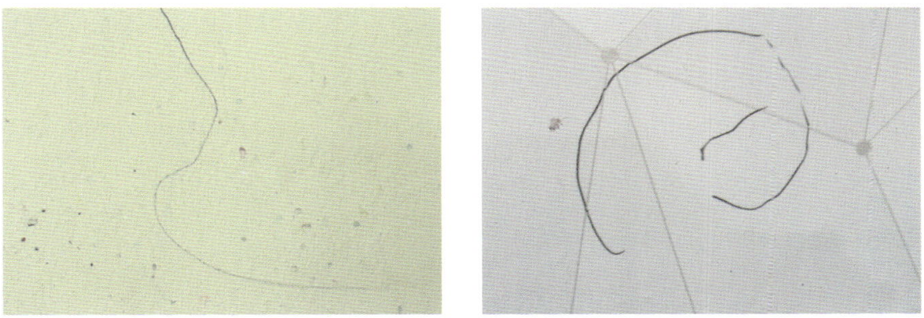

▼ 벽면에 무질서한 낙서로 이루어진 난화기 표현

아동은 분명히 기능적인 쾌락에 의해 행동하는 것이지만 이것을 이해하지 못하는 어른은 그냥 아무 쓸데 없는 장난으로 인식하여 그 행동을 심하게 야단치거나 물리적 제재를 가하는 경우를 종종 보게 된다. 정신분석학자들은 이러한 아동의 행동을 아동이 욕구불만을 해소하기 위한 수단으로 해석하기도 한다. 즉, 첫돌을 지난 아동이 대개 모유를 떼고 새로 태어나는 동생을 보게 되는 경우, 흔히 나타나는 현상으로 설명하기도 한다. 이러한 난화를 그리는 심리의 밑바탕에는 아무 곳에나 마구 선을 긋고 지저분하게 표적을 나타내어, 부모의 관심을 유도하려는 욕구의 작용으로, 동생으로 인하여 잃어버린 부모의 애정을 회복하려는 행위라는 것이다. 그러나 이러한 행동도 아동이 정상적인 심신의 발육이 이루어짐으로써 자유로운 난화가 가능해져야 시작되는 것이며, 무조건 처음부터 종이를 더럽히기 위한 동물적인 행동은 아니라는 점이다. 이러한 목적이 없는 난화는 차츰 성장해 가면서 그것에 의미를 부여하게 되는데, 여기서부터 아동의 심리에 중요한 변화가 일어나기 시작한다. 그것은 비록 낙서라고 보이는 무질서한 형태에 나름의 내용을 첨가한다는 사실이다. 이후로는 무엇을 그린다는 내용을 목표로 표현활동이 전개된다. 목적이 없는 난화에서 목적이 있는 난화로의 성장이 이 시기의 아동화에서 보여 주는 가장 특징적인 것이다.

2) 미분화(未分化)의 표현

난화의 단계가 5~6개월 또는 아동의 성장발육 정도에 따라 1년 정도 계속되면서 익숙해지면 다음 단계로 원을 그리게 된다. 최초의 원은 팔운동에 의한 회전에서 비롯된다. 점차 불완전한 원을 그리는 횟수가 많아지면서 완전에 가까운 원으로 진행되어 가는데, 아동에게 있어서 불완전하나마 원을 그릴 수 있다는 사실은 매우 중요한 경험이 된다.

▼ 무수한 원 그리기의 반복에 의해 압축된 원그림이 나타나기 시작한다(3, 4세 아동).

어른의 시각에서는 그다지 큰 의미가 있어 보이지 않지만, 시간이나 공간운동의 단순화 경향이 근본이 되어 그려진 원형, 원을 표현하기 시작하면 아동은 비로소 주위의 물체를 표현하는 데 이것이 얼마나 효과적인가를 깨닫게 된다. 원은 아동의 원초적인 형으로 대변되는 의식을 담고 있는 것이다. 그 속에는 아동이 생각하는 모든 내용을 포함하고 있지만 단지 분화되어 구체성을 갖지 못한 것일 뿐이다. 아동이 그리는 원 속에는 자기 주변에서 가장 가까운 가족이나 애완동물, 장난감 같은 것도 모두 포함한다. 이러한 것들을 단순한 원으로 나타내었다고 하지만 그 속에는 여러 다양한 요소가 압축되어 있다. 엄마를 그렸다는 원 속에는 얼굴뿐만 아니라 눈 · 코 · 입은 물론이고 몸체와 팔다리도 포함하는 모든 것을 그렸다는 아동의 표현의식이 깔려 있음을 알아야 한다. 이러한 사실을 인식하는 것이 아동화의 특징을 올바르게 해석하는 방법이다.

3) 자기중심적(自己中心的) 표현

유치원기의 아동화는 주로 공상이나 상상이 표현의 중심이 되며 소재는 일상생활에서 경험하고 느낀 것이 주가 된다. 눈으로 직접 보고 있는 시각적인 사실은 무시되고 자기가 본 것이든 가족들에게 들어서 안 것이든 머리에 입력된 지각적인 것에 의한 상상화나 공상화가 표현의 주가 되며 과장되거나 때로는 생략되기도 하는 양상을 보인다.

유치원의 그리기 시간에 교사가 가족에 대해서 자유롭게 그려보라고 하였더니 한 아동이 큼직하고 번쩍번쩍 빛나는 누런 앞니를 가진 할아버지를 화면이 꽉 차게 그려 보였다. 그래서 교사는 누구를 그렸는지 아동에게 물어보았다. 그러자 그 아동은 시골에 계시는 외할아버지를 그렸다고 대답했다. 나중에 엄마로부터 아동이 그와 같은 그림을 그리게 된 연유를 알게 되었다. 그림 그리기 한 주 전, 주말을 이용하여 아동은 부모와 함께 외가에 놀러 갔었다. 반갑게 맞아주시는 외할머니와 외할아버지의 풍성한 사랑을 받으며 하루를 즐겁게 뛰어놀았다. 그러던 중 아동이 외할아버지의 금니를 신기한 듯 요리조리 쳐다보며 "할아버지 이게 뭐야?", "왜 반짝거려?" 등의 질문으로 외할아버지를 곤혹스럽게 하였다고 한다. 그런 후 아동은 집으로 돌아왔고 그다음 주 마침 유치원에서 가족에 대한 그리기 시간을 가졌고, 시골에서 즐겁게 놀았던 것 중 그 무엇보다도 외할아버지의 금니가 가장 기억에 남았기 때문에 아동의 그림에서 가장 강한 중심소재로 표현되었던 것이다.

이처럼 아동은 자신의 경험에서 가장 감동을 받은 것이나 기억되는 것을 중심으로 과장 또는 생략이라는 여과과정을 거쳐 표현한다. 그림의 원리가 되는 대소의 차이나 원근은 무시하고 가장 관심을 끌었던 것이 주가 되는 자신만의 감정에 의한 자기중심화가 강하게 나타난 것이 아동화의 한 특징이다.

그리기 시간에 꽃병을 탁자에 놓고 그리기를 해도 이와 비슷한 현상이 나타난다. 아동의 눈에 보이는 현상을 있는 그대로 나타내는 객관적인 것에 초점을 맞추는 것이 아니라, 그것을 통해서 자기 경험의 머리에 축적된 모든 꽃 중 가장 기억에 남는 꽃들이 표현의 대상으로 등장한다. 꽃병에 꽂힌 꽃이 장미라고 하여도 아동의 그림에는 튤립, 해바라기 등 여러 가지 꽃이 나타난다는 것이다. 그것은 지금 아동의 눈에 보이는 현상이 표현의 대상이 아니라 그것을 통하여 경험으로 이미 축적된 지각의 파편들을 끄집어내어 자신에게 편리한 방법과 판단을 동원하여 가장 강하게 남아 있는 기억이나 감동을 표현하는 특징을 보여 준다는 점이다.

▼ 치과에 다녀와서(6세 여아)

이가 빠진 자신의 얼굴을 거울에 비춰보고 그린 자기 모습이다.
이처럼 아동은 자기중심적 표현을 즐겨 그리기도 한다.

4) 동시적(同時的) 표현

싱크로니즘(Synchronism) 또는 동위표현(同位表現)이라고 해석하기도 한다. 그것은 성인화에서의 사실적이고 객관적인 묘사가 아니라, 아동 자신이 그리기 쉽고 편리한 방법을 선택하여 표현하는 조형 활동으로 측면과 정면 또는 윗면과 밑면 등이 동시에 같은 방향으로 나타나는 경우를 말한다. 다시 말해서 3차원의 표현을 2차원으로 해석하고, 대상의 나열을 자기중심적으로 제각기 보았던 사물의 그 시점(視點)에서 독자적으로 느꼈던 심리의 저항을 느끼고 표현하는 주관적 공간구성에서 연유하는 것이라고 보는 견해이다. 이것은 어디까지나 자기중심적 생각에 의한 묘화활동에서 비롯되는 것이며, 이러한 현상을 피아제는 2~7세에 해당하는 아동화에서 흔히 나타나는 현상이라고 했다. 아동은 자신이 생각하는 견해와 지식은 나름대로 매우 논리적이고 정확하다고 생각하며, 그것이 자기중심적 생각 속에 있다는 사실을 의식하지 못하기 때문에 자기 생각이 틀렸다고 여기지 않으며, 또한 그러한 생각을 바꾸고자 하는 의식도 없다고 하였다.

가령 자동차를 그릴 때 '바퀴는 4개이다.' 라는 경험은 자신이 가지고 놀았던 장난감이나 아빠의 자동차에서 습득한 지식이자 반드시 4개의 바퀴에 의해서 자동차는 바로 설 수 있다는 고정관념이 만들어졌다. 이러한 고정관념은 언제나 머리에 깊이 각인되어 있어, 정면이나 측면 어디에서 본 것이든 으레 자동차 그림에는 4개의 바퀴가 그려져야 한다는 생각으로 굳어지게 된다. 그것은 나름대로 바퀴에 의해서 균형을 잡고 굴러갈 수 있다고 믿는 자기중심적인 논리성을 바탕으로 하기 때문이다.

도로의 좌우에 가로수가 원근이나 대소의 구별 없이 모조리 누워있는 모양으로 나타나는 경우도 같은 맥락이다. 식탁이나 탁자에 둘러 앉아있는 모습을 그릴 때도 탁자를 중심으로 모두 누워있는 형태이다. 사람의 얼굴 정면에 초점을 맞추다 보니 뒷모습이나 옆모습은 배제된 것이다. 이러한 경우는 정면을 보았던 시점(視點)을 동시에 나타낸 결과이다. 그것은 본 사실이 경험으로 쌓이게 되고 알고 있는 지식으로 머리에 쌓여 있다가 그리기 시간에 눈으로 보이는 형태와 교차되면서 자연스럽게 표출되는 것이다. 이것을 가리켜 아동의 개별적인 심상의 자기중심적 사고에서 나타나는 자신이 알고 있는 사실 형태의 자기표현이라고 할 수 있다.

심리학적인 면에서 이 같은 현상을 "원시적 심리의 표현이다." 라고 주장한 김재은은 이러한 형태를 보이는 이유를 그리기 쉬운 것부터 그리되 전체의 형태보다 부분적인 그리기에 중점을 두기 때문에 옆과 앞뒤가 맞지 않는다고 하였다. 가령 눈을 그릴 때는 눈에만 집중하고 옆모습을 그릴 때는 옆모습에만 전념하다 보니 전체적인 조형원리에 맞지 않는 형태가 나타난다는 것이다.

동시적 표현은 아동화에서 흔히 나타나는 일반적인 표현의 특징으로 이상과 같은 여러 연구에서 그 요인을 밝히고 있지만, 가장 설득력 있다고 여겨지는 요인은 아동의 사물에 대한 객관적인 형태파악의 미숙과 그것을 표현하는 활동에서도 나름의 가장 편리한 방법을 동원한 자연스러운 표출이라고 볼 수 있다.

▼ 불꽃놀이(7세 여아)

▼ 생일잔치(6세 여아)

옆이나 앞에서 본 모습이 같은 위치에 동시에 표현되는 것이 동시적 표현이다.

※ Egypt 회화에서의 동시적 표현 현상

얼굴 방향의 중복이나 몸체와의 이면 현상은 고대 이집트 회화에서 특히 많이 나타나는 양상이다. 이집트 회화양식의 특징은 표현의 형식에 있다. 정면과 측면이 한 인물 혹은 한 사건 속에 혼합되어 있다는 점인데, 이를테면 대개의 인물은 측면으로 그리고 얼굴 · 발 등은 옆면으로 향하고 있고, 눈과 어깨는 앞면을 향하고 있다. 인물뿐만 아니라 수목의 표현에서도 여러 측면에서 본 상태가 하나로 묶여서 표현된다.

이처럼 앞면과 옆면의 동시표현은 특히 〈나르메르 왕의 팔레트〉나 벽화 등에서 잘 나타난다. 즉, 눈과 어깨는 앞면을 향하고 머리와 다리는 옆면을 향하는 방법을 사용하고 있는데, 이것은 중심인물을 가능한 한 가장 완전한 방법으로 나타내기 위해서 만들어졌다. 이러한 방법은 착각에서가 아니라, 명확함을 얻기 위한 노력에 의한 것이었다. 따라서 각 경우마다 효과적인 모양을 취했다. 그러나 거기에는 엄격한 법칙을 따르고 있다. 그것은 시각을 바꿀 때는 마치 입방체의 모서리를 따라 보는 것처럼 각도를 90도 회전하는 것이다. 그 결과 거기에는 단지 세 가지 시점만을 인정할 수 있었는데, 즉 앞면과 완전한 옆면, 위에서 수직으로 내려다본 모습이 그것이다. 이러한 표현의 이유는 입상의 경쟁적인 측면들의 명확성을 얻기 위해 이러한 시점들을 결합해야 할 필요에 의한 것이었다. 이집트 회화의 특징은 평면적이라는 데 있다. 윤곽을 뚜렷한 선으로 싸고 평탄하게 채색하기 때문에 얼굴, 팔, 의복에 그림자를 두어 입체감을 주는 일은 없다.

▼ 호렘헤브왕묘 고분벽화

▼ 테베고분 벽화-네바문 정원

고대 이집트 고분에서 보여 주는 회화양식은 아동화의 동시적 표현과 많이 닮아 있다.

이와 같은 평탄한 인물의 취급, 고정된 정경, 평면적으로 전개된 설화는 장식적인 것으로 오해하기 쉽지만, 그것의 본질적인 요소는 내세의 영원을 향한 삶의 표현이라는 점에 초점을 맞추고 있다. 그것은 절대 군주의 사후세계와 영혼불멸에 바탕을 둔 것이다. 그러므로 이집트 양식의 인물표현법은 신성한 왕의 존엄성을 가시적인 형식으로 나타내기 위해 창안한 것으로 보인다. 이러한 이집트 회화에서 보여주고 있는 동시적 표현의 특징은 아동화에서의 개체별 · 독립적 시점과 일치한다. 현대 미술에서도 이러한 표현의 특징을 찾아볼 수 있다. 피카소(Picasso)의 〈게르니카〉에서 보이는 인물, 소, 말 등의 동시적 표현은 독일의 폭격에 의해 발생한 스페인 게르니카의 비극을 더욱더 사실적으로 구성하기 위해 화면 전체의 긴장감과 동적인 분위기를 극대화하고 있다는 사실에서 본다면 이집트 회화에서 노렸던 효과를 잘 접목한 예라고 할 수가 있다. 그러나 아동화에서 볼 수 있는 것과는 근본적인 의식의 차이가 있으므로 표현의 성격에서는 원천적으로 다르다고 할 수 있다.

▼ 피카소 〈게르니카〉

아동화가 피카소의 표현방법에 영향을 주었다고 전해진다.

5) 늘어놓기 표현

아동화에서 가장 흔하게 나타나는 특징의 하나가 늘어놓는 식의 표현 방식이다. 마치 소꿉놀이하는 장난감을 늘어놓듯이 그리고 싶은 대상을 나름의 질서로 늘어놓기를 하듯 그린 것을 말한다. 화면 전체의 통일성이나 조화에 대한 판단은 아직 부족하며 그것에 대한 관심도 없는 편이다. 다만 아동 자신의 경험이나 좋아하는 소재들을 기분 내키는 대로 그리면서 즐거움을 느끼고 만족하면서 놀이로서의 그리기를 한다. 이러한 활동의 저변에는 사물과 사물의 관계인 대소의 차이나 원근에 의해 나타나는 형태의 변화, 안과 밖의 공간개념, 거리에 따른 색상의 강약 등을 판단하는 능력과 기능적인 표현의 미숙함으로 늘어놓기식 표현이 많이 나타난다는 것이다. 가령 '즐거운 자동차 여행을 했어요.' 라는 장면을 그린다고 했을 때 자동차 안에 탄 사람과 자동차를 어떻게 그릴 것인지 고심하지 않는다는 점이다. 자동차를 타고 여행을 했다는 사실에만 초점을 맞출 뿐 자동차에 탄 모습을 어떻게 나타낼 것인지는 별로 고심하지 않다 보니 서술적으로 자동차를 먼저 그리고 그 옆에 자신을 포함한 엄마와 아빠를 그려서 자동차를 타고 가족이 여행을 한 느낌을 나름의 주관적인 방법으로 표현한다.

이러한 늘어놓기 표현은 아동이 객관적인 공간개념이나 표현의 원리를 아직 인식하지 못하고 있기 때문이기도 하다. 어떤 놀이를 한 경험을 그릴때도 놀이에 부합하는 행동의 그림이 나타나는 것이 아니고 사람들을 죽 늘어세우듯 표현하고 그 옆에 타고 놀았던 놀이기구를 늘어놓듯 나타내어 '놀이를 하며 즐겁게 놀았다.'는 것을 자기 나름의 설명을 곁들인 서술적 방법을 동원하여 표현하는 것이다.

물론 성인의 눈으로 아동의 표현의도와 내용을 이해할 수도 있고 그렇지 못할 경우도 있겠지만, 이와 같이 아동은 어떤 객관성 있는 조형원리를 적용하여 이해가 용이한 공간표현을 하는 것이 아니라 자신이 경험한 일을 가장 손쉬운 방법으로 설명하거나 느낌 또는 감동을 표현하기 위해서 이루어지는 표현의 한 특징인 것이다.

▼ 놀이공원에서(7세 여아)

▼ 불꽃놀이(6세 여아)

아동은 조형원리나 시공의 개념을 무시하고
펼쳐 보이는 서술적 방법으로 늘어놓기 표현을 즐긴다.

6) 투시적(透視的) 표현

흔히 뢴트겐(Rontgen) 또는 엑스레이(X-ray)화라고 일컫는 표현방식이다. 병원에서 사용하는 엑스레이 필름처럼 가려져 보이지 않는 부분까지 훤히 드러나 보이게 그린다는 뜻을 담고 있다. 어느 유치원에서 가족 그리기 주제를 주었더니 엄마를 그린 아동이 있었다. 엄마의 배는 풍선처럼 커다랗게 부풀어 있고 그 안에 작은 사람이 들어 있는 그림이었다. 아동의 설명인즉 작은 사람은 엄마의 뱃속에서 곧 태어날 자기 동생이고 그것을 표현했다는 것이다. 이처럼 보이지 않는 현상이나 사실을 공상 또는 상상하여 그린 경우를 말한다.

'기차를 타고 즐거운 여행을 했어요.'라는 그림에서도 기차는 그림을 그린 아동이 완전히 밖에서 본 모양으로 나타내고 있다. 그런데 기차 안에 있는 사람을 표현한 것은 차체에 가려 보이지 않는 부분까지 훤히 보이는 것처럼 그려 놓았다. 타고 있는 사람을 그렸다면 차창을 통해 볼 수 있는 머리 부분만 나타나는 것이 당연하지만 아동은 보이지 않는 몸체와 팔다리까지 모두 표현한다. 물론 아동이 지나가는 기차를 보고 그린 것이 아니다. 자신이 직접 기차를 타고 여행했던 사실을 표현한 것인데도 아동은 꼭 멀리서 바라본 것과 같은 형태로 나타낸 것이다.

▼ 수박 먹기(6세 남아)

▼ 개미학교(7세 여아)

수박을 먹은 후 수박씨가 뱃속에 많이 들어 있는 모양이나
땅 속에 있는 개미집이 훤히 보이게 그리는 투시적 표현도 아동화의 특징이다.

이러한 투시적 표현의 요인으로서 구드너프(Goodenough)는 "아동은 보는 것을 그리는 것이 아니라 이미 알고 있는 것을 그린다."라고 설명한다. 알고 있는 외형의 표현과 표현할 내용을 아동이 나름의 표현방법으로 접목한 결과로 보는 것이다. 피아제는 사물과 사물의 관계판단이 부족한 정신발달의 미성숙에서 오는 원시적 형태의 표현이 투시적 표현이라고 설명한다. 그러나 아동은 그 내용을 분명히 알고 있다. 알고 있는 것이나 경험한 것 또는 보았던 것이 내부와 외부의 한계에 구속받지 않고 나타나는 결과라고 설명할 수 있다.

7) 시공(時空)의 변화성 표현

아동은 시간의 흐름과 공간의 연속적 변화를 한 화면에 나타내기도 한다. 우리가 보통 그림이라고 할 때 어떤 시각에 정해진 공간에서 본 풍경이나 어떤 특별한 현상을 목격하고 그 느낌을 걸러서 나타낸다는 의미가 있다.

1차 세계대전 직전 이탈리아에서 일어난 미래주의(Futurismo) 화파들이 속도감이나 운동감을 표현하기 위해 회화에 시간의 요소를 도입하려 한 움직임이 있었다. 시간의 흐름에 의한 사물의 형태변화를 표현하기 위해 순간마다 정지된 동작을 나열하는 형식으로 시간성을 나타내려 하였다. 그러나 아동화에서 보여 주는 방식은 이들과는 구조적인 차이를 보여 준다.

이후 나타나는 다다이즘(Dadaism)이라는 미술의 한 부류로 대변되는 마르셀 뒤샹도 시간의 흐름과 그에 따른 사물의 연속적인 형태변화를 한 화면에 나타내려고 시도하였다. 지금의 디지털카메라를 이용한 연속촬영기법과 흡사한 형태의 표현이었다. 그것 역시 아동이 보여 주는 시공의 표현과는 근본적인 차이를 보여 주는 것이다. 아동화에서는 단편적으로 정지된 장면이 아니라, 시간의 흐름에 따르는 상황의 변화를 연속성에 두고 표현한다는 점이다.

유치원에서 동물원 견학을 다녀온 후 그것을 그리게 한 결과, 아침에 버스를 타고 가는 장면과 도착하여 여러 가지 동물을 관람했던 것, 다시 버스를 타고 돌아오면서 보았던, 기억에 남는 풍경들이 한 화면에 연속적으로 나타난다. 또 어떤 아동은 시간의 진행과정에서 보았던 광경을 연속적으로 그린 다음 다시 그 위에 검은색으로 덧칠을 해서 화면을 검게 만들어 버렸다. 꼭 그림이 자기 마음에 들지 않아 애써 지워버리려는 행동으로 보여 교사가 아동에게 그 이유를 물어본 결과, 답변은 의외였다. 아동의 설명으로는 아침에 유치원을 출발하여 차창 밖으로 보이는 아름다운 자연과 동물원에 도착하여 여러 가지 동물을 보면서 즐거운 시간을 보냈는데, 그 후 유치원에 도착할 즈음 저녁이 되면서 점점 어둠이 밀려오더니 모든 것을 까맣게 덮어 버렸기 때문이라는 설명이었다.

이처럼 시간의 진행과정에서 보고 느낀 여러 가지 모습을 그림으로 나타낼 때 시간의 흐름에 따라 변화하는 공간의 다양한 형태를 연속성을 바탕으로 하나의 화면에 나타내는 경향을 보인다는 점이 아동화의 한 특징이다.

▼ 마르셀 뒤샹〈계단을 내려오는 나부〉

▼ 불꽃 구경(7세 여아)

미래주의, 다다이즘이 시공간의 연속성을 나타내려 한 것과
연속되는 불꽃의 모양을 표현한 아동화는 유사점이 있지만 조형원리에서는 무척 상이하다.

8) 의인적(擬人的) 표현

아동의 표현에는 성인화에서 볼 수 없는 특별한 다양성을 보인다. 그중에서도 모든 사물은 생명을 가지고 있다는 물활론(Animism)적 의식이 많이 나타난다. 그것이 살아있는 것이든 죽은 것이든, 식물이든 동물이든 사람과 같이 생각하며 희로애락을 느낄 수 있는 감정을 가졌다고 생각한다는 점이다. 유아가 인형을 가지고 놀면서 인형과 대화를 나누고 "맘마를 먹어야지.", "잠을 자야지." 하면서 밥을 먹이고, 잠을 재우는 흉내를 내는 것을 보면, 어른은 이해하기 곤란한 표정을 지을 것이다. 그것이 바로 물활론적인 의식이며, 이것이 바탕이 되어 그림으로 나타날 때 의인적 표현이라고 한다. 찡그린 얼굴의 태양이나 활짝 웃는 모습의 꽃을 그리는 등의 경우가 그 예이다.

문학에서 말하는 의인적 표현이라는 의미와는 그 차원이 다른 뜻을 포함하는 것이 아동화의 의인적 표현이다. 이러한 현상은 현실과 꿈, 실제와 공상, 상상을 혼연히 구별하지 못하고 혼돈하여 미분화 상태로 통합된 것의 결과라고 할 수 있다. 아동의 이러한 의식은 바로 무한한 공상과 상상의 날개를 펼 수 있는 근본이 되는 것이며 더 넓고 깊은 창조의 모체가 된다.

▼ 꽃과 나비(6세 여아)

▼ 공주 옷을 입은 물고기(5세 여아)

아동은 모든 사물이 자신과 똑같은 마음을 가지고 있다고 느낀다.

9) 기저선(基底線) 표현

아동화에서 가장 초보적인 공간개념의 하나로 나타나는 것이 기저선이다. 이는 아동이 어느 정도 사물 간의 관계성을 인식할 수 있다는 것이 전제가 된다. 유아기에서는 화면 전체를 모든 사물이 놓여질 수 있는 평면으로 인식하기 때문에 일반적인 공간개념은 존재하지 않는다. 이 기저선은 지평선이 될 수도 있고 수평선이 될 수도 있다. 이러한 기저선 위에는 하늘이 있고 아래는 땅이라는 의식을 바탕으로 한다. 가장 초보적인 공간개념이 되는 하늘과 땅 사이에는 무한히 넓은 공간이 존재하고, 그것을 아동이 인식하기 시작한다는 것이다. 그래서 땅을 발판으로 살아가는 꽃, 나무, 자동차, 사람 등은 기저선의 아래에 배치하고 하늘을 날아다닐 수 있는 새나 비행기는 물론 하늘에 떠 있는 태양과 구름도 기저선의 위에 두는 것이다. 이러한 의식은 바다를 그릴 때도 마찬가지이다. 하늘과 땅, 바다와 땅, 하늘과 바다 등의 공간을 나타낼 때 반드시 사용하는 것이 기저선이다.

▼ 불꽃구경(6세 여아)

▼ 하늘과 바다(6세 여아)

아동은 초보적인 공간개념의 표현으로 기저선을 사용한다.

이러한 공간개념이 형성되면서 아동은 높은 것과 낮은 것, 멀리 있는 것과 가까이 있는 것, 큰 것과 작은 것 등 사물과 사물의 관계나 넓이와 높이에 대한 것을 판단하고 구별하는 인지능력이 발달하며 대상의 사실적인 표현에도 관심을 두기 시작한다. 초보적이지만 이러한 공간개념의 발달을 바탕으로 하여 나를 비롯한 타인과의 관계 등을 인식하는 사회성의 개념이 이때부터 발달하기 시작하며, 공간예술에 대한 원리를 어렴풋이나마 느끼게 된다.

10) 반복적(反復的) 표현

아동은 자신이 관심을 두는 것에는 집착하여 반복적으로 나타내는 경향이 있다.

노랑머리를 갖고 싶다는 욕망이 가득한 아동은 사람을 그릴 때마다 노랑머리가 반복된다든지, 예쁜 공주 옷을 입고 싶다는 욕구가 있을 땐 예쁜 공주 옷을 반복해서 그린다든지, 숲이나 꽃밭에 수많은 나무나 꽃이 피어 있는 광경을 보고 '많다.'라는 모양을 표현하려는 아동은 나무, 꽃 등을 반복적으로 그려 놓아 수가 많음을 표현하기도 한다. 또한, 어떤 아동이 무언가를 갖고 싶은 욕구가 강렬할 때 그러한 욕구의 충족을 그림에서 찾으려는 경향을 보이는 현상이라고 할 수도 있다. 한편으로는 화면을 가득 채우기 위한 수단으로서, 표현의 다양성이 부족하거나 생각이 막혀 무엇을 어떻게 그릴지를 고심하며 망설일 때 이를 만회하기 위해 똑같은 형상을 반복해서 나타내기도 한다. 정서적인 억압상태가 계속되어 생각이 굳어져 있을 때나 경험부족으로 인한 소재나 표현방법을 찾지 못해 마음이 혼란스러울 떠도 이러한 반복표현으로 나타날 수 있다.

▼ 줄넘기(6세 여아)

▼ 하늘을 나는 것들(3세 여아)

줄넘기의 연속동작을 새나 구름이 산을 넘는 형태로 반복하거나
하늘을 날고 싶은 욕구를 새나 구름으로 대변하여 반복하여 나타내는 것도 아동화의 한 특징이다.

2 아동화의 여러 가지 유형

아동화에서 보여 주는 유형의 종류는 그 형식이나 형태뿐만 아니라 표현방법에서도 무척 많은 다양성을 가지고 있다. 여기서 유형이란 여러 가지 비슷한 그림의 특성을 모아 분류하고 일반적인 공통성을 도출하여 몇 개의 맥락으로 구분한 것을 의미한다. 아동화는 예술성과는 거리가 멀다. 지금까지 많은 예술가가 아동화를 모티브로 새로운 창작을 통한 예술작품으로 승화시킨 경우는 많이 있지만, 그것이 아동화가 가진 예술성을 대변한 것은 아니다. 아동은 예술성이라는 의미 자체도 전혀 인식하지 못하고 그린다. 따라서 그들의 그림은 자기의 생활감정과 경험 등을 나타내는 자기표현이요, 자아의 표출이라고 보아도 무방하다. 아동은 그리고 싶은 욕구가 전부일 뿐이지 거기에 심오한 철학이나 사상을 담겠다는 의지는 조금도 없다.

아동화에 내재된 심리적 배경이나 환경, 욕구, 갈등은 자연스러운 요인으로 작용하는 것이기에, 많은 교육학자나 심리학자가 아동화를 연구하고 그 특이성과 아동의 성장 발달과의 관계를 규명하려는 노력은 꾸준히 계속되었다. 아동의 정신적·정서적 발달과 지능이 정상적으로 발달하고 있는지를 가늠해 보는 한 방법으로서 또는 생리적으로 얼마나 정상치에 가까이 근접하고 있는지를 판단하는 여러 가지 근원을 연구한 학자들의 유형을 참고자료로 간략하게 소개해 본다.

1) 로웬펠드(Lowenfeld)의 유형

미국의 교육학자로 미술을 통한 아동의 발달과 교육 프로그램에 많은 관심을 가지고 연구를 했다. 그는 특히 시각장애 아동과 약시 아동의 표현을 정상적인 아동과 비교하여 그들의 그리기 활동에서 나타나는 미적인 표현 유형을 다음과 같이 구분하여 비교·분석하고 각 유형의 특징을 중점적으로 연구하였다. 일반적인 아동의 발달과정과 바람직한 아동의 성장에 기여할 수 있는 이론적인 기틀을 마련한다는 취지에서 그 어느 연구가보다 먼저 아동화를 수집 · 분석하고 여러 측면에서 다양한 이론적 바탕을 제시하여 교육활동에 활용할 수 있는 기틀을 마련하였다.

더 알아보기!

로웬펠드(Lowenfeld. V., 1903~1960)

미국 콜럼비아대, 펜실베니아 주립대교수 역임
나름의 미술교육에 대한 방법제시와 이를 통한 아동의 성장 발달을 돕는 교육이론 제시. 그의 저서 『인간을 위한 미술교육』은 발달단계에 따른 체계적이고 과학적인 미술교육이론을 제시한 것으로 지금도 전 세계 아동 미술교육 이론의 지침서가 되고 있다.

(1) 시각형(視覺型. visual type)

외계의 여러 가지 대상물에서 눈으로 바라보고 확인한 그대로의 모습을 사실대로 표현하는 것에 흥미를 갖는 아동을 말한다. 대상물을 피상적 · 객관적 · 묘사적 · 이지적으로 표현하려는 특징을 보이는 유형으로 사물이 가진 외형을 있는 그대로 충실하게 묘사하는 것에 표현의 중점을 두는 경향이다.

- 대상물의 전체적인 사실성을 충실하게 나타내려는 의식을 바탕으로 하기 때문에 부분적으로 본 인상도 모두 모아 종합적으로 조직하여 구조적인 종합이 이루어진다. 그러므로 눈에 보이는 형태가 비교적 사실과 많이 닮아있다.
- 외형적인 객관성에 충실하기 때문에 표현 형식에 있어서 묘사력이 뛰어나다고 평가받는다.

(2) 촉각형(觸覺型. haptic type)

시각적인 능력이 부족하다 보니 눈에 보이는 가시적 · 외면적 · 묘사적인 표현이 아니라 내면적이고 감정적인 자아의 표출에 중점을 두는, 정신적인 면이 강조되는 유형이다. 즉, 신체에 의해 느껴지는 촉각적인 인상이 우세하며 접촉에 의한 직접적 · 체험적 표현이 주가 된다. 그러므로 표현의 형식도 일반적인 아동에게서 흔하게 나타나는 것이 아닌 독특한 형식을 띠고 있다. 가령 사람의 입을 그릴 때 입안의 치아나 혀의 모양을 먼저 그린 후 입술을 그 주위에 갖다 붙이는 식의 뒤바뀐 순서로 그리는 양상을 발견하게 되는데, 그것은 촉각적인 인상이 우세하다 보니 신체의 접촉에서 직접 얻어진 인상을 먼저 나타내고 그 밖의 시각에 의해서 인식한 것을 나중에 나타냄으로써 이러한 형식이 만들어진 것이다.

이러한 것은 사실적이고 객관적이기보다 어디까지나 주관적이고 내면적인 것이 투사되어 나타나는 것이라고 할 수 있다. 그렇다 보니 그림의 전반적인 분위기는 정적인 느낌이 강하다.

더 알아보기!

※ 약시아=시각형, 시각장애아=촉각형이라는 두 부류의 아동에게서 보여 주고 있는 사물에 대한 의식구조를 정상아동과 대비시켜 봄으로써 표현의 형식에 따르는 요인을 규명하려 한 연구의 결과이다. 로웬펠드는 이 두 부류에서 얻은 유형은 어디까지나 특수한 것이 아니라 이러한 신체적인 장애에서 나타날 수밖에 없는 일반적 · 보편적인 당위성을 가지므로 그들에게 알맞은 교육 프로그램을 개발해야 한다는 주장을 펼쳤다.

2) 보링거(Worringer)의 유형

인간은 그의 시각에 비치는 생생한 현상으로부터 재생산하려고 노력하거나 때로는 그것으로부터 도피하려고 하는 것에서 연유하는 추상형(abstraction)과 감정이입형의 두 가지 형태가 나타난다는 견해를 피력하였다.

(1) 추상형(抽象型)

인간의 생존을 위해서 자연환경이 극복의 대상으로 받아들여졌던 북유럽의 거친 환경이 연유되면서, 인간 내부에 본래 간직하고 있는 심미감에 의해서 나타난 미적 가치관으로서의 형태를 보여 주는 형이라고 하겠다. 거칠고 황량한 자연 속에서 아름다움을 찾는 것보다 인간이 태어나면서 본래 가지고 있는 아름다움에 대한 깊은 정신적 근원이 더 깊은 가치와 뜻을 포함하고 있다는 것을 전제로 하는 표현형식을 말한다. 다시 말해서 메마르고 거친 자연 속에서는 도저히 찾아보기 어려운 아름다움의 실체는 곧 인간의 마음속에 이미 존재하고 있으며, 그것을 표현이라는 방법으로 표출할 때 진정한 아름다운 형태로 승화되어 나타나는 것으로 보았다.

(2) 감정이입형(感情移入型)

남부 유럽의 온화하고 아름다운 자연을 배경으로 하여 살아가는 남부 유럽인의 마음에는 자연과 조화로운 생활을 이룩하려는 심성이 자리 잡고 있으며, 이러한 심성에서 아름다움에 대한 깊은 감정이 배어 나와 자연스럽게 표현되는 형태라고 하였다. 그것은 아름다운 환경에서 살면 아름다운 미의식이 자연스럽게 인간의 심성 가운데 양육되고 더 차원 높은 표현형식이 창조되는 것이라고 하였다.

3) 리드(Read)의 유형

그의 저서 『미술을 통한 교육』에서 아동화의 유형을 다음과 같이 8가지로 제시하였다.

(1) 유기형(有機型, organic form)

직접적 · 시각적이고 외적 대상의 표현에 관심을 둔다. 자연에서 볼 수 있는 대소와 비례, 구조적인 관계를 지각하고 그것을 바탕으로 객관적 · 사실적인 표현에 관심을 보인다.

(2) 촉각형(觸覺型. haptic form)

촉각적이고 비시각적인 내적 이미지, 즉 내면적이고 육체의 촉각적인 감각을 매개로 하여 얻는 마음의 영상을 지극히 자의적이고 주관적인 형식으로 표현한다.

(3) 구조형(構造型. structured form)

주제를 기하학적 형태로 양식화하여 표현하는 성향이 강하다. 자연에서 볼 수 있는 형태를 양식화하기보다 자연의 대상 속에 있는 구조적인 형태를 지각하고 그것을 자기 나름대로 해석하여 하나의 양식으로 승화시켜 표현한다.

(4) 열거형(列擧型. enumerative form)

대상에 의존하여 표현하는 편이며 전체 분위기로서의 감성에 의존하지 않는 경향을 보인다. 세밀하게 관찰하고, 보고 기억하는 만큼 꼼꼼하게 기록하듯 표현하되 주제나 중심적인 강조점은 없어 지극히 이지적인 느낌을 준다. 표현 효과는 장식적이며, 예술적 감흥에 따르지 않다 보니 설명적이거나 양식화된 틀에 충실한 건축가의 설계도와 같은 표현을 보여 준다.

(5) 표현형(表現型. expressionist)

자아중심적이며 감각을 통한 느낌에 충실한 표현을 하는 것이 두드러진 특징이다. 감각된 외적 대상을 재현할 때는 촉각적이고 신체적 감각에 의해서 직접적으로 얻어진 경험에 표현의 중심을 두며, 그 밖의 것에는 매우 조심스러운 태도를 보인다.

(6) 장식형(裝飾型. decorative form)

주로 색채와 평면적인 표현에 의존하며, 유쾌한 느낌을 주기 위한 색채와 도형을 즐겨 표현하고 장식적인 디자인에 관심을 둔다.

(7) 율동형(律動型. rhythmical form)

관찰한 소재를 반복적으로 화면 가득히 표현함으로써 동적인 느낌이나 생동하는 율동성을 강조하며 서정적인 특징을 보여 준다.

(8) 감정이입형(感情移入型. empathetic form)

유기적인 감정요소를 포함하며 그 감정을 외적 형태 속에 뚜렷하게 투입하는 주관적인 표현이 강하며, 예술적인 감흥이나 느낌을 표현의 중심으로 삼는다.

4) 블로프(Bullough)의 유형

블로프는 아동에게서 단일 색상의 지각에 차이가 있음을 보여 주도록 계획된 실험을 근거로 하여 4가지 유형으로 분류하였다.

(1) 객관형(客觀型. objective type)

감정적 평가보다는 순전히 기능에 의해 판단하는 경향이 짙다. 사물에 대한 거인적 흥미나 내부세계, 주관에 의한 표현을 극도로 배제하고 어디까지나 객관적인 실체의 표현에 충실히 한다.

(2) 주관형(主觀型. psychological type)

색상에 대한 자극과 느낌이나 화면의 밝음에 기준을 둔다. 그래서 개인의 취향에 따라 부드럽거나 차거나 따뜻한 느낌을 주는 형식으로 표현되며, 색에 의하서 이루어지는 분위기에 민감한 반응을 보인다.

(3) 연상형(聯想型. associative type)

유쾌하거나 그렇지 않은 연상 때문에 즐거운 색상이나 그렇지 않은 색상이 연출되곤 한다. 여러 가지 심리적인 변화가 화면 전체의 느낌을 결정지으며 어떠한 연상을 하는지에 따라 그림의 주제가 달라 보인다.

(4) 인격형(人格型. character type)

개인적으로 선호하는 색상이 거의 없다. 이러한 유형은 뚜렷한 목적을 위해 특정 색상을 사용하지 못하는 경향이 있다. 사물이 가지는 고유한 색상 범주를 탈피하지 못하고 사실적인 표현에 충실하려는 유형이다. 그러나 '모든 색상은 아름답다.' 라는 잠재된 감정의 특징을 가지고 있다. 일관된 가치관으로 주제의식이 뚜렷하여 자신의 표현에 대한 고집이 강하고 외적 요인에 좌우되는 감정의 변화를 찾아보기가 어렵다. 또한, 그것을 표현할 때는 무척 몰두하는 열정을 보이기도 한다.

이상 몇몇 학자의 유형에 관한 견해를 살펴보았고, 그것이 어떤 시각에서 연구되었는지에 따라 서로 다양한 유형으로 분류되고 있음을 볼 수 있다. 환경이나 재료, 시대적 배경, 체험 등이 유형을 결정짓는 많은 변수로 작용하고 있음도 알 수 있다. 그러므로 유형을 규명하고 정립하는 것은 주장의 종류만큼이나 무수히 나타날 수 있다. 저자는 이러한 각국의 다양한 시각으로 연구한 학자들의 견해를 참고하여 우리나라에서 지금까지 행해지고 있는 아동 미술교육과 초 · 중 · 고등학교 미술교육을 재조명함으로써 나름의 견해를 더하여 보기로 한다.

5) 저자의 분류

21세기에 접어들면서 조기교육이라는 용어는 우리나라 교육과정의 하나로 인식하는 일반적인 말이 되었다. 대부분의 선진국에서 일찍이 시행했던 조기교육의 단골 메뉴라고 해도 좋을 예능 활동 중 아동의 조형 활동이 우리나라 유아원이나 유치원에서 행해지는 조기교육과정의 바탕을 이루고 있는 것은 어쩌면 당연한지도 모른다. 그것은 아동이 가장 거부감 없이 자신을 표출하는 수단이며, 또한 이를 통해서 아동의 심성이나 학습을 수용할 수 있는 정도를 가늠해 볼 수 있는 가장 빠른 길이자 확실한 것이라는 사실이 여러 선진국의 경험에서 입증됐기 때문이다.

이러한 맥락에서 아동화를 살펴보는 것은 아동을 가장 확실하게 이해할 수 있는 방법이기도 하다. 그 방법의 하나로 아동화의 유형을 연구하는 것은 아동교육의 목표를 더욱 효과적으로 달성할 수 있는 길이 될 수도 있다. 아동화에서 볼 수 있는 유형의 종류는 그 형식이나 형태뿐만 아니라 표현방법에서도 다양성을 가진다. 여기에서 유형이란 여러 가지 비슷한 그림의 특성을 모아 분류하고 일반적인 공통성을 도출하여 몇 개의 맥락으로 구분한 것을 의미한다.

아동화는 예술성과는 거리가 멀다. 예술성이라는 의미 자체도 모르고 그리는 것이 아동이다. 따라서 그들의 그림은 자신의 생활감정과 경험 등을 나타내는 자기표현이며 자아의 발견이다. 아동은 그리고 싶은 욕구가 전부일 뿐이다. 아동화에 내재된 심리적 배경이나 환경, 욕구, 갈등은 자연스러운 요인으로 작용하는 것이기에 많은 교육학자나 심리학자가 아동화를 연구하고 그 특이성과 아동의 성장 발달과의 관계를 규명하려는 노력이 꾸준히 이어져 왔다.

아동화에 내재된 다양한 심성을 포괄적인 잣대로 파악하거나 보편적인 객관성을 설정하여 평가하는 것은 분명히 어려운 문제이기는 하지만, 아동화에서 보이는 회화성의 바탕 위에 일반적인 공통성을 중심으로 오랫동안 익혀온 아동화 도기의 경험과 우리나라의 여러 학자가 분류했던 유형을 참고하여 우리의 교육 여건에 알맞게, 아동의 조형 활동을 능동적으로 유도하는 데 도움이 될 수 있도록 저자 나름의 유형으로 분류해 보았다.

(1) 대담형(大膽型)

대체로 화면을 큼직한 한두 개의 주제로 채우는 유형이다. 표현재료가 어떤 것이든 별로 개의치 않고 표현활동에 적극적인 흥미를 보인다. 재료를 잡은 손에는 힘이 들어가서 선이 굵고 강하며, 채색도 이것저것 가림 없이 자유분방하지만 섬세함 · 계획성 · 질서는 부족한 편이다. 어떤 아동은 항상 도화지가 부족한 듯이 인물을 그려도 얼굴의 일부분이 도화지 밖으로 잘려나가서 완전한 형체가 화면 안에 채워지는 경우가 드물다. 그리는 시간도 비교적 짧은 편이고 무엇을 그릴지 고심하며 망설이는 경우도 보기 어렵다. 교사의 설명은 건성으로 듣는 듯하며 그리기를 시작하라는 지시가 무섭게 곧장 그리기 활동에 들어간다.

이러한 아동은 자신의 그림을 잽싸게 그려 놓고 옆의 아동에게 참견하거나 장난을 걸기 때문에 유치원이나 학원 등에서 눈총을 받기가 일쑤다. 때로는 안정감이 없어 산만해 보이기도 하고 비록 시간은 짧지만, 열정적 · 능동적으로 그리기에 열중하는 경우도 볼 수 있다. 성별에 따라 비교적 남자 아동에게서 많이 나타나는 현상으로 활달하고 쾌활한 아동이 주로 보여 주는 유형이다. 그리기에 대한 거부감이 없어서 망설임이 없고 용감한 표현 태도를 보여 주며 그리기를 즐기는 듯 소란을 떨면서 옆 친구들에게 이것저것 참견을 해 가면서도 자신의 그림에는 강한 자신감을 보이기도 한다.

▼ 사자(6세 남아)

대담형은 아무리 큰 도화지를 줘도 그릴 공간이 부족하다.

그리기 과정에서 자기 생각에 맞지 않는 선이나 채색을 했다고 여기면 다른 짙은 색깔로 과감하게 마구 칠하여 덮어버리는 행동을 보이기도 하고, 그린 그림을 마구 구겨버리고 다시 새로운 종이로 갈아 치워 종이의 낭비가 많은 편이다. 내용 면에서는 그다지 깊이가 없고 단조로운 형태와 채색으로 슬쩍슬쩍 그린 것 같아 성의가 없어 보이며 집중력이 떨어져 보인다. 이러한 아동은 그리기의 소재나 경험이 부족하여 그리기의 전개가 폭넓지 못한 경우가 많다. 이런 경우에는 많은 그리기 소재를 제공할 수 있도록 다양한 경험을 할 수 있게 주말을 이용하여 부모와 함께 야외 나들이를 간다거나 평소에 볼 수 없었던 곳을 견학하기도 하고 미술 전시회 등에 데려가서 친절한 설명으로 미리 알아본 그림에 대한 주제와 그것을 표현한 방법이나 그것을 그리기 위해 작가는 "어떤 노력을 했는가?", 이런 멋진 작품을 그리는 데는 "어떤 자세가 필요한가?" 등을 전시된 그림을 모델로 하여 재미있게 설명을 해줌으로써 아동 스스로가 내용이 풍부한 표현이 몸에 맬 수 있도록 지도해 나간다면 의외로 좋은 그림을 얻을 수 있는 유형이다.

(2) 소심형(小心型)

대담형과 상반되는 유형으로 볼 수 있다. 그리기에 대한 적극성이 부족하여 무엇을 그릴지 망설이는 경우가 많다. 하지만 그리기가 싫어서 이러한 행동을 보이는 것은 결코 아니다. 이러한 아동은 성격적으로 소심하고 자기표현이 부족하므로 그렇게 보이기 쉬운 탓이다.

그리기 활동에서도 도화지 위에 온몸을 덮어씌우듯이 머리를 푹 숙이고, 혹시 옆에서 누가 훔쳐볼까 봐 두 팔로 화면을 온통 가리고 그리는 자세를 취한다. 그렇다 보니 자연히 그림은 화면의 아래나 오른쪽 한 귀퉁이에 쏠리게 되고, 행동반경이 좁다 보니 그림의 크기도 매우 작은 형태로 나타난다. 물론 화면을 다 채우지 못하여 남는 공간이 많을 수밖에 없다. 그러나 내용 면에서는 비교적 충실함이 엿보이며 세밀한 부분에도 신경을 많이 쓰는 편이다. 그림의 주제가 그다지 다양하지 못하며 등장하는 소재도 빈약한 편으로 그릴 때마다 비슷한 내용이 반복된다. 비교적 여자 아동에게서 많이 나타나며 크기에 비해 그리는 시간이 오래 걸린다.

부모의 간섭이 많아 항상 행동의 통제를 받거나 부모의 도움이 지나쳐서 부모에게 의존하려는 경향이 많고, 부모의 눈치를 많이 살피는 편이며, 그래서 무슨 일에든 적극적이지 못하고 활동에 두려움을 느낀다. 이런 아동은 대체로 외부와의 접촉이 그다지 많지 않은 가정에서 자란 경우가 많으며, 대인관계가 부족한 영향으로 종종 발견되는 현상이기도 하다. 성격적인 것에서 비롯된다고 볼 수도 있지만, 경험의 부족으로 인한 소재의 빈곤일 경우도 많다. 이러한 아동에게 성급한 교정을 강요하거나 태도의 개선을 강하게 요구한다면 아동은 오히려 위축되고 그나마 이루어지는 활동조차 흥미를 상실할 수도 있다. 신중하게 아동을 대하면서 칭찬과 용기를 불어넣어주고 위축된 마음을 풀어주어 적극적인 활동이 되도록 이끌어 주어야 할 뿐만 아니라 다양한 주재를 구사할 수 있는 경험의 기회를 많이 제공하여, 점차 교정시켜 나가는 것이 바람직한 방법이라 하겠다.

▼ 우리 선생님(6세 여아)

소심형은 주제가 화면의 한쪽으로 쏠리는 경향이 많다.

(3) 독자형(獨自型)

현대 추상 화가의 작품을 보는 듯 난해한 형태나 색채를 보여 주는 유형이다. 직접 그린 아동 외에는 아무도 모를 내용이어서 아동의 설명을 들어보지 않고서는 이해가 매우 어렵다. 객관성이 거의 없고 아동의 주관적인 생각에 의해 그려진 것임을 알 수 있다. 마치 장난삼아 그린 듯한 무질서함을 보이기도 하고 알 수 없는 심오한 추상예술의 세계를 펼친 것 같아 도대체 종잡을 수 없는 형태를 보이기도 한다. 그러나 아동은 결코 장난삼아 그린 것이 아니라 자기 나름의 정성과 노력을 기울인 것이다. 그 속에는 아빠가 그려져 있을 수도 있고, 자신이 좋아하는 강아지나 집, 비행기도 들어 있을 수 있다. 다만 다른 사람이 볼 때는 이해할 수 없을 뿐이다. 가령 강아지를 그려 보라고 구체적인 소재를 제시해도 표현된 결과는 이해하기 어려운 추상화를 그린 것 같다.

이러한 아동의 주변을 가만히 들여다보면 어느 정도 해답을 얻을 수 있다. 그것은 대체로 부모의 지나친 간섭이 원인으로 작용하는 경우가 많다. 그리고 싶은 욕구는 아동의 본능적인 것이다. 이러한 본능적 욕구가 객관적인 형태에 충실한 사실적인 그림을 그릴 것을 어른들에게 강요당하고 그렇지 못할 때는 심한 질책을 받음으로써 아동에게 심한 좌절과 불만을 불러일으킨 결과로 보이는 것이다. “너는 어떻게 소를 그리라고 했더니 개를 그렸니?”, “이게 무슨 그림이야?”, “ 그따위로 그리려면 집어치워 ! ”, “그것밖에 못 해?” 등 부모, 특히 엄마의 부정적인 잔소리와 질책은 아동이 즐거운 그림을 그리려는 마음에 번번이 찬물을 끼얹기 일쑤다. 그렇다 보니 그리고 싶은 욕구와 용기가 급격히 감소하고 그나마 간혹 또는 억지로 하는 그리기라도 역시 뒤따르는 질책과 잔소리는 번번이 좌절과 의욕상실만 부추기는 꼴이 된다. 이러한 것이 반복되면 아동은 질책으로부터 스스로를 지키기 위한 나름의 방법을 터득하기 시작하는데, 그것은 바로 아무도 모를 그림을 그리는 것이다.

▼ 즐거운 놀이(5세 남아)

독자형은 아동의 설명이 있기 전에는
무엇을 그렸는지 알기 어렵다.

소는 소답게, 개는 개답게 그려야 한다는 부모의 개념화된 상식을 모면하기 위한 아동이 생각해 낸 하나의 고육지책이다. 그렇게 함으로써 질책과 잔소리에서 벗어나 그리고 싶은 본능적인 욕구를 채우기 위한 결과로 짐작되는 행동이다. 이러한 부모의 질책과 야유는 아동의 자유로운 표현활동을 위축시키고 무한히 뻗어 나갈 가능성을 좌절시키는 결과를 가져온다.

모든 면에서 성숙하지 못한 아동의 그림에서 객관성이 떨어지는 것은 당연하다. 간섭과 질책을 일삼는 부모조차 소를 그려보라고 하면 닮게 그리지 못하면서 자녀에게는 그것을 강요하고 부추기는 것이다. 학창시절에 열등했던 부모가 우등생을 가장해서 "나는 너만 했을 때 얼마나 잘 했는데!" 하면서 자녀를 힐책하는 경우를 많이 보게 된다. 과거 자신의 부족함을 자녀를 통해 대리 보상으로 만족을 얻으려는 부모의 잘못된 행동은 아동에게 아무런 도움을 주지 못한다.

아동에게 질책과 비난이 아닌 따뜻한 격려와 용기를 북돋아주고 고무시켜 줄 때 아동은 더욱더 자유롭고 싱싱한 생명력을 가진, 나아가 매사에 능동적이고 적극적으로 도전하고, 마주치는 문제에 발전적으로 대처해 나갈 수 있는 바람직한 품성을 지닌 인간육성을 기하는 데 도움을 준다는 점을 명심해야 한다.

(4) 상상형(想像型)

아동이 무엇을 그릴지를 결정하면 그것에 따르는 나름의 생각이 열정적으로 바뀌어 간다. 그러한 열정은 여러 가지 상상으로 바뀌어 나타나기 시작하는데, 그 상상은 거침이 없다. 상상이 지나치다 보니 처음에 생각했던 주제와 전혀 동떨어진 형태로 나타나는 경우가 흔하다. 유치원의 그리기 시간에 사회성도 키워줄 겸 '앞으로 어떤 사람이 되고 싶어요?' 라는 그리기 주제를 주었더니 한 아동이 호숫가에서 낚시를 하는 사람을 그렸다. 교사는 커서 어부가 되겠다는 소박한 꿈을 지닌 아동으로 생각하고 그림에 대한 자세한 설명을 해보라고 했다. 그러자 교사가 생각하고 있는 내용과는 전혀 다른 설명을 아동에게서 듣게 된다. 아동은 자기는 앞으로 자라서 용감한 전투기 조종사가 되는 것이 꿈이라고 설명했다. 조종사와 어부는 전혀 별개의 것이라 "어떻게 조종사를 그리지 않고 낚시꾼을 그렸지?" 다시 물어보니 아동은 다음과 같이 재미있게 얘기를 늘어놓았다.

조종사가 되어 높은 하늘을 비행기를 타고 신나게 마음껏 날아다녔다. 그런데 너무 신이 나서 자꾸 높이 오르다 보니 해님 앞까지 올라와 버렸단다. 뜨거운 해님의 열기 때문에 갑자기 무더워졌다는 것이다. 너무나 뜨거워서 땀이 줄줄 흘러내리고 앞을 제대로 볼 수가 없을 정도가 되어 버렸다는 것이다. 마침 그대 비행기 아래를 내려다보니 넓고 푸른 호수가 나타났고, 그 푸른 호수에 '풍덩' 뛰어들어가 수영을 하고 싶은 생각이 났다는 것이다. 그래서 얼른 낙하산을 둘러메고 그 호수를 향해서 뛰어내렸단다. 시원한 호수에 뛰어내리고 보니 어느새 더위는 사라지고 즐겁게 수영을 하면서 놀았다는 것이다. 수영을 하면서 재미있게 놀고 있는데 자기네 왕국을 침범하였다고 물고기들이 떼거리로 몰려와 자기를 공격하더란다. 도저히 혼자서는 그 많은 물고기 군대를 이길 수 없다고 판단하고 얼른 헤엄쳐 나와서 근방에 있는 낚시점에 뛰어가 낚싯대를 사와서 자기를 공격하던 물고기들을 퇴치하기 위해 낚시를 하기 시작했다는 것이다. 아동은 바로 물고기들과의 전투를 담은 낚시 전쟁을 그린 것이었다. 이러한 아동의 설명을 들은 교사는 황당하면서도 아동의 걷잡을 수 없는, 어른들은 감히 생각할 수 없는 풍부한 상상의 세계에 놀랐다는 것이다.

▼ 해저세계(7세 여아)

하나의 주제가 다른 수많은 얘깃거리로 전개되는 상상형

이처럼 상상형은 하나의 주제가 여러 단계의 상상을 거쳐 애당초의 것과 전혀 다른 양상으로 전개되어 가는 유형을 말한다. 그 결과 주제는 부제에 가려지고 부제가 오히려 확대되는 현상이 나타나기도 한다. 그러나 이러한 상상은 지극히 현실성을 바탕으로 한 논리적인 표현으로 이루어진다. 뾰족한 펜촉을 보면 원시인을 연상하게 되고 아빠의 담배연기에서 구름을 연상하는 것과 같은 상상의 전이 현상이 나타나는 것은 아동의 무한한 상상의 비약에 연유되어 나타나는 것이며, 바로 이러한 유형 또한 아동화에서 볼 수 있는 재미있고 특별한 묘화의 한 양식인 것이다.

(5) 설명형(說明型)

아동화 중 흔치 않게 볼 수 있는 것 하나가 설명을 하기 위해서 문자나 숫자를 동원하는 그림이다. 최근에는 유치원생도 문자나 숫자를 깨우치고 있는 것을 흔히 볼 수 있다. 그것은 부모의 조기교육에 대한 열정 탓도 있겠지만 여러 가지 대중 매체나 스마트폰, 아동을 위한 시청각 자료들이 영향을 준 탓도 있다. 그렇다 보니 아동의 그림에서 객관적인 사실을 다른 사람들에게 이해시키기 위한 수단으로서 자신이 알고 있는 문자나 숫자를 이용하는 경우이다.

▼ 음식바자회(7세 여아)

▼ 솜사탕 가게(8세 여아)

문자나 숫자를 이용하여 객관적인 사실성을 강조한 설명형

재래시장을 견학하고 와서 그 느낌을 그린 어느 아동의 그림에서 볼 수 있었던 경우를 예로 들어보자. 이 아동은 시장의 점포와 노점들이 여러 갈래의 길거리에 죽 늘어서 있는 광경을 기하학적인 도식으로 나타내었다. 동시적 표현에서 볼 수 있는 것과 같이 위에서 내려다본 것처럼 화면을 평면으로 펼쳐 몇 개의 굵은 선을 이용하여 격자 모양으로 나누고 그 격자의 칸마다 다시 여러 개의 불규칙한 사각형으로 나누어 그 위에 장난감이나 신발, 과일, 옷 등을 그려 넣어 여러 가지 물건을 파는 가게임을 나타내었다. 여기에서 굵은 격자 모양의 선은 사람들이 걸어 다닐 수 있는 가게와 가게 사이의 길을 나타낸 것이다. 각 가게에서 파는 물건들을 그려 보았지만 아무래도 무슨 상품을 파는 가게인지 어설프게 보여 객관적인 사실성을 더하기 위한 수단으로 신발가게, 과일가게 또는 옷가게라는 문자를 동원하고 또한 가격을 나타내는 숫자를 그리기도 했다.

▼ 불꽃놀이(8세 여아)

불꽃은 반드시 손에 쥐어져야 한다는 것을 설명하기위해 팔이 기형으로 표현되기도 한다.

이처럼 설명형은 어떤 광경이나 사실 현상을 설명하기 위해서 여러 가지 방법을 이용한다. 이러한 형태의 그림은 초등학교 저학년에서 더 많이 볼 수 있다. 그것은 문자에 대한 확실한 인식과 자기의 의사를 문자로 표현할 수 있는 능력의 발달에 기인하는 것이기 때문이다. 자신이 그린 그림에 대해서 다른 사람들의 더욱 깊은 이해와 인정을 바라는 마음과 현상의 구체성을 더하기 위한 하나의 방법으로 이용하게 되고, 그것이 문자나 숫자로 나타나는 것이다. 그뿐만 아니라 나무를 그렸는데 나무는 뿌리가 있어야 자란다는 것을 설명하기 위해서 나무뿌리를 강조하여 나타내기도 한다. 이러한 경우는 투시적 특징을 그림의 설명에 이용한 경우이다.

비 오는 날 우산을 든 모습을 표현한 그림에서 우산은 반드시 손에 쥐어져야 한다는 것을 설명하기 위해 우산을 든 손이나 우산대가 기형적으로 길게 그려져 비례가 맞지 않는 형태로 나타나는 경우도 마찬가지이다. 이와 같이 그림의 내용을 효과적으로 이해시킬 수 있는 방법을 찾아 여러 가지의 특징을 복합적으로 이용하여 설명하는 형식으로 나타난다.

(6) 미결형(未決型)

그리기 활동이 잘 되어가다가 무슨 연유에서인지 중단해 버렸거나 잊어버리고 끝을 맺지 못한 느낌을 주는 경우이다. 어느 부분은 세밀한 관찰과 풍부한 감정이 담긴 표현을 보이다가도 어느 부분에 가서는 부실하게 처리해 버린 것 같은 형태를 보이기도 한다. 사람 묘사에서 얼굴이나 몸체는 그런대로 잘 표현하다가 팔이 빠져 버렸거나, 한쪽 다리는 잘 표현하다가 다른 다리는 단순한 몇 개의 선으로 부실하게 처리하거나 아예 빠져버리는 등의 형태를 보인다.

이러한 경우는 가끔 부유한 집의 아동에게서 나타난다는 연구도 있다. 아동이 스스로 할 수 있는 것까지 지나치게 도와주어 팔이나 다리의 역할을 무의식적으로 망각하는 현상의 결과인 것이다. 아동이 잠자리에서 일어나면 가정부가 세수를 시켜주고 옷을 입혀준다거나 심지어 혼자 힘으로 할 수 있는 밥 먹기조차 엄마가 먹여준다든지, 유치원이나 학교에 갈 때 책가방조차 운전기사가 들어주고, 자가용으로 태워다 주고 태워 오는 등 아동이 할 수 있는 것조차 다른 사람의 손을 빌려, 아동은 자신의 팔다리를 사용할 필요가 전혀 없는 지나친 과잉보호가 지속되면 이러한 묘화가 나타난다는 것이다. 다시 말하면 팔이나 다리의 역할이 평소의 생활에서 인식할 수 있는 기회의 차단으로 다리가 있어도 그것의 필요성이 의식 속에 자리 잡지 못해, 아동의 표현활동에서 무의식적으로 빠져버린다는 것이다. 그 결과 미완성으로 끝나 버린 것처럼 보이는 것이다.

또 다른 경우의 아동은 처음에는 그런대로 묘화가 이루어지다가 문득 엄마와 오후에 백화점에 가기로 했는데 '혹시 엄마 혼자서 가지는 않았을까?' 하는 생각이 나서 '빨리 마치고 집에 가야지.' 하는 생각이 들었다고 한다. 이렇게 도중에 다른 생각이 나서 미처 완성하지 못하고 적당히 얼버무려 버리고 마는 경우다.

아오끼 세이시로는 이러한 현상을 흥미와 표현의 교차에서 오는 과도적 결과라고 지적한다. 즉, 아동의 묘화 활동에서 흥미를 중심으로 할 때와 표현을 중심으로 하는 경우가 있는데, 흥미 중심일 때는 재미있는 자기 본위의 묘사가 되기 때문에 세밀한 부분까지 관심이 있지만 표현 중심일 때는 손가락이나 발가락처럼 구조가 복잡해 보이는 부분을 나타내기에 어려움을 느끼면 포기해 버리기 때문에 흥미나 관심이 많은 부분, 가령 얼굴 부분의 묘사는 충실하나 흥미가 떨어지는 팔다리의 묘사는 부실해진다고 하였다. 한편으로는 정신적인 미성숙이 원인이 된다고 하며 특히 지능이 낮은 아동에게서 나타나는 현상이라고 주장한 학자도 있다.

▼ 기차(6세 남아)

잘 그리다가 얼렁뚱땅 적당히 마무리 한 미결형

(7) 장식형(裝飾型)

화면을 꾸미듯이 여러 가지 형태를 동원하여 채워 나가는 표현을 말한다. 아동에 따라 화면 전체를 몇 개의 작은 면으로 분할하여 면마다 각기 다른 소재로 나타내어 꼭 모자이크를 보는 느낌을 주기도 하고 또 어떤 경우는 주제는 물론 화면의 여백을 꽃이나 기하학적인 문양 등으로 장식하는 형태를 보여 주기도 한다. 형태 외에도 색채를 이용하여 화면을 여러 가지 색깔의 다채로운 면으로 나누어 다분히 장식적인 화면이 되게 한다. 무엇을 이용하든 화면에 여백을 남겨 두지 않고 채우려 한다. 가족을 그린 그림에서 인물의 배경이 되는 화면의 상단을 비슷한 꽃문양으로 가지런하게 채운 아동에게 그 이유를 물어보았다. 엄마 아빠를 예쁘게 보이도록 하기 위해서란다. "그렇게 하면 왜 예쁘게 보이지?", "사진관에서 보았어요!" 라고 대답하는 아동의 설명에서 그 해답을 찾을 수 있었다.

▼ 꽃밭에서(6세 여아)

화면을 여러 가지 장식적인 요소로 채우려는 장식형

요즈음 우리 생활 주변을 둘러보면 장식적인 문양이나 요소를 가미하여 시각적인 효과를 노리는 경우가 많다. 특히, 텔레비전 방송의 어린이 프로그램에서 시각적인 효과를 극대화하여 어린이의 흥미를 끌기 위해 화면을 현란하게 장식하거나 사진관 진열장에 진열한 가족사진의 테두리를 여러 가지 문양이나 꽃 그림으로 치장하고 배경을 실루엣 기법으로 장식한 것이 아동의 눈에는 깊은 감동을 준 모양이다. 그리고 그것이 아동의 그림에 곧장 이용되어 나타난 경우라고 할 수 있다.

색채 사용에서도 예쁜 옷을 강조하기 위해 무지개색으로 색칠하거나 화면 전체를 칸으로 나누어 다양한 색깔로 채우기도 하고 여러 가지 색으로 점을 찍어서 구성하는 경향은 종전의 단일 색 위주의 채색에서 많이 달라진 것임을 알 수 있다. 이러한 변화는 우리의 모든 생활환경이 화려해지고 다양해졌기 때문이며 이러한 분위기 속에서 자라면서 시각적으로 길들여졌기 때문이라고 가늠할 수 있다.

과거에 많이 행해졌던 주제 위주의 형태 그리기나 채색활동이 더욱 복잡해지고 다양성을 보인다는 점은 우리의 생활환경이 그만큼 장식 효과를 높이기 위한 것에 관심이 높아진 영향이다. 이러한 생활문화가 아동의 의식과 아동화에 반영된 것이며 장식적인 양식을 볼 수 있는 것은 흔한 경우가 되었다. 장식적인 부제는 주제를 가리는 면이 있지만, 최근의 아동화에서 많이 볼 수 있는 유형으로 나타난다. 아동의 상상력과 표현의 다양성을 발달시키는 데 주변 환경이 얼마나 많은 영향을 미치는지를 보여 주는 유형이라 할 수 있다.

(8) 일반형(一般型)

아동화에서 가장 일반적이며 보편적인 유형이다. 대부분의 아동이 자기 연령에 따르는 보편적이고 일반적인 수준의 경향을 보여 주는 경우이다. 지나친 특징이나 형식이 없고 빈약하지도 않으며, 나름의 자기 개성을 잘 나타내기도 한다. 아동이 가지는 순수함과 감동, 그리고 평소의 생활 속에서 느낀 여러 가지 감정 등이 비교적 자연스럽게 나타난다. 특수하지도 않고 평범하고 보편타당함을 바탕으로 하는 유형이다.

어떻게 보면 무미하고도 개성이 부족해 보이기 쉬우나 아동이 아동다운 표현을 했을 때 그것이 가장 바람직한 결과가 되는 것이다. 부모나 교사의 지시와 강요에 의해서 아동의 감정이 위축되거나 다른 양상으로 나타나는 것이 아니라 아동의 가장 순수하고도 즐거운 감정이 어떠한 형식으로든 왜곡되지 않고 자연스럽게 나타날 때 가장 바람직하고 좋은 묘화가 이루어진다. 바로 이러한 아동의 감동과 아름다움이 일반적인 방법으로 표출되는 아동화의 대표적인 유형이다.

▼ 생일파티(8세 여아)

가장 보편적이고 일반적인 표현형식을 보여 주는 일반형

지금까지 아동화에서 보여 주고 있는 여러 유형을 살펴보았다. 아동화의 유형은 정체된 것이 아니라 지속해서 변화하는 것이며 아동의 주변 환경이나 문화적 요인, 경제적 여건 등이 이러한 유형을 결정짓는 데 많은 영향을 미친다는 것은 입증된 사실이다.

아동화에 대한 많은 학자의 유형 분류가 어떤 시각에 초점을 맞추느냐에 따라 여러 가지로 나누어 볼 수 있겠지만, 저자는 우리나라의 아동화에서 일반적인 공통성을 몇 개의 맥락으로 묶어 분류하였음을 다시 한 번 강조해 둔다.

묘화활동이 우수하다고 해서 다른 학습활동에서 우수함을 보이는 것은 결코 아니다. 그러나 미술활동은 그들의 동기를 잘 표현하는 가장 자연스럽고 일반적인 행위이다. 그러므로 아동의 욕구를 이해하고 성숙이나 학습의 준비 정도를 판단하는 데 있어 중요한 단서를 제공한다는 의미에서 아동의 미술활동을 연구하고 관심을 가지는 것은 또 하나의 교육적 성과를 기대하는 차원으로 인식해야 한다.

아동화를 바라볼 때 그들의 감정을 이해하는 마음으로 대해야 하며 경솔하고 성급한 판단은 최대한 배제되어야 한다. 저자는 대학이나 세미나에서 어눌하게 들은 단편적인 지식으로 아동화를 이해하고 평가하는 경우를 많이 보아왔다. 아동이 그린 것이라고 가볍게 보아서는 안 된다. 그것은 성장을 통하여 성인으로서 한 인격을 갖춘 인간으로서의 가치를 달성하는 데 필요한 중요한 정보를 제공해 주는 실마리가 되기 때문이다. 그러한 의미에서 아동화는 더욱더 신중하게 접하고 연구할 수 있는 대상이며 아동에게 다가가는 좋은 통로가 될 수 있다는 점을 강조해 두고 싶다.

3 아동화와 형태

아동화에서 나타나는 형태는 성인화에서 나타나는 형태와는 근본적으로 다른 의식에서 출발한다. 그리고 아동 각자의 성격이나 표현방식에 따라서도 제각기 다른 형태를 보여 준다. 아동의 사물에 대한 여러 가지 인식의 경험에 따라 타원형 · 삼각형 · 정사각형 · 직사각형 등의 형태가 사람이나 동물 또는 여러 가지 사물의 형태로 대변되어 나타난다. 아동화에서 나타나는 형태는 대부분 선으로 나타나는 경우가 많다. 선은 회화의 기초가 되는 동시에 가장 압축된 표현방식이며, 선 자체로도 얼마든지 표현이 가능하다. 아동은 복잡한 형태의 묘사에는 상당한 어려움을 느낀다. 그래서 가급적 단순한 선을 이용하여 간결한 골격으로 형태를 나타낼 때가 많다. 사람의 손가락이나 동물의 발, 꽃잎 등을 원이나 단선으로 나타내는 것도 사물의 형태지각이 충분히 발달하지 못한 탓도 있지만 이러한 복잡한 형태를 묘사하는 데 어려움을 느껴 상징적인 덩어리로 요약하여 표현하는 경우도 많다. 사람의 얼굴은 타원형, 몸체는 세로로 세운 직사각형에 팔다리는 불규칙한 선으로 긋기도 하고 불규칙한 굵은 직선으로 나무줄기를 그리고 가는 수평선이나 사선으로 가지를 나타내는 것들은 형태의 단순화에서 온 결과이다. 바로 이러한 것은 사람이나 나무라는 본질을 극도로 요약한 형태라고 할 수 있다.

아동화에서 보여 주고 있는 선의 모양에 따라서 그 속에는 숱한 감정과 얘깃거리를 포함하고 있다는 사실도 알아야 한다. 성인의 작품에서 보이는 극도의 단순화는 작가의 예술세계를 가장 효과적인 측면으로 승화시킨 표현의 한 양식으로 나타나는 것이기 때문에 아동이 어려운 표현을 효과적으로 해결하기 위한 하나의 방법으로 단순화시킨다는 의미와는 근본적으로 다르다. 성인화에서는 형태에 대한 냉철한 인식과 판단을 근본으로 하여 해체와 분해라는 정제과정을 거쳐 의도적으로 단순화시킨 선과 형태를 보여 주는 반면 아동은 아직 형에 대한 확실한 인식과 그것이 어떻게 묘화의 원리로 작용하는지에 대한 이해가 부족하기 때문에 가장 손쉬운 표현방법에 의존하다 보니 단순화된 형태로 나타난 것이다. 다시 말해서 형태지각에 대한 미성숙의 결과인 것이다. 물론 아동이 성장 · 발달하면서 자신을 둘러싸고 있는 자연이나 문화적 환경에 의해서 점차 다른 양상으로 변화하지만, 아동기에 보여 주는 형태묘사의 이러한 경향은 나라나 지역과 관계없이 서로 비슷한 경향을 보이는 것이 일반적이다. 인간의 원시적인 본능욕구에 머물러 있는 인간의 원초적 감정에 의한 것이라는 의미로 해석할 수도 있다. 즉, 복잡한 형태를 가진 사물이라도 간단한 몇 개의 선으로 나타나는 아동화의 선묘는 본질적인 요소만을 집약시킨 골격 형태가 아동화의 동기가 되는 것이다.

아동화의 이러한 원초적인 선묘는 그 자체로도 훌륭한 그림이 되기도 한다. 심리학에서는 선의 강약에 따라서 많은 의미를 포함한다고 한다. 그러나 아동화에서 보여 주고 있는 선의 강약이나 다양성이 아동화의 우열을 가늠하는 것은 결코 아니다. 신체의 발달 정도나 정서적 · 정신적인 면에 의해서 여러 가지로 변화가 많은 것이 아동이다. 심리적인 요인을 논하기보다 아동화에서 보여 주고 있는 형태의 표현은 바로 아동의 원초적인 조형의식에 의하여 나타나는 가장 단순화된 선묘 형태임을 이해하는 것이 중요하다.

▼ 우리 동네(4세 남아)

굵은 선 · 가는 선 · 곡선 등으로 건물과 사람, 해를 표현한 선묘

4 아동화와 구도

그림을 구성하는 골격이 되는 것이 구도이다. 그림의 성패나 우열을 가늠하는 근본이라 하여, 학교에서는 구도 잡기 연습을 하는 것을 볼 수 있다. 구도를 결정지어 주는 요소로는 화면의 전체와 부분의 비례, 대소의 적절한 배치, 멀고 가까운 것의 어울림, 변화와 균형, 통일과 조화 등이 상호작용하면서 화면을 구성한다. 이처럼 복잡한 여러 요인에 의하여 이루어지는 구도는 아동화에서는 근본적으로 찾을 수 없다. 그러나 아동화는 이러한 성인화에서 볼 수 없는 나름대로의 몇 가지의 특징적인 구도가 있음을 발견할 수 있다.

1) 기저선을 중심으로 화면이 상하 이등분 되는 구도를 보인다.

아동화의 특징에서 설명한 기저선은 유치원기의 아동에게서 흔히 나타나는 구도의 한 양식이자 특징에 속한다. 그것은 최초로 나타나는 기본적인 공간개념의 표출이다. 기저선은 하늘과 땅, 또는 하늘과 바다, 땅과 물속을 구분 짓는 아동 나름의 공간에 대한 상징적인 표현방식이다.

▼ 호미 곶(7세 남아)

하늘과 바다, 바다와 땅을 구분 짓는 두 개의 기저선이 들어간 표현

이러한 기저선을 중심으로 상단은 하늘로 인식하여 새, 비행기, 해, 구름 등을 표현하고, 하단은 땅이나 바다로 인식하여 자동차, 꽃, 집, 배, 물고기 등을 표현하기도 한다. 또한, 가끔 나타나는 현상으로 두 개의 기저선이 나타나 화면이 삼등분 되는 경우 맨 위쪽의 기저선은 땅과 하늘의 경계를 나타낸 것이고 중간의 기저선은 땅과 물속의 세계를 의미하고 있어 대체로 화면의 아래쪽에는 물고기나 잠수함, 해초, 스쿠버 하는 사람 등을 표현하기도 한다. 아동화에서는 이처럼 화면이 공간의 개념으로 대변되는 기저선을 중심으로 이등분이나 삼등분 되는 구도를 보인다.

2) 아동 자신이 주제의 중심이 되는 구도를 보인다.

그림의 중심에 위치하는 인물은 아동 자신을 상징하는 경우가 많다. 여기에서는 원근에 의한 대소의 차이나 비례는 존재하지 않는다. 아동 자신이나 가장 영향력이 있는 사람, 관심이 집중되는 것, 갖고 싶은 것 또는 감동을 주었던 것이 대체로 화면의 중앙에 위치하면서 가장 크게 나타나기도 한다. 그것은 아동의 사회성 발달이 미약하고 자기중심적 사고의 틀을 벗어나지 못했기 때문이기도 하다.

▼ 연주회에서(7세 여아)

그림의 주제는 음악회지만 근사한 모습으로 멋지게 연주하는 자신을 그린 그림이다.

3) 객관적인 원근은 무시하고 평면으로 나타나는 구도를 보인다.

원근의 기본이라고 할 수 있는 것, 즉 가까이 있는 것은 크고 높게, 멀리 있는 것은 작고 낮게 그리는 것이다. 눈높이보다 높은 곳에 있는 사물의 윤곽은 시점과 멀어질수록 화면의 아래로 사선을 그리며 내려가고 눈높이 아래에 있는 윤곽은 화면의 위쪽으로 올라가면서 역시 사선을 그리다가 위아래의 윤곽선이 한 점으로 모이는 대각선을 구성하는 것이 객관적인 구도이다. 도로 양쪽에 있는 가로수 표현에서나 건물이 길의 좌우로 늘어서 있는 도시의 거리 모습이 대각선 구도를 이루고 있는 것이 성인화에서 보여 주는 객관적인 원근의 표현방법이라 할 수 있다.

그러나 아동화에서는 이러한 원리가 무시된다. 시각적으로 원근을 인지하여 객관적인 사실성을 인식하더라도 표현의 미숙함 때문에 미처 시각을 따르지 못한다. 그래서 이것을 효과적으로 표현하기 위해 멀리 있는 것은 화면의 위쪽에, 가까이 있는 것은 화면의 아래쪽에 그린다. 아동은 사물을 바라보는 눈높이의 기준을 자신이 서 있는 시점에서 수평에 두는 것이 아니라 바닥에 맞추는 경향이 많다. 그렇다 보니 자연히 눈높이보다 낮게 있는 사물은 멀어질수록 올라가 보이는 것이다. 기저선을 중심으로 한 공간개념과는 또 다른 차이를 보이는 아동 특유의 공간개념이기도 하다.

▼ 해수욕장에서(7세 남아)

화면상단 어두운 색은 바다, 중간 갈색은 모래사장, 오른쪽은 주차장과 상가이다.
먼 것은 화면 위쪽, 가까운 것은 화면 아래쪽, 사람과 자동차, 건물 등은
모두 펼친 것처럼 동시적 표현으로 나타났다.

건물이 화면 상단에 위치하는 경우는 거리가 먼 것을 그린 것이다. 가까이 있는 사물은 작은 것이라도 크게 보이고 뒤에 있는 것은 앞의 사물에 가려서 잘 보이지 않는다는 객관적인 사실성은 나타나지 않는다. 화면의 아래쪽에 작게나마 완전한 형태의 나무를 그린 경우는 가까이 있는 것을 그렸지만, 시각적인 사실성에 따르지 않고 자기가 알고 있는 나무의 인상을 가까이 있는 것으로 나타냈을 뿐이다. 이처럼 아동은 객관적인 원근을 무시하고 단순히 평면적인 공간개념으로 인식하여 멀리 있는 것은 화면의 상단에 그려 넣고 가까이 있는 것은 화면의 하단에 위치시키는 구도를 보이기도 한다.

5 아동화와 색채

아동의 그리기 활동을 관찰해 보면 그들도 나름대로 색을 요모조모 살펴가면서 신중히 골라 채색하는 것을 발견할 것이다. 그러나 이때의 아동은 대상에서 볼 수 있는 물체의 고유한 색을 고르기 위해 고심하는 것이 아니라 자기가 고른 색으로 나타나는 선이나 형태에만 관심을 집중하고 있는 것이다. 사물의 객관적인 사실성을 어떻게 나타낼 것인가를 고심하는 것이 아니다.

가드(Garth)의 색채 선호에 관한 연구에서 유치원기의 아동이 제일 좋아하는 색은 빨간색이고 다음은 파란색이며 차츰 성장하면서 파란색의 선호도가 높아지기 시작한다고 했다. 그러나 색채의 선호도는 나이와 교육적 배경에 따라 차이를 보이므로 정확하고 객관적인 것을 증명하기는 쉽지 않다고 했다.

▼ 물고기(5세 남아)

▼ 물고기(6세 남아)

아동은 사물의 객관적인 색채에는 그다지 관심이 없다.
다만 자기가 좋아하는 색깔을 즐겨 쓰는 경향을 보인다.

발렌타인(Valentine)은 남녀 성별에 따라 남아는 파란색 → 빨간색 → 녹색 → 노란색의 순서로 선호하는 반면 여아는 파란색 → 빨간색 → 흰색 → 녹색의 순서를 보인다고 하였다. 많은 학자가 아동과 단일색채에 관한 연구를 하였으나 그 결과는 단정적인 해답을 주지 못한다는 사실에 도달하였음을 보면 아무리 미성숙한 아동이라도 그들 나름의 개성과 자아를 간직하고 있는 당당한 인격체임을 확인할 수 있다는 의미로 받아들여야 할 것이다.

우리나라에서는 김병숙의 연구에서 4세 남아 중 40%가 빨간색에 대한 선호도를 보였고, 여아 역시 50%의 선호도를 보였다고 한다. 이러한 경향은 성장해 가면서 점차 감소하는 추세로 나타나면서 연두색이나 파란색 계통으로 바뀌어 가는 다양성을 보인다고 하였다. 남녀 아동 모두가 빨간색과 연두색, 보라색, 녹색에 많은 반응을 보였고, 보라색이나 자주색은 여아가 남아보다 선호도가 높은 것으로 나타났다고 하였다. 아동화에서 색채는 바로 이러한 선호도의 높고 낮음에 따라 그림의 전체적인 분위기와 경향을 결정짓는 중요한 요소로 작용하고 있음을 보여 주는 매체이다.

04

아동화의 발달단계

호수에 잠긴 별(7세 남아)

아동화는 아동의 성장 발달 정도에 따라 변화한다.

직전 세기인 20세기에 접어들면서 미술교육이 인간육성의 중요한 수단이 될 수 있다는 점에서 미술교육의 중요성과 역할을 강조한 교육가들이 아동화에 관심을 두고 연구를 시작하였다. 그것은 아동의 조형 활동이 그들의 신체적 · 정신적인 면에 여러 가지 직 · 간접으로 영향을 미치면서 발달에 관계된다는 사실을 깨닫기 시작했기 때문이다. 아동의 성장 과정은 신체적인 특징과 정신적인 특징을 포함하는 포괄적인 것이다. 하지만 여기서는 교육적인 측면에 바탕을 두고 아동화가 어떻게 변화되며, 또한 그것이 아동의 성장에 어떤 영향을 미치는지를 심리학적인 근거 위에 과학적인 분석을 거쳐 정신적인 특징으로 나타난다는 입장에 연구의 중점을 맞춘 학자들의 내용을 소개하고자 한다. 그것은 가장 보편성을 지니며 인격 전체로서의 건전한 발달을 목표로 하는 것이어야 한다는 점과, 이러한 발달요소로서의 여러 문제가 적절하게 조화됨으로써 인격형성의 완전을 기하는 데 큰 역할을 하기 때문이라는 점에 초점을 맞춘 것이다.

이러한 의미에서 아동의 조형능력발달과 심리문제를 다룬 여러 연구가의 아동화 발달단계와 그 변화를 살펴볼 필요가 있음은 당연한 것이었다. 이것은 오늘날 교육에서 강조하는 인간육성의 한 수단이라는 점과 교육목표로써 마땅히 고려할 과제이기도 하다. 아동화에서 보여 주는 발달단계는 각자의 아동에 따라 서로 많은 차이를 보여 그것의 객관적인 기준을 제시하기는 쉽지 않다. 그것은 아동을 둘러싸고 있는 주변 환경이나 개인차, 의욕이나 경험 정도, 지도요건과 방법 등 숱한 요인에 의해서 많은 차이를 보여 주기 때문이다.

1 아동화 발달단계의 여러 연구

아동화를 수집하여 그것을 연구 · 분석함으로써 아동의 성장과 발달을 규명해 보고 그것이 어떻게 교육활동에 이용되어 더욱 바람직한 인간육성으로 이어가게 할 것인가에 대한 연구는 제1차 세계대전을 전후로 일어난 가장 왕성한 교육과정 연구 중 하나라고 할 수 있다. 그리하여 많은 교육가나 심리학자가 아동화를 연구하였고 그 중요성을 강조하기도 했다. 여기서는 그중에서 대표되는 몇몇 연구가의 아동화 발달단계를 살펴보고 아동화를 이해할 수 있는 더욱 효과적인 참고자료로 삼고자 하였다.

1) 로웬펠드의 아동화 발달단계

로웬펠드는 아동의 조형능력 발달단계를 대체로 6단계로 나누고 단계별 특징을 다음과 같이 정의하였다.

(1) 난화기(亂畫期)

보통 2세에서 5세에 해당하는 아동으로 미분화 내지는 어린 유아의 묘화상태를 일컫는다. 이 시기를 흔히 맹목적인 낙서기라고 하는데 그것은 유아의 운동신경 조절에 의한 욕구의 표출이라는 점에 있다. 즉, 외형상으로 아무렇게나 마구 그린 선의 덩어리를 발견하게 된다. 이 시기는 무엇을 그린 결과에 관심이 있는 것이 아니라 그리는 과정 그 자체에 흥미와 즐거움을 느끼기 때문이라는 해석이다. 이와 같은 행동은 그들의 성장에 따라 창조적인 표현의 예술성이나 인격 형성에 수반될 승화 · 이조(적용) · 투사 · 상징화 · 퇴행 · 카타르시스(catharsis) · 도피 따위의 작용에 의해 마침내 완전으로 향할 수 있는 기조를 이룩하여 가는 것이다.

(2) 전도식기(前圖式期)

난화기의 무의식적인 상태에서 최초로 의식적인 시대로 접어드는 5세에서 6세의 아동이 이 시기에 해당한다. 아동은 감정적으로 그들의 기능적인 욕구에 의해 그리고 싶은 욕망을 표현하나 아직 재료 지배능력이 부족하므로 완전한 형태를 묘사하지 못한다. 여기에서 완전한 형태란 성인의 모방에서 오는 시각적인 사실성이 아니라 그들의 지각대로 연상되는 이미지화와 상징화를 의미한다.

전도식기에서는 난화기의 표현에서 무의미하리만큼 그려진 선조 감각의 훈련으로부터 초월하여 점차 원에 가까운 형태로 나타나는데, 이것은 완전한 원이 아닐지라도 팔의 운동에 따른 회전의 연속에서 얻어지는 결과로 볼 수 있다. 성인에게 그리기 과정은 표현을 위한 수단이지만, 아동의 경우는 그리기 그 자체가 표현이므로 성인과는 각기 다른 동기에서 그림을 그린다고 보는 것이 정확하다. 가령 엄마를 그릴 때는 원 안에 작은 원을 그려 놓고 두 개의 선으로 손발을 표현한 소박한 인물화가 나타난다. 이것이 최초의 묘화 단계이다.

공간적인 표현에는 질서가 없고 아동 자신이 생각하고 있는 충실한 정의적(定意的)인 양식을 따르며 색채 역시 정의적인 범주를 벗어나지 않는다. 실제 눈에 보이는 사물과는 아무런 관계가 없어 보이는 자기중심적인 그림이 나타난다.

이시기의 특징을 대략 요약해 보면 다음과 같다.

- 표현의욕은 왕성해지나 정서가 불안정하고 표현목적이 없으며 표현하는 그 자체를 즐기는 놀이의 개념이다.
- 대상과 그린 것과의 관계를 찾아내려는 시기이다.
- 객관성이 없고 자기중심적이며 표현방법에서도 개인차가 크다.
- 본 것보다 알고 있는 것을 표현하려 한다.
- 좋고 싫은 것은 알고 있으나 친구들의 작품 등에서 잘 그렸다, 못 그렸다 하는 비판적인 검토의식은 없다.
- 흥미의 중심이 이동하기 쉽고 오래가지 못하여 산만해 보인다.
- 색채도 좋아하는 대로 쓸 뿐이며, 선명한 색에 관심이 많고 장식적인 표현에 관심이 쏠리며 객관적인 자연스러움은 없다.
- 인간의 형태는 제법 정확하나 유치한 상징 도식으로 나타난다.
- 사람의 형상은 눈의 위치나 코의 위치 등 있어야 할 곳, 개념적인 위치에 그려

지나 각기 부분적으로 떼어서 나타내는 형식이다.

반항과 대립이라는 소극적인 형으로 자아의식이 나타났던 난화기에 이어 더욱 적극적으로 자기를 주장하려는 사고가 나타나는 시기라고 할 수 있다. 이 시기는 자기 존재에 대해 의식하며, 이러한 의식이 그림에 많이 나타나기도 한다. 주관과 객관, 자아와 타아가 혼합된 자기중심적 사고에서 표현다운 표현이 시작한다는 의미에서 최초의 묘화 단계로 보는 견해도 있다. 머리에서 직접 발이 나오는 두족인물화에서 출발하여 상징적이라고 할 수 있는 형태로 표현하는 개념을 볼 수 있다. 이와 같은 표현개념은 발달과 학습에 따라 점차 변화되어 가는 양상을 보인다.

(3) 도식기(圖式期)

7세에서 9세로 자기중심적인 표현이 점차 감소하기 시작하고 객관적인 사고가 차츰 자리를 잡아가는 시기이다. 아동의 호기심과 활동은 점차 외부세계로 향하나 그 변화는 느리게 나타나며 좀처럼 완성이 어렵다. 이처럼 자기중심적 표현의 감소는 실천적인 면에서는 비교적 빨리 이루어지는 것 같으나 사고적인 면에서는 발달의 정도가 무척 느려 보인다. 이 시기의 아동은 지각상의 영상과 발달 개념상의 사고에서 독립된 감정과 감동세계를 가지고 있다. 이러한 세계를 표현하는 특성이 다른 아동을 통하여 변화하는 경향도 많으며, 외적 세계에 그것을 비춰보고 고정하려는 경향을 보이기도 한다. 그리하여 기하학적인 선으로 나타나는 도식을 창조하게 되는 것이다.

이 시기에 최초로 기저선이 나타나기 시작한다. 즉, '나는 길 위에 있다.'거나, '산에 나무가 있다.'거나 하는 환경 일부가 그림에 나타나기 시작한다. 이후에는 언제나 기저선 상에 사물이 놓이게 그리는데, 이것은 최초의 공간개념이 형성되어 표현되는 것이라고 할 수 있다.

색채에서도 객관적인 사실은 아니지만, 색과 관계가 어느 정도 닮아가는 양상을 보인다. 이러한 도식적 표현은 아동의 생활에서 얻어지는 경험과 표현의 필요성에 의해서 여러 가지로 변화하는 모습을 보여 주는 한 특징이다.

이시기의 특징은 다음과 같다.

- 대상의 비율(proportion)은 시각적인 사실에까지 못 미치지만, 정서적으로 매우 중요한 위치에 놓여 있다.
- 강조, 생략, 첨가 등의 여러 가지 요소 변화를 확인할 수 있다. 이것은 아동발달의 일면이 나타나는 것이다.
- X-ray화, 또는 투시표현 형식이 퇴조하며, 시공간의 정상화가 이루어지기 시작한다.
- 평면적인 원근, 투시표현은 실제로 존재하지 않는다.
- 대상에서 보이는 색채와 표현되는 색과의 관계를 인식하는 색채 감각이 발달한다.
- 디자인적인 것은 본능적으로 나타난다.
- 입체적인 것은 계획적으로 표현되며 또 다른 감각과 가치를 가진다.

이상과 같은 여러 가지 특징을 보이나 이 시기의 아동은 아동 나름의 독자적인 개념을 발견하는 때이니만큼 인물이나 사물의 표현에서 그들의 개념에 만족하고 반복하는 행위를 하며, 이러한 활동을 거치면서 점차 사실에 접근하려는 태도가 엿보인다.

(4) 여명기(黎明期)

점차 사실적인 묘사의 눈으로 접근하는 7세에서 11세의 아동이 이 시기에 해당한다. 도식화된 기하학적인 선묘에서 객관적이고 사실적인 시대로 접어드는 양상을 보게 된다. 일반사회에 대한 관심이 높아지고 그로 인해 실제적인 경험이 쌓이게 되어 친구를 만들고 그들과 더불어 사회적 활동이 이루어지기도 한다.

이시기의 특징은 다음과 같다.

- 사회적 독립성의 발견시대라 할 수 있다.
- 단체 활동을 의식하며, 공동 작업에 대한 의욕이 활발해진다.
- 친구들과 접촉하면서 자아에 대해 자각하기 시작한다.
- 도식적인 것에서 사실적 · 객관적 표현의 경향으로 변화되어감을 발견한다.

이때부터 유아기의 활발했던 표현력이 급속도로 후퇴하는 경향을 보이며, 장난기 섞인 표현으로 전락하기 쉬운 때이므로 미술교육의 어려움을 겪기도 한다. 그것은 아동의 발달과정에서 필연적으로 발생할 수밖에 없는 특징이어서 제지하여 막을 수는 없지만, 상상적이며 비사실적 경향을 중시하는 현대미술의 경향에서 본다면 그다지 큰 문제가 되는 것은 아니다. 아동이 단순한 사실적인 묘사에 치중하는 것은 개념화로 이어지는 결과를 가져올 우려가 있으므로 굳이 아동에게 강요할 필요는 없다.

(5) 모방적 사실기(模倣的 寫實期)

11세에서 13세의 아동에 해당하며, 논리의 시기라고 할 만큼 성숙해 가는 시기이다. 각자의 지성에 눈 뜨지만 아직 아동의 놀이에서 벗어나지 못하고 있으며, 다음에 다가올 사춘기의 위기를 맞이할 중요한 단계이다. 자기에게만 열중하던 것에서 넓은 세계의 사건이나 미래에 대한 관심을 갖게 된다.

특히, 이 시기는 시각형(visual type)과 촉각형(haptic Type)의 두 경향이 나타나기 시작한다. 촉각형 아동은 내용적인 표현을 위주로 하며, 시각형 아동은 자신이 본 것을 의식하여 나타낸다. 그리하여 다가오는 사춘기를 통하여 여러 가지 변화와 아동의 신체적 · 정신적 · 정서적인 성장에 영향을 끼치게 된다.

전도식기까지는 부모의 유전과 관계없이 묘화활동이 활발하지만 이 시기에 접어들면서 그림을 포기하는 아동이 점점 늘어나며 객관적인 형태의 묘사에서 잘 그리고 못 그리는 차이로 나누어진다.

이 시기 표현의 특징은 대체로 다음과 같다.

- 관찰력이 증대하여 사물을 객관적으로 보는 경향이 강하고 대소의 차이 · 명암 · 음영 · 정밀묘사를 분석하여 그리는 등 지적 판단이나 인과관계의 줄거리를 합리적으로 생각하고, 전체에서 부분의 관찰도 할 수 있게 된다. 반면 소박함이나 순진함은 많이 사라진다.
- 표현의욕에 기능이 따르지 않아 고심하기도 하지만 용구와 재료의 사용범위는 넓어진다.
- 성별에 따라 기호나 표현방식, 용구, 기법이 점차 달라진다.
- 자아의식이 싹트고 공동 작업에서 사회성도 나타난다.
- 발상에 대하여 예상하고 계획적으로 일을 추진할 수 있게 된다.
- 비판력이 증대하고 감상이나 평가도 할 수 있게 된다.

(6) 사춘기(思春期)

초등학교를 마치고 청년기로 접어드는 13세에서 17세 사이를 말하며, 아동과 성인의 중간계층에 속하는 시기로 머지않아 성인으로 성숙해 가는 과정이라고 할 수 있다.

자신의 행동이나 창조적 작품에 대해서 비판적으로 지각하게 되는 시기이기도 하다. 그리하여 시각형에서는 외형적인 표현에서 수준 높은 양상을 보인다. 또한, 그들은 사물을 대하는 경우 관찰자로서 느끼며 교사의 지시를 이해하고 수긍하며 실천에 옮길 수 있는 발전으로 향한다. 촉각형에서는 사물에 대하여 한 부분을 지각하게는 되지만 표현이 조형적 감정으로 이루어져서 내면적인 세계로 나타나기 때문에 객관성이나 사실적인 표현이 아닌 추상적 형식을 띠기도 한다.

이상과 같이 로웬펠드의 아동화 발달단계를 살펴보았다. 로웬펠드는 50년대 미국 아동을 대상으로 그들의 흥미와 능력의 발달과정을 과학적으로 해명하고 조형

교육에 대한 이론적 배경을 비약적으로 발전시키는 데 많은 공헌을 하였다. 그의 이러한 연구는 오늘날까지 세계 각국의 아동 미술교육연구에서 교과서적인 지침서의 역할을 하고 있다.

2) 버트(Burt)의 아동화 발달단계

(1) 난화기(亂畵期. 2~3세)

❶ 맹목적 낙서기

이 시기는 순전히 어깨와 팔의 운동에 의한 근육의 반영으로 좌우를 가리지 않고 목적의식 없이 마구 그어대는 시기이다.

❷ 목적적 낙서기

아동이 멋대로 긁적인 연필 흔적에 주의를 기울이며 그린 흔적에 자기 나름대로 명제를 붙이기 시작한다.

❸ 모방적 낙서기

팔운동이 분화되어 손목의 운동으로 그리게 되는데 그것은 어디까지나 어른의 글씨 쓰는 것을 흉내 내는 데 불과하다.

(2) 선화기(線畵期. 4세)

시각적 통제력이 발전하여 사람의 모습을 그릴 때 머리는 원으로, 눈은 점으로, 다리는 두 개의 선으로 표현하는 무척 주관적인 그림을 그린다. 이따금 몸체를 표현하는 두 번째의 원을 표현하기도 하고 팔을 나타내는 두 개의 수평선이 등장하기도 한다.

(3) 기술적 상징기(記述的 象徵期. 5~6세)

사람의 모습은 상당히 정밀해지지만, 상징적인 원형표식(schema)으로 나타난다. 자기 나름의 창의적인 재능(inventive)에 의해서 나타나는 얼굴의 각 부분은 거칠게나마 서서히 제자리에 자리 잡기 시작한다. 원형표식(schema)은 아동 나름대로 다르게 나타내는데, 즉 동그라미를 눈이라고 하는 아동이 있는가 하면 점을 찍고 눈이라고 하는 경우가 그렇다. 그러나 대체로 비슷한 원형표식(schema)으로 표현된다.

(4) 기술적 사실기(記述的 寫實期. 7~8세)

그림이 시각적이기보다 논리적이다. 즉, 아동이 보았던 것 또는 알고 있는 것을 그리며 개성적인 표현이 아닌 일반적인 생각을 그린다. 아동은 자기가 아는 것, 기억하는 것, 흥미로운 것을 주관대로 전달 · 표현 · 나열하고자 한다. 원형표식(schema)은 세부에 더욱 충실해지고 그림의 구성은 지각의 분석에 의해서가 아니라 발상의 연상에 의해서 보다 많이 제시된다.

얼굴의 측면 묘사가 나타나기 시작한다. 원근법 · 명암 · 투시 따위는 나타나지 않고 다만 장식적인 부분이 나타나기도 하는데, 여러 가지를 주워 모으는 흥미에 불과하다.

(5) 시각적 사실기(視覺的 寫實期. 9~10세)

기억과 상상에 의한 그리기 단계를 지나서 자연을 보고 그리는 단계에 들어선다.

❶ 2차원적 면: 윤곽선이 사용된다.

❷ 3차원적 면: 개체적인 표현이 시도된다. 무게감과 거리, 원근에 관심이 기울어진다. 조금씩 그림자에도 관심을 두게 되고 풍경화도 이 무렵부터 나타나기 시작한다.

(6) 억제기(抑制期, 11～14세)

이 시기는 그리기 표현이 침체되는 때인데 이때의 아동은 신체와 언어 발달이 극도로 왕성하기 때문에 자기 생각이나 감정을 구태여 그림으로 표현하려 하지 않는다. 또한, 눈으로 보는 사실과 그들의 손으로 그린 것이 눈에 비치는 만큼 사실적으로 닮지 않았다는 점을 인식하면서 그리기에 대한 의욕을 상실하고 실망을 느낀다. 그래서 운동이나 언어표현으로 흥미가 옮겨가기도 한다.

그림에서는 자기발전적인 디자인이 나타나기 시작하고, 인물 표현은 아주 드물게 나타난다. 대개 풍경이나 과학기구, 기물 등의 표현에 흥미가 이전되어 나타나게 된다.

(7) 예술적 부활기(藝術的 復活期), 초기청년기(15세 ~)

15세 이후의 선화에서는 처음으로 예술적 재능이 꽃피는 시기가 된다. 이 시기의 그림은 내용이 다양해지고 남녀의 성에 따른 표현의 차이가 분명하게 나타난다. 여아는 색의 풍요함이 두드러지고 형태가 우아한 표현을 즐기며 선이 부드럽고 곱다. 이때의 그림은 기교적이고 장식적인 멋을 부린다. 그러나 대개가 이 단계까지 가지 못하고 억제기 정도에서 묘화활동이 퇴조하는 경우를 보게 된다.

3) 리드(Read)의 시대개념(時代概念)

1942년에 리드는 그의 저서 『예술을 통한 교육』에서 아동화 발달단계를 다음과 같이 전개하였다.

(1) 낙서기(落書期)

이 시기를 2세에서 5세까지로 잡고 이때의 특징적인 면을 4단계로 정의하였다.

❶ 맹목적 낙서

어깨부터 시작하는 순수한 근육운동에서 오는 것으로 아무런 목적이나 의식 없이 마구 휘젓는 행동의 결과로 나타나는 낙서를 말한다. 이때는 대개 오른쪽에서 왼쪽으로 선을 그어대는 경우가 많다.

❷ 유목적 낙서

낙서에 어떤 목적이 있기 시작한다. 그러나 그것은 성인이 생각하는 그러한 형태의 목적이 아니라 나름대로 긁적거리는 행동에서 뚜렷하지는 않으나 그림을 그리고 있다는 생각으로 채워진다. 무엇을 그릴 것인가? 또는 무엇을 그리고 있다는 식의 명제도 막연하나마 생각하게 된다.

❸ 모방적 낙서

여러 가지 근육 운동이라고 할 수 있는 행동에서 점차 팔의 움직임으로 옮겨간다. 그것은 단순한 팔목 운동이 아니라 어느 정도 의식적인 사물의 묘사 행동이다.

❹ 국부적 낙서

사물의 부분을 점차적으로 묘사하려는 뜻이 담겨 있고 이러한 행위는 다음 묘사 단계로 옮기려는 행동에서 연유하는 것이라고 할 수 있다.

(2) 선묘 시대(線描 時代)

독특한 특징을 보여 주는 시기로 4세 정도의 아동에게서 흔히 보이는 현상이다. 사람의 형태에 많은 관심을 가지며, 또한 그것을 즐겨 그린다. 머리는 원으로, 눈은 점, 다리는 한 쌍의 선으로 표현하는 약화로 나타나는데, 보통은 팔보다 다리를 먼저 그리는 경우가 많다. 그리고 각 부분에 치중하다 보니 완전한 형태가 이루어지지 않으며 조립되지 못해 엉성한 상태가 대부분이다. 또한, 구태여 조립하려고 하지도 않는다.

(3) 묘사적 상징기(描寫的 象徵期)

5세에서 6세 사이의 아동으로 선묘 시대의 무질서하고 엉성한 형태 묘사는 점차 정리되어 가는 것 같으나 조잡하고 상징적인 약화로 처리되는 경우가 많다.

(4) 묘사적 사실기(描寫的 寫實期)

7세에서 8세 시기로 사물을 객관적인 눈으로 묘사하는 것이 아니라 자신이 경험하여 받아들인, 알고 있는 일을 주로 그린다. 이것은 자기중심적인 경험화의 표현이며, 현실의 대상에 관심이 있는 것이 아니라 자신이 희망하는 기원적인 형태의 묘사라고 할 수 있다. 장식적 · 디자인적인 것에 표현의 관심이 모아지기도 한다.

(5) 시각적 사실기(視覺的 寫實期)

9세에서 10세의 아동이 이 시기에 속한다. 묘사적 사실기의 자기중심적 경험화의 경향에서 점차 탈피하여 자연물에 관심을 가지기 시작하며 자연에서 글잘 소재를 찾아 그리기도 한다.

이때는 대개 2차원의 시기를 거쳐 3차원의 시기로 발전되어 간다. 2차원 시기는 사물을 묘사할 때 윤곽선만으로 처리하는 평면적인 표현인 데 비하여 3차원 시기는 어느 정도 명암을 넣어 입체적인 면을 나타내려고 하며 중복과 투시법에도 관심을 기울이는 것을 보게 된다.

(6) 억제(抑制)의 시기

11세에서 14세의 아동이 이에 속하나 13세부터 본격적인 특징이 나타난다고 할 수 있다. 어느 정도는 자신의 그림에 객관적인 사실을 추구하게 되고 그러다 보면 자신의 그림이 대상물과 다르게 표현되었음을 인식하게 되어 실망을 느낀다. 그렇다 보니 자신의 그림에 환멸을 느껴, 언어를 매개로 한 동화나 소설 등의 줄거리가 그림으로 나타나는 경향을 보이기도 한다.

(7) 예술적 부활기(藝術的 復活期)

보통 이 시기는 초기 청년기라고 할 수 있는 15세 이후의 시기를 말하며, 억제의 시기에 주춤했던 묘화활동에 새로운 의욕을 갖는 때이기도 하다. 남아는 기술적·기계적 표현에 흥미를 보이는 경향이 많다.

이 밖에도 많은 연구가가 아동화의 발달과정에 대하여 연구결과를 제시하고 있으나 그 대부분의 논의를 요약하면 대체로 다음과 같은 공통성을 발견할 수 있다.

- 아동의 표현은 다양한 개별성을 가진다. 즉, 사회 환경과 문화적 배경에 따라서 여러 형태로 다르게 나타날 수 있는데, 지각패턴에 따라 시각적 표현과 촉각적 표현으로, 기질에 따라 정서적 표현과 인지적 표현으로 나타나며 창조성에 따라서 깊은 표현, 얕은 표현 등으로 특징지어 분류할 수 있다.
- 아동의 표현은 성장 정도에 따라 한 표현 경향에서 다른 특징을 나타내는 경향으로 변화되어 간다. 대체로 주관적이거나 정서적인 표현단계에서는 자연에서 볼 수 있는 여러 가지 사물의 형태를 입증할 수 있는 객관성 위주의 표현 경향이 주를 이루다가 지적 표현이라고 할 수 있는 시각적·사실적 표현 경향으로 점차 이동한다는 점이다.

2 저자의 연령별 아동화 발달단계

세계에서 그 유례를 찾아볼 수 없을 정도로 비교적 짧은 기간에 괄목할 만한 경제성장을 달성한 우리나라는 과거 라인 강의 기적을 일궈 낸 독일을 능가하는 한강의 기적을 낳았다면서 세계는 격찬을 아끼지 않는다. 세계 10위권이라는 경제규모를 자랑하는 우리나라의 이러한 발전은 국민의 생활수준을 전반적으로 향상시켰으며 IT 강국으로 일컬어지는 여러 가지 대중매체의 발달과 보급을 통한 문화의 상승효과는 상상을 초월하는 변화를 가져왔다.

우리 아이들도 일찍부터 이러한 문화의 혜택을 받으면서 성장하게 되었고 이러한 혜택은 아동의 감성과 지성 발달에 직·간접으로 영향을 미치고 있다. 그렇다 보니 아동의 발달 정도가 여러 방면에서 10년, 20년 전보다 매우 빨라지고 있음을 실감한다고 여러 교육현장에 계신 분들의 한결같은 얘기이다.

아동 미술활동도 이러한 영향을 받은 탓인지 앞에서 소개한 몇 연구가의 발달단계에서 나타나는 특징의 연령 분포도가 상당히 당겨지고 있다는 사실이 그동안의 아동화를 접해 보고 분석해 본 결과 얻어진 결론임을 밝혀 두면서, 우리의 현실을 바탕으로 저자 나름의 기준에 의한 아동화 발달단계를 정리해 보았다.

1) 낙서기(洛書期)

첫돌을 지나서 3에서 4세에 이르는 어린 유아에게서 보이는 그리기 형태를 의미한다. 이 시기에는 어느 정도 손의 근육이 발달하므로 눈에 보이는 것은 무엇이든지 잡으려고 한다. 그리고 잡은 것은 곧장 입으로 가져가는데, 유아의 가장 기본적인 배고픔의 욕구를 채워주는 엄마의 젖이 아님을 인식하게 되는 것은 이러한 행동의 반복에 의해서 자연적으로 체득하는 것이다.

이러한 행동은 성장을 지속하면서 또 다른 행동으로 변환되어 나타나는데, 그것은 바로 긁적거리는 행동이다. 종이이건 방바닥이건 긁적거리는 행동의 결과로 얻어지는 낙서에서 아동은 여러 가지 욕구불만의 새로운 해결방법을 찾은 듯한 양상을 보인다. 유아에게는 새로운 즐거움이 되기도 하고 신체 발육의 자연스러운 움직임의 결과라고 할 수 있는 것이 낙서다. 그림을 그린다는 의식은 아직 근본적으로 존재하지 않는다. 다만 긁적거리는 움직임에서 나타나는 낙서 그 자체가 신기하고 즐거운 것으로 보일 뿐이다. 상하좌우 휘두르거나 쿡쿡 찌르는 등 자유로운 팔의 움직임에서 나타나는 현상일 뿐이다. 이러한 현상을 여러 정신분석학자는 아동심리의 심층에는 무의식적으로 아무 데나 마구 긁적거려 지저분하게 표적을 내어 부모의 관심을 끌려는 욕구의 표출이라고 설명하기도 한다.

▼ 낙서기 표현(3세 남아)

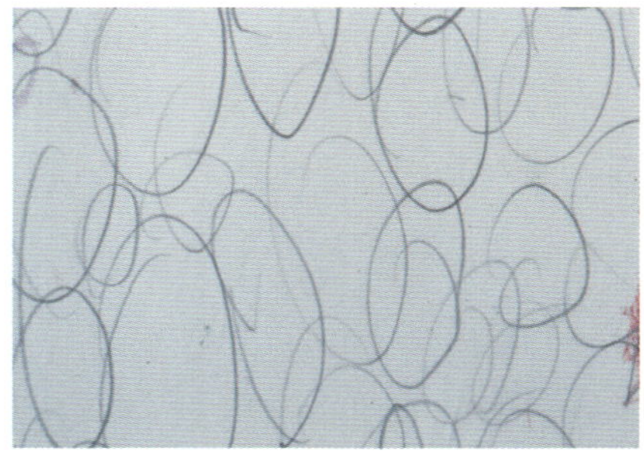

▼ 낙서기 표현(3세 여아)-벽면의 낙서

유아는 종이이건 벽면이건 닥치는 대로 흔적을 남겨 본능적인 충동 욕구를 해소한다.

낙서기 후반으로 접어들면서 아동은 나름대로는 그리기 활동에 차츰 의미를 붙이기 시작한다. 그러나 어떤 의미를 표현하기 위해서 나타나는 낙서가 아니라 언어의 발달에 의한 시각과의 유기적인 활동관계라고 보는 것이 타당하다. 어른의 시각에서는 분명히 아무 쓸데 없는 장난의 유희일 뿐이다. 그렇다 보니 이 시기는 심한 제재와 억압을 당하기도 한다. 이러한 활동은 이후에 성장을 통해서 얻어지는 한 인간의 능력과 인격을 형성하는 기반이 된다. 또한, 이러한 행동의 심한 좌절은 정신적 · 신체적으로 조정을 불가능하게 하여 정서적인 불균형을 초래하고 표현력의 위축과 운동신경의 조정능력을 저하시켜 올바른 성장을 저해하는 결과를 가져온다. 그러므로 여러 가지 방법으로 이를 이해하고 고무시키는 것은 인간육성의 차원에서 바람직한 활동이라는 점을 명심해야 한다.

대체로 이 시기에 나타나는 특징을 요약해 보면 다음과 같다.

- 무질서하나마 좌우 긁적이는 가로선과 상하 긁적이는 세로선이 나타난다.
- 잡다한 사선과 여러 가지 선이 중복되어 덩어리를 이루는 형태가 나타난다.

- 원으로 향하려는 선의 움직임이 서서히 보이기 시작한다.
- 삼각형 · 사각형 · 원 등의 객관성을 띤 추상형태가 점진적으로 나타난다.

2) 표현의식기(表現意識期)

5세에서 7세의 유치원에 취학하는 아동에게서 흔히 볼 수 있는 그리기 형태이다. 낙서기의 무의미한 긁적거림은 점차 그리기 욕구의 충족을 서서히 벗어나면서 그리기 의식을 갖기 시작한다는 점이 특징이다. 그러나 근본적인 것은 그리고 싶은 욕망이 표현의 중심을 이루고 있다는 점이다. 아직까지는 팔이나 손의 근육이 충분하게 발달하지 못하였기 때문에 여러 가지 도구나 재료의 지배력이 부족하여 자신이 생각하는 형상을 그려내지는 못한다.

이 시기에는 낙서기에서 보이던 선 감각에서 탈피하여 원에 가까운 형태가 두드러지게 나타난다. 그러나 팔 운동에 따르는 회전의 흔적이라고 할 수 있는 불완전한 원이다. 이런 불완전한 원은 훈련과 연습의 반복에 의해서 완전한 원으로 점점 발전한다. 이것은 아동이 시각적으로 느끼는 감정과 손끝의 기술에 의한 최초의 협동이며, 형태를 의미하는 것으로 판단할 수 있다.

단순하면서 무질서한 원이지만 거기에는 아동 나름대로의 의식이 숨어 있다. 그리고 그것에 의미를 부여하기 시작하는데, 엄마 · 아빠를 그린 것이기도 하고 꽃이나 자동차를 그린 것일 수도 있다. 하지만 객관성은 결여되며, 주관적인 의미를 담기 때문에 이러한 의미는 시간이 지나면 퇴색되고 아동 자신조차 무엇을 그린 것인지를 알지 못하는 경우를 많이 보게 된다. 이 시기의 후반을 향하면서 불완전한 원을 중심으로 몇 개의 선으로 대변되는 사지가 나타나기 시작한다. 그것은 앞에서도 밝혔듯이 아동화의 주제가 되는 것이 주로 엄마나 가족이기 때문에 의미하는 내용은 사람일 경우가 가장 많다.

원을 그릴 수 있다는 것은 어느 정도 덩어리를 인식한다는 의미로 해석할 수 있다. 원이라는 자체가 어떤 덩어리감을 포함하는 것으로 사물의 윤곽을 대신하는 것이기도 하다. 이러한 활동의 밑바닥에는 점차 사물이 가지고 있는 객관적인 실체에 상당히 접근해가는 자연스러운 변화이며 부피와 길이와의 상관관계는 아직 미숙한 상태를 벗어나지 못하고 있다 하겠다.

▼ 엄마(5세 남아)

▼ 내 동생(6세 여아)

원의 반복에서 머리에서 팔다리가 나오는 두족인을 거쳐 상당히 객관적인 형태가 나타난다.

이 시기 후반기에는 상당히 발전된 객관성 있는 형태의 그림이 나타난다. 여기에서 객관성이란 사람이나 동물 등을 그대로 닮게 그렸다는 의미가 아니라 그런 것을 그렸다는 의식을 갖는다는 뜻으로 보는 것는 것이 타당하다. 대소와 원근의 원리는 아직 보이지 않는다. 화면 전체의 조화나 질서가 없고, 자기 경험에 의해 축적한 관심이 많은 것, 감동 받았던 모습이라든지 자기가 좋아하는 색깔이 주로 나타난다.

이 시기에 나타나는 그림의 특징을 살펴보자.

- 표현에 대한 욕구가 강하여 그리기 자체가 즐겁다는 놀이의 개념이다.
- 그림을 그린다는 의식을 하기 시작한다.
- 초기의 사람은 얼굴에서 팔다리가 나오는 두족인으로 표현한다.
- 눈에 보이는 현상을 그리는 것이 아니라 알고 있는 경험을 표현한다.
- 정서가 불안정하여 그리기 활동의 지속 시간이 짧은 편이다.

- 좋아하는 색깔에 집착하는 편이며 형태도 사람 · 동물 · 꽃을 그렸다는 것을 다른 사람이 인식할 수 있도록 하기 위한 자기 나름의 방식을 동원한 정의적 표현으로 나타난다.
- 아동 나름의 형식으로 표현되는 개념화가 나타난다.

3) 개념화기(概念畵期)

7세에서 9세 초등학교 저학년의 아동화에서 나타나는 그림 형태이다. 이 시기에 접어들면서 점차 자기중심적인 표현이 감소하고 객관적인 형태 표현에 관심을 가진다. 그것은 사물에 대한 일정한 개념을 인식할 수 있는 능력과 판단력의 발달에 기인하는 것으로 볼 수 있다. 이러한 인식의 발달은 사물의 외형을 파악하고 그것을 효과적으로 표현하기 위한 아동 나름의 방식을 발견하게 됨으로써 가능해지는 것이다.

이와 같은 방식은 생략과 단순화된 기하학적 형태로 접근해 가는 양식을 만들어 내어 반복적으로 표현에 활용한다. 이것은 아동이 사물에서 느끼는 사실성의 포괄적 판단이라고 할 수 있다. 아동은 사물의 세밀한 부분을 파악할 수 있는 섬세한 인지능력이 충분히 발달하지 못하였기 때문에 전체적인 형태 묘사에 국한되고, 그것을 효과적으로 표현하기 위해 나타나는 양식의 반복이 아동의 의식 속에 개념으로 남게 되면서 아동 나름의 도식적인 표현이 이루어진다. 이것을 일부 학자는 도식기라고 명명하기도 하였지만, 개념화라는 의미가 더 적당한 표현이라고 여겨진다.

이 시기의 주된 표현 소재는 사람과 동물이고 이후 집, 자동차 등이 등장하다가 차츰 꽃, 나무 같은 것에 관심이 확대된다. 인물이나 동물이 먼저 개념화되어 나타나는 이유는 그들의 형태지각 능력에 비추어 볼 때 복잡한 형태의 꽃이나 나무보다는 인식에서 훨씬 쉽기 때문이라는 견해를 보인 학자들도 있다.

이때의 인물화는 예외 없이 정면으로 표현되나 얼굴의 코 부분은 대부분 측면으로 나타나서 정면과 측면의 혼합화가 그려진다. 동물 표현에서는 몸체가 측면으로 표현되는 반면, 머리는 정면으로 나타난다. 수목이나 꽃의 표현에서는 전체적인 외형의 단순화에 의한 삼각형이나 타원형, 꽃으로 대변되는 특정적인 형태에 줄기가 수직선으로 연결되는 개념화가 나타난다.

또한, 이 시기의 가장 두드러진 양식은 기저선의 등장이라는 사실이다. 최초의 공간개념으로 나타나는 기저선은 이 시기의 아동화 가운데 중요한 구도를 구성하는 요소이다. 색채 사용에서도 객관적인 사실성은 부족하지만, 대상과의 관계를 나타내려는 노력이 엿보인다.

▼ 자전거 타기(7세 남아)

▼ 놀이동산(7세 여아)

얼굴은 정면, 몸체는 측면으로 나타난 동시적 표현은 아동이 어떤 상황을 효과적으로 나타내기 위한 하나의 도식이며 표현 양식을 개념화한 결과이다.

다음은 이 시기에 나타나는 대체적인 특징이다.

- 아동 나름의 효과적인 표현으로 인식되는 형태의 반복을 지속한다.
- 이러한 반복에 의해서 나무는 나무처럼, 동물은 동물처럼 그리려는 사물의 객관화와 개념화가 나타난다.
- 강조와 생략에 의해 단순화되는 개인적인 형태의 양식화가 나타난다.
- 정면과 측면, 평면 등의 동시적 표현현상이 나타난다.
- 외계의 사물에 대한 판단과 지각력의 발달로 대소 관계와 원근, 상하 등에 관심을 두기 시작하며, 시각적인 사실성을 강조하기 시작한다.

- 자신과 다른 아동의 그림을 비교할 수 있는 비판력이 생기기 시작한다.
- 색채 사용에서는 시각적으로 보이는 사실성에 충실하려는 노력을 보인다.
- 도구나 재료에 대한 다양성이 증대되고 기법도 많은 발전을 보여 준다.
- 사회성도 점차 발달하고 공동 작업이 가능해진다.
- 표현의욕이 왕성하고 지적인 이해도 향상되어 논리성이 발달하나, 지각에 비해서 표현이 따르지 않아 의욕을 잃기도 한다.
- 양식의 개념화로 장식적인 요소가 자연스럽게 나타난다.

4) 미사실기(未寫實期)

9세에서 10세에 해당하는 아동화 경향을 말한다. 초등학교 저학년과 고학년에 걸치는 시기에 나타나는 경향이라 할 수 있는데, 개념적인 표현이 서서히 사라지면서 사실에 접근하는 객관화가 나타난다. 사물에 대한 흥미와 관심이 더욱 심화되고 이에 따라 지각의 발달도 한층 증대된다. 사회의식의 발달에 따르는 또래집단을 의식하며, 아동 개개의 교류가 많아진다. 그리고 그들 사이에는 나름대로 자연스러운 규범이 생겨나기도 한다.

▼ 풍경(10세 여아)

시각적인 사실성에 접근하려는 객관적인 표현

자아의식의 확대로 외부세계에 대한 구체성 있는 의식이 확립되면서 사실에 접근하려는 노력의 결과는 그림에서도 두드러지게 나타난다. 그러나 이러한 사실성은 기법의 원숙함으로 나타나는 자연의 재현이라기보다, 사물에 대한 사실적인 개념의 영향이 반영되는 정도로 보면 되겠다. 사회성의 발달은 공동작업의 활동에 적극성을 보이기도 하며 또래와의 관계와 자신에 대한 자각, 이성 간의 관념에도 새로운 의식이 발달하는 때이기도 하다. 자아의식의 발달은 스스로 독립하려는 의지와 우월성으로 나타나기도 하면서 스스로 감정을 자제하려는 자신에 대한 통제의식도 가지게 된다. 자기의식의 확대로 인한 독립성은 그리기 활동에서도 나타나는데, 자신이 그린 것과 시각적으로 인식되는 사물과의 관계 판단이 분명해져서 눈에 보이는 사물과 닮지 않은 그림을 그렸다고 판단할 때는 활동의욕이 저하되어 장난처럼 표현하기도 하여 질책과 꾸중을 듣는 경우가 종종 있기도 하다.

이 시기에 나타나는 주요 특징은 다음과 같다.

- 시각적인 사실성에 접근하려는 노력이 현저하다.
- 개념적인 그림에서 서서히 탈피해가기 시작한다.
- 사회성의 발달로 협동적인 공동작업이 가능해 진다.
- 이성에 대한 의식이 발달하고 그것은 미술활동에 점진적으로 영향을 미친다.
- 자아의 발견과 발달로 인한 독자성이 나타나기 시작한다.

5) 논리적 사실기(論理的 寫實期)

10세에서 12세 사이의 초등학교 고학년에 해당하는 아동화 경향이다. 미사실기에서 보여 주는 객관적인 사실성이 더욱 발전 · 심화한다고 볼 수 있다. 사물이나 현상을 대하는 것에도 논리적인 의식을 바탕으로 한다. 그러므로 논리성이 강조되는 만화풍의 표현에 관심이 쏠리기도 한다.

여러 학자의 연구에서 강조하는 것은 외형에 충실한 시각형과 내면세계로 대변되는 비시각형의 두 유형이 이 시기의 가장 특징적인 경향이다. 하지만 많은 아동이 미술활동에 의욕과 흥미를 잃고 손을 떼게 되는 시기이기도 하다. 그것은 논리적인 비판의식과 사실적인 형태를 지각하는 능력이 발달하면서 대상과 자신의 그림이 서로 많은 차이가 있음을 더욱 구체적으로 인식 · 확인하면서 급격히 의욕을 상실하는 데서 오는 결과로 보여진다. 그러므로 이전까지 보여 주던 활발한 미술활동은 위축되고 그나마 흥미를 느끼는 아동의 수도 급격한 감소 추세를 보이다가 이 시기의 후반에 이르면 순수한 회화성을 보이는 그림은 소수에 지나지 않게 된다. 사실성을 바탕으로 한 그림의 평가가 이루어지는 탓으로 그림을 잘 그리는 아동과 그렇지 못한 아동으로 확연히 구분을 짓게 되는 것도 사물을 관찰하고 객관적인 형태를 파악할 수 있는 능력과 그것을 표현할 수 있는 발달에 기인하는 것이다.

▼ 교회가 있는 풍경(10세 여아)

사실적 표현에서 대상과의 상이함을 깨닫고
대부분의 아동이 그림에서 떠나는 시기이기도 하다.

다음은 이 시기에 나타나는 주요 특징이다.

- 시각적인 관찰력과 지각이 발달하면서 사물을 객관적으로 보는 경향이 강하다. 사물의 대소와 명암, 음영, 원근 등을 파악·분석하며 그림을 구성하는 원리의 상관관계를 인식하고 논리적 사고가 표현에 많은 영향을 미친다.
- 대상과 표현의 상이함이 의욕을 저하시켜 미술활동에 흥미를 상실하는 아동이 급격하게 늘어난다.
- 자기중심적 사고가 퇴조하고 자아의식이 발달하며 공동활동에서는 상호협조라는 더욱 높은 사회성을 보여 주기도 한다.
- 활동에 대한 계획과 예상을 세우고 합리적인 표현에 관심을 기울인다.
- 객관적인 비판 의식의 증대로 그림의 우열을 판단할 줄 알고 다른 아동의 그림에 대한 비판과 평가도 가능해진다.
- 용구나 재료 지배의 능력은 상당한 발전을 보여 주며, 표현기법도 더욱 다양해진다.

05

아동 미술교육의 실제

아동 미술활동은 인격의 완성을 위한 대비이다.

1 아동 미술교육의 원리(原理)

아동 미술교육의 목표를 효과적으로 달성하기 위해서는 그것에 부응하는 적절하고도 가치 있는 교육의 원칙이 설정되어야 한다. 그것은 아동 미술교육에서 획득되는 효과가 한 인간의 성장과 발달을 돕는 중요한 요인이 될 뿐만 아니라 나아가 사회를 구성하는 건전한 요소의 역할을 담당한다는 것에 그 의미의 중요성이 있기 때문이다. 또한, 확고한 원리를 바탕으로 할 때 더욱 긍정적이고 발전적인 아동 미술교육의 기반을 정립하는 길이 되기도 한다.

1) 창조성(創造性)을 바탕으로 해야 한다.

교육의 의미 자체가 더 행복한 삶을 누리기 위해 생활의 향상을 꾀한다는 뜻을 내포하고 있다. 인류문명의 변천 과정에서 축적한 지식을 답습하고 그것을 바탕으로 보다 차원 높은 지식과 문화를 만들어나가는 것이 발전이며, 교육이 지향하는 목표이기도 하다. 이러한 목표를 달성하기 위해서는 그것을 수용할 수 있는 인간육성이 필요하며, 바로 창조성을 가진 인간만이 이러한 면에 부합되는 것임을 알아야 한다. 이와 같은 면에서 창조적인 의식을 가진 인간육성이라는 의미를 우선으로 강조해야 하며 그것에 부합하는 활동이 이루어져야 한다. 그러기 위해서는 다양한 활동이 선행되어야 함은 물론 이것이 미술교육의 원리가 되어야 한다.

- 통상적으로 이용하는 재료의 한계성을 벗어나 더욱 다양하고 폭넓은 재료를 미술활동에 활용하도록 한다.
- 다양하고 새로운 기법을 개발하여 표현의 방법을 증대할 수 있도록 한다.
- 이미 획득한 경험을 응용하여 더 나은 발전으로 활용할 수 있는 사고의 유연성을 키워 주어야 한다.
- 새로운 것에 도전하는 적극성을 심어 주어야 한다.

2) 아동 각자의 능력을 바탕으로 해야 한다.

인간의 얼굴이 각양각색이듯 아동의 능력 또한 각자 많은 차이가 있다는 사실을 바탕으로 미술 교육과정이나 방법이 계획·수립되어야 한다. 아동의 신체적 발육 상태나 문화접촉의 기회, 아동을 둘러싸고 있는 자연 또는 사회적 환경 등이 아동의 능력을 구성하는 데 많은 영향을 끼친다. 아동의 능력을 결정짓는 이러한 여러 가지 요인을 고려하고 그것에 부응하는 교육계획이 수립될 때 더욱 효과적인 결과를 예상할 수 있다.

우리나라 교육활동에서 가장 우려되는 점이 바로 이러한 기초적인 요인을 충분히 고려하지 않고 획일적·전체적인 방법에 의해서 일괄적으로 행해지는 구태에서 벗어나지 못하고 있다는 점이다. 21세기에 들어서면서 국가의 교육체계에 대한 많은 연구와 개선이 시도되고 있다지만 아직도 20~30년 전의 정치 상황에 따르는 권위주의와 획일적이고 주입식 위주의 교육방법은 사라지지 않고 있다. 지금 세계는 급격한 변화라고 하기에도 숨 가쁜 시대를 살고 있는 것이 사실이다. 이러한 시대 변화를 직시하고 거기에 적절히 대응하지 못하여 우왕좌왕하는 불안한 양태를 보이는 것 같아 안타깝기만 하다. 과거의 틀에서 벗어나지 못하고 답습하려는 교육행정과 정책은 하루빨리 달라져야 한다. 지시 위주의 일방적인 비민주적 교육방법에서 탈피하려는 움직임이 일어나고는 있지만, 근본적으로 개선이 시급하다고 느끼는 위기의식을 떠나서는 안 된다.

최근 들어 능력별 학습을 중요시한다든지 자유학기제 도입 등 교육정책에서 나름대로 여러 방법을 모색하고 있지만, 아직도 대도시의 경우는 학급당 과다한 아동 수와 충분한 공간의 미확보, 교사의 잡무 과다 등 현실적으로 많은 어려운 문제를 안고 있어 그 효과 면에는 불투명한 상태에 머물러 있다. 이런 여러 요건에서 자유로운 풍토가 조성될 때 아동의 능력이나 기저를 충분히 살펴볼 수 있을 것이다.

아동 각자의 개성과 능력에 알맞은 기초자료를 확보한다는 것은 곧 교육의 효과를 극대화한다는 것임을 인식하고, 이것을 바탕으로 미술교육활동이 이루어져야 한다.

- 활동의 자율성을 보장하기 위한 충분한 공간 확보와 시설을 고려한다.
- 아동의 성장 발달에 따르는 개인차를 고려한다.
- 미술활동의 중요한 목표 가운데 하나인 개성의 신장발달이라는 측면을 고려할 때 아동의 개인능력을 세밀하게 파악하고 거기에 적절하고도 효과적인 계획을 수립한다.
- 아동 각자의 심성을 위한 활동임을 항상 주지하고, 올바른 심성을 배양한다는 것은 곧 훌륭한 사회인을 배양한다는 의미를 포함하고 있음을 인식한다.
- 최근 수도권이나 대도시 인구편중 현상으로 야기되는 교육환경의 급격한 변화는 이러한 목표를 달성하는 데 많은 어려움을 주고 있어 이에 적절한 방법과 과정이 신중하게 연구되어져야 한다.
- 농촌학교의 취학 아동 감소로 학급당 아동 수가 급격히 줄어들고 있으며, 초미니 학급이나 여러 지역을 한데 묶어 운영하는 학교들도 늘어나고 있는 실정이다. 이러한 현실을 감안하여 자칫 소홀할 수 있는 면들을 사전에 잘 파악하여 활동계획을 수립하는 것이 필요하다.

3) 아동 미술활동은 자발성을 바탕으로 해야 한다.

모든 교육활동이 그러하듯이 타율에 의한 것보다 아동 스스로 흥미를 느끼고 능동적으로 참여할 때 그 효과는 배가 된다. 특히, 미술활동은 이러한 점에서 다른 어떤 활동보다 중요한 것이라는 인식이 교육현장에서 깊이 강조되어야 한다. 그것은 강압적이고 통제되며, 획일적인 방법에 의해서는 아동의 자유로운 생각을 끌어내기가 어렵다.

자유로운 생각과 활동이 전제될 때 더욱 활발하고 바람직한 창조성이 발휘되며 자율적인 활동은 미술활동에서 강조하는 창조성의 바탕임을 알아야 한다. 강제되고 통제된 사회가 개인의 창조성을 억제하고 나아가 사회 전체의 침체와 경직을 부추겨 국가의 흥망성쇠로까지 이어진다는 사실은 구소련연방과 사회주의를 표방했던 많은 국가에서 충분히 입증된 사실이다.

인간은 통제되고 강압에 의해서 강요되는 것에는 반발하고 구속에서 벗어나려는 본성을 지니고 있다. 자유의지에 의해서 스스로가 발전을 꾀하려고 할 때 나타나는 결과는 통제되고 강제적인 것보다 훨씬 높은 효과를 가져온다. 그러므로 아동에게 최대한의 자유를 보장하면서 그 속에서 자기를 마음껏 발휘할 수 있게 하는 것은 오늘날 우리 교육이 지향해야 하는 길이다. 자유 또는 자율이라는 말은 방종을 의미하는 것이 아니라 그 말 속에는 책임의 뜻을 함께 포함하고 있다.

이처럼 책임 의식을 느끼고 스스로를 절제하며 자발적인 태도로 미술활동에 참여할 때 더욱 폭넓고 다양한 창조성이 발휘되며 긍정적 · 능동적인 생활인으로 육성된다는 사실에 주목하여 미술활동의 기본으로 삼아야 한다.

- 미술활동은 직접적이면서 간접적이고 지적적 · 제한적 · 비판적인 것이 아니라 권유 · 수용 · 고무하는 것으로 이루어져야 한다.
- 놀이로써 흥미를 유발하는 활동이 되어야 한다.
- 욕구 충족을 통한 즐거운 활동임을 인식하도록 해야 한다.
- 다양한 활동방법을 모색하여 흥미를 지속시켜 나가야 하며 아동 스스로가 적극적으로 참여할 수 있는 활동이 되도록 한다.

4) 조화된 인격의 발달을 위해야 한다.

미술활동은 훌륭한 미술작품을 창조하는 수단이 아니라 올바른 품성을 갖춘 온전한 인격체를 육성하는 것임을 항상 잊어서는 안 된다. 오늘날 우리 교육 현실은 지식만을 강조하는 잘못된 교육에 빠져있다고 비난받을 정도로 교육 본래의 목표에서 벗어나 있다. 먼 안목으로 보아 국가의 장래를 염려해야 할 정도의 심각성은 매년 증가하는 청소년 비행과 젊은 세대의 일탈에서도 짐작할 수 있다. 정서의 순화와 가치관의 정립을 위한 정조 교육이 어느 때보다 절실하게 요구되는 때이다.

아동의 내면세계를 계발하고 갈등이나 욕구를 외부로 표출하게 하여 정제된 정서와 감정을 키워 지성과 감성이 서로 잘 조화된 인격체로의 성장과 발달을 기할 수 있도록 도와주어야 한다. 이것은 나아가 사회구성원으로서의 조화를 의미하는 것이며, 원만한 인과관계를 구성한다는 의미가 된다. 이는 원만한 사회를 구성하는 것과 같은 뜻이며, 나라를 발전시키고 선진국으로 나아갈 수 있는 확실한 방법을 제시하는 길이라고 할 수 있다. 바람직한 인격을 갖춘 국민에 의해서만이 바람직한 나라가 세워진다. 나 자신의 이익과 안위만을 생각하는 이기적이고 편협한 인간으로 성장시키는 지식 위주의 교육이 아니라, 따뜻한 인간애를 느낄 줄 알고 남을 배려할 줄 아는 감성이 풍부하고 아름다운 정서가 충만한 인간교육의 차원에서 미술활동이 이루어져야 한다.

▼ 아동은 미술활동을 통하여 서로 어울림으로써 사회성을 키우는 데 효과적이다.

- 원만한 인간관계를 맺을 수 있는 사회의식을 바탕으로 하는 활동이 되어야 한다.
- 정서와 감정의 순화라는 의미가 강조되어야 한다.
- 미술활동은 아동의 정신위생에 도움을 주는 것이어야 한다.
- 올바른 인격체를 육성하기 위한 수단으로서의 목적이 있음을 유의해야 한다.
- 아동의 내면세계와 외면세계가 적절하게 조화를 이루어 훌륭한 인격과 자질을 키운다는 의미를 부각시키는 활동이어야 한다.

5) 유연성(柔軟性)있는 미술활동이어야 한다.

미술활동은 어떤 틀에 짜인 것이 아니라, 여러 가지 조건에 따라 탄력적으로 변환할 수 있는 융통성을 가진 것이어야 한다. 정해진 활동영역이나 과정, 진도, 재료, 방법, 기법 등을 반드시 부합해야 한다는 원칙을 고집해서는 안 된다. 미술활동 자체가 이러한 요인에 의해서 경직되면 본질적인 목표를 달성하기 어렵기 때문이다.

미술활동은 지식을 쌓는 것이 아니라 아동의 잠재된 능력을 계발하는 것이다. 그러므로 미술은 교육한다는 의미보다 스스로 활동한다는 의미로 해석 · 인식해야 한다. 아동의 흥미나 욕구, 시대적인 요구 또는 사회변화에 적절하게 부응할 수 있는 유연성을 가지는 것은 활동 효과를 증대하는 최선의 길이 되기도 한다. 정해진 교육과정, 시수, 관념화된 재료 등 이러한 고정관념에 부합하는 활동을 고집할 것이 아니라, 이러한 조건을 기본 바탕으로 어떤 환경이나 사정에 의해 바뀌어야 할 때는 거기에 따라서 최대의 효과를 얻을 수 있는 유연성을 바탕으로 짜여야 한다.

- 여러 가지 환경요인의 변화에 적절히 대응하는 유연성 있는 활동으로 구성해야 한다.
- 아동을 유연성 있는 생각과 활동으로 유도해야 한다.
- 미술활동은 고정관념을 극복함으로써 더욱 다양하고 적극적인 활동이 될 수 있음을 인식해야 한다.
- 유연성은 근본 원리에 반하는 것이 아니라, 그것을 수용하고 이를 바탕으로 재창조를 꾀하는 의미로 해석해야 한다.

6) 아동의 경험과 표현이 적절하게 조화되어야 한다.

아동의 경험은 인생의 금자탑을 쌓는 벽돌과 같이 중요하다. 벽돌로 비교되는 이러한 경험의 조각이 쌓여갈 때 더욱 폭넓은 인격체의 완성으로 전진해 가는 것이다. 경험의 조각이 많으면 많을수록 아동의 사고는 심화되고 더욱더 다양한 활동의 기틀을 마련하게 된다. "자식을 낳으면 여행을 시켜라!"라는 독일 속담이나 "물고기를 주지 말고 물고기 낚는 법을 가르쳐라."라는 탈무드가 있다. 여행을 통해서나 직접 체험을 통한 활동으로 자기가 접해 보지 못한 일이나 사람들을 만나면서 많은 경험을 쌓는 것이 세상의 지혜를 얻는 길이며, 그것이 삶의 폭을 넓혀 나가는 길이요, 행복을 가꾸는 열쇠라는 뜻이다. 곧 경험의 중요성을 일깨우는 말이다.

이처럼 아동에게 더욱 많은 경험을 제공할 때, 더욱더 폭넓은 표현 활동의 가능성이 증대된다. 경험이 적은 아동은 미술활동에서도 위축되어 소극적이고 수동적인 자세를 보이는 것을 자주 목격하게 된다. 이것은 경험이 그만큼 표현이나 창작 활동의 기반임을 반증하는 것이다.

경험은 미술활동의 내용이며 표현은 형식이다. 내용이 풍부하면 형식도 다양성을 띤다. 아무리 많은 형식을 제시해 주어도 그 속에 담길 내용이 빈약하면 아동은 좌절을 느끼게 되고 소극적으로 되며 흥미를 잃게 된다. 그러므로 경험과 표현은 서로 밀접한 상관관계를 유지하면서 더욱 적극적인 미술활동으로 이끌어 주는 것임을 인식하여야 한다.

- 아동의 많은 경험이 다양한 미술활동의 기틀이 된다는 것을 이해하고 경험의 폭을 넓혀주는 활동으로 이루어져야 한다.
- 직접 몸으로 체험하는 기회를 제공하여 생명력 있는 경험을 쌓도록 한다.
- 경험을 바탕으로 한 효과적인 표현이 되도록 표현방법에 대한 탐구의식을 일깨워 주어야 한다.
- 풍부한 경험은 풍부한 표현을 낳으며 이러한 활동의 반복으로 아동의 감정과 정서가 더욱 심화되어 간다는 점을 알아야 한다.
- 아름답고 좋은 경험은 좋은 표현 활동으로 조화를 이룬다는 것을 인식한다.

이상과 같이 아동 미술활동의 원리를 기본바탕으로 한 활동의 형식과 방법이 연구되고 그것을 바탕으로 활동이 이루어질 때 더 바람직하고 긍정적인 아동의 발달과 육성을 기대할 수 있다.

2 아동 미술교육의 형식

교육형식은 그 결과의 극대화를 위한 최선의 수단을 찾는 것에서 비롯되어야 한다. 과거에 가장 일반적인 형식으로 오랫동안 학교 교육에서 활용되어 왔고 지금도 우리나라 교육방법의 근간이 되는 것은 일제 학습형식이다. 그것은 한정된 시간에 한정된 공간에서 많은 아동에게 다양한 지식을 전달하는 데 가장 효과적인 수단으로 보았기 때문이다.

우리의 교육현장에서 대부분을 차지하고 있는 일제 학습형식에 대한 많은 비판이 터져 나오고 있지만, 아직 개선되지 않고 있는 것은 우리의 교육 현실이 아직도 열악한 후진성을 벗어나지 못하고 있기 때문이다. 가까운 일본이나 심지어는 우리보다 낮은 국민소득을 보이는 동남아시아의 몇몇 나라보다도 더 많은 학급당 학생 수가 편성되는 현실에서 선진국에서 이루어지는 진보된 교육형식의 접목을 기대한다는 것은 아직도 묘연해 보이기만 하다. 이렇다 보니 심성도야를 위한 정서교육은 많은 제약을 받게 되고, 단순한 지식전달 위주로 흐를 수밖에 없는 악순환에서 벗어나지 못하고 있는 교육여건이 안타깝기만 하다.

우리나라의 연간 전체 국가 예산에서 교육에 대한 배려가 아직도 낮은 것은 이러한 교육의 후진성을 벗어나지 못하게 하는 요인이다. 오직 산업발전과 경제개발을 위한 정책이 국가의 중요한 목표이자 과제로 인식하였기에 교육에 대한 투자는 답보상태를 면하지 못하고 침체와 정체상태에 머물러 있는 상황으로 본다면 너무 심한 표현일까? 21세기 교육의 비전을 제시하는 움직임이 일고는 있지만, 아직도 해결해야 할 많은 문제가 산적해 있는 상황에서 더욱 양질의 교육을 제공할 수 있는 때가 언제일지 아득해 보인다.

미술교육은 가장 전통적이고 일반적인 일제 학습의 형식에서는 그 소기의 성과를 올리기 어려운 영역이다. 그것은 지식의 전달이라는 면이 아니라 아동 스스로가 활동을 통하여 자기 속에 잠재된 세계의 계발과 표출로 스스로를 확산해 나가는 것이 되어야 하기 때문이다. 엄밀하게 말하면 교육을 받는다는 뜻이 아니라 활동을 통한 스스로의 계발이라는 것이 더 정확한 표현이라 할 수 있다. 그러므로 획일적인 일제 학습방식에서 얻어지는 효과보다 다변적이고 획일성이 배제되는, 그래서 최고의 효과를 발휘할 수 있는 유연성 있는 형식을 선택 또는 통합적으로 운용할 때 더욱 효과적인 아동 미술활동으로 끌어 나갈 수 있다.

1) 일제 교육(一齊 敎育)

앞에서도 언급했듯이 우리나라 대부분 교육현장에서 일반적으로 가장 많이 시행되고 있는 교육형식이며, 그것의 부정적 측면도 적지 않다고 하였다. 그러나 이러한 방법이 반드시 부정적인 측면만 있는 것은 아니다. 다수의 아동이 집단을 이루는 교육현장에서는 그래도 어느 정도 능률적인 형식이다.

아동에게 집단적 · 공통적 경험을 제공한다는 의미에서는 효과가 있으나 그 질과 깊이에서는 심도 있는 활동이 어렵다는 것이 이 형식의 문제점이다. 아동의 이해를 돕기 위한 여러 가지 자료라든지 참고작품의 제시는 오히려 아동의 자유로운 활동에서 고정적인 틀이 되는 개념화를 부추기고 모방으로 이끌 수 있는 부정적인 측면을 포함한다는 점에 유의하여야 한다.

객관적인 미술의 원리나 기법, 재료 사용의 방법 등을 이해시키는 데는 효과적인 방식이 되기도 한다. 평가단계에서나 감상을 통한 간접경험의 기회를 제공한다는 면에서는 긍정적인 의미를 부여할 수 있으나, 교사의 주관적인 판단이나 평가는 오히려 아동의 의욕을 저하하고 개념화로 이끌 수 있으므로 긍정적인 면에서 칭찬과 격려를 해 주고 서로 이야기를 나누어봄으로써 새로운 활동의 동기를 마련한다는 차원에서 이루어져야 함을 잊지 말아야 한다.

- 객관적인 미술의 원리나 기법, 재료의 특성과 활용법 등을 교육하는 데 효과적이다.

- 감상을 통한 간접적인 경험을 제공해 주는 데 효과적이다.
- 많은 아동을 한정된 시간 내에 이해를 돕거나, 동기유발을 시키는 데 효과적이다.
- 고정관념에 의한 개념화나 획일성을 조장할 수 있고, 깊이 있는 활동의 어려움이 있다.
- 아동의 개인적인 능력이나 개성 파악에 어려움이 따르며 때로는 무시되기도 하여 오히려 개성의 신장을 저해하는 결과를 초래할 수 있다.

2) 소집단 교육(Group 활동)

분단 활동이라고도 하며, 소수의 아동을 조별로 나누어 활동하게 하는 형식이다. 주제별, 표현재료별, 성별/혼성별, 친밀 정도별, 표현능력별 등 다양한 형식으로 조를 구성하여 활동함으로써 개별 활동에서 느낄 수 없는 새로운 자아의 발견과 사회성을 키우는 데 효과가 있는 활동이 되기도 한다.

다음은 소집단으로 이루어지는 분단 구성 방법의 몇 가지 예시이다.

(1) 주제별 구성

공상 · 상상 · 꿈의 세계를 주제로 하는 분단, 경험과 일상생활을 주제로 하는 분단, 동화 · 전설 · 설화 · 역사적인 이야기를 주제로 하는 분단 등으로 구성할 수 있다.

(2) 표현재료별 구성

크레파스를 재료로 하는 분단, 수채물감이나 기타 물감을 재료로 하는 분단, 색종이나 헝겊 또는 자연물이나 인공물을 재료로 하는 분단, 일반적인 재료가 아닌 것으로 하는 분단 등으로 구성할 수 있다.

(3) 성별/혼성별 구성

여아별, 남아별 또는 남녀 혼성별로 나누어 구성해 보면 또 다른 새로운 경험의 기회가 되며, 다양한 표현으로 이끌 수 있는 계기가 될 수 있다.

(4) 친밀 정도별 구성

친한 또래별 구성으로 더욱 활기찬 표현활동이 이루어지도록 한다. 친하지 않아서 서먹서먹한 또래와의 분단 구성은 자유로운 표현에 장애가 될 수도 있고 충분한 의사 교환이 부족하여 목소리가 큰 아동에게 이끌려가는 소극성을 보일 수도 있다. 다른 한편으로는 친밀하지 않은 또래와의 공동 활동에서는 새로운 친구 관계에 대한 자신감과 사회성을 키운다는 의미로도 생각해볼 수 있다.

(5) 표현능력별 구성

아동의 성장 발달은 개인차가 크다. 이러한 개인차를 고려하여 분단 구성이 이루어지는 것이 바람직하다. 너무 동떨어진 개인차는 활발함을 보이는 아동에게 기선을 잡히고 의욕을 상실하여 소극적인 아동이 될 수 있다. 이것이 새로운 활동을 부추기는 자극이 된다는 의미로도 생각할 수 있겠지만, 서로 비슷한 표현능력의 집단에서 얻어지는 효과에 비해 부정적인 측면이 많다는 의미로 해석할 수도 있다.

이 밖에도 여러 소집단으로 구성하여 표현활동을 전개할 수 있는 방법은 다양하다. 앞에서 예시한 이러한 소집단들은 단일 · 중첩 · 복합적인 형식으로 이루어지며, 분단과 분단이 유기적인 관계를 맺으면서 상호 · 상승작용으로 이어지기도 한다. 그러나 이러한 형식은 넓은 공간과 충분한 시간이 필요하므로 소수로 편성되는 유치원이나 놀이방, 방과후 공부방 같은 곳에서 권장해 봄 직한 형식이다.

3) 개별 교육

미술활동에서 가장 권장되고 바람직한 것으로 평가받는 형식이라고 할 수 있다. 동기유발단계에서는 일제 교육이 효과적이라고 할 수 있다. 그러나 실제 표현활동에 들어가서는 이 형식을 가장 일반적으로 이용한다.

개별 교육이라고 하여 각자 아동의 활동에 적극적으로 개입한다는 의미가 아니라 아동 스스로의 활동을 존중하고 발상이나 표현방법에 대한 조언자 또는 조력자로서의 교사 역할을 의미한다. 아동의 활동에 지장을 주지 않는 범위에서 칭찬과 격려를 함으로써 의욕을 부추기고 자유롭게 활동할 수 있는 분위기를 조성해 준다는 의미로 해석해야 한다. 아동 개인의 특성이나 능력, 환경, 감정 등을 파악하여 거기에 적절한 자극과 방향을 제시함으로써 더욱 깊이 있고 능동적인 활동이 이루어지도록 유도하는 것이 중요하다.

- 아동 개개의 미술활동 능력을 고려해야 한다.
- 아동의 개성과 창조의욕, 욕구, 발상 등을 최대한 존중하는 활동이어야 한다.
- 아동과 아동의 유기적 관계를 배려하고 서로 도움을 주어 각자의 발전을 이루는 바탕으로 활동의 방향을 잡아나가야 한다는 점을 고려해야 한다.

4) 협동 교육

개개의 아동이 서로 협력하여 활동을 전개해 나가는 형식이다. 아동 각자의 능력을 효과적으로 육성시킨다는 의미보다 공동생활에 필요한 사회성의 바탕을 마련한다는 의미가 더 크다. 아동의 여러 가지 능력은 미숙한 상태를 벗어나지 못하고 있으므로 흔히 말하는 진정한 의미의 협동작업은 어렵다. 하나의 입체물이나 화면 구성에 참여하여 자아를 의식해 본다는 의미로 보는 것이 적절하다.

아동의 자기중심적인 표현이 나열되면서 함께 놀이를 한다는 정도로 인식해야지 거기에서 서로의 표현이 조형원리에 얼마나 부합되는 표현이냐 하는 잣대로 판단하는 것은 무리가 있다고 보는 것이 자연스럽다. 화면 하나를 중간에 두고 여러 아동이 빙 둘러앉아 서로의 생각을 바탕으로 그려지는 협동화는 통일성이나 조화 · 균형 등의 원리로 평가하고 판단을 내리는 것은 사실상 어렵다. 다만 이러한 활동을 통한 자아의 발견과 집단 활동의 기회를 제공하여 자신을 적절히 통제하고 절제하여 다른 아동과의 어울림을 배우고 집단의 한 구성원임과 자기 역할이 어떤 의미가 있는지 스스로 깨달아 가는 사회성 발달에 중점을 두는 것이 더욱 바람직하다.

▼ 협동화 그리기는 여러 가지 조형원리의 조화가 어렵다.

협동교육에서 활동에 참고하여야 할 사항은 다음과 같이 요약할 수 있다.

- 협동의 의미와 방법을 이해시킬 필요가 있다.
- 아동 각자의 역할과 영향이 어떻게 작용하는지에 대한 의식을 일깨워주는 활동이 되어야 한다.
- 서로의 생각을 교환하면서 더 나은 표현으로 나아갈 수 있는 계기가 될 수 있음을 느끼게 해 준다.
- 각자가 준비한 재료들이 상호작용을 통해서 어떠한 효과로 나타나는지를 인식할 수 있도록 한다.
- 공동생활에 필요한 여러 가지 규범이나 행동수칙 등을 활동 중에 슬쩍슬쩍 인식시켜 준다.

- 감상을 통하여 각자의 표현이 전체적인 작품에서 어떠한 위치를 차지하고 있는지를 느끼게 하고, 만족감과 즐거움을 맛볼 수 있도록 칭찬과 격려를 함으로써 활동에 대해 더욱 적극적인 태도를 가지도록 용기를 부추겨 준다.

협동 교육은 아동 상호 간의 인과관계를 결속하는 바람직한 기회를 제공한다는 의미에서 매우 뜻깊은 것임을 알아야 한다. 지금 우리 사회에서 가장 요구되고 있는 것이 더불어 살아가야 하는 사회의식이다. 핵가족화가 급속하게 확산되다 보니 오직 내 가족, 나밖에 모르는 극단적 이기주의가 판을 치고 심지어는 혼밥, 혼술, 혼숙 등의 신조어가 생겨날 정도로 혼자라는 개념이 팽배해 가고 있는 것이 우리의 현실이다. 이처럼 자기중심적이고 개인주의가 당연한 것으로 여겨지는 시대에서 서로가 어깨를 같이하며 살아가야 하는 공동생활에 필요한 사회의식이 그 무엇보다 절실하게 요구된다. 이러한 사회의식의 대표라고 할 수 있는 협동심을 배양한다는 의미에서 볼 때 적극적으로 권장되어야 하는 미술교육의 형식임을 인식하는 것은 매우 중요하다.

3 아동 미술교육의 특성

아동 미술교육은 다른 교육영역에 비해서 몇 가지의 특성을 보여 준다. 미술활동 그 자체가 지식 전달인 주지 교육이 아니라, 아동 스스로의 활동과 노력으로 그 결과를 획득하는 것이므로, 아동의 능동적이고 자발적인 활동을 바탕으로 할 때 가장 큰 성과를 기대할 수 있다. 이러한 성과를 달성하기 위해서 아동 미술활동의 특성을 심도 있게 고려하는 것은 아동 미술교육을 더욱 바람직한 활동으로 이끄는 길이라고 하겠다.

이러한 의미에서 아동 미술교육은 다음과 같은 특성을 보인다.

1) 미술은 아동 중심의 교육활동이다.

다른 일반 주지 교과에서는 전달이나 탐구되어야 할 내용이 사실상의 중심이 된다. 그렇다 보니 그것을 수용하는 아동의 이해 편차를 고려하기 어려운 점이 있다. 그것은 시간적인 제약이나 학습 진도 등에 의해서 보편적인 수준의 아동이 얼마나 이해하는지를 근간으로 하기 때문에 지진아가 있다고 해도 충분한 여유를 가지고 심도 있게 지도하기가 어렵다는 한계에 부딪힌다.

이러한 문제점을 보완하기 위해 현행 학교 교육에서는 수준별 이동수업이나 자유학기제를 시행하고 있다. 그러나 그 효과는 아직 충분히 검증되었다고 볼 수 없으며, 소기의 성과를 얻으려면 많은 연구가 뒤따라야 함은 물론, 여러 가지 여건이 충분히 뒷받침되어야 한다는 점을 많은 교사가 강조하고 있다. 또한, 그 효과에 대해서도 난색을 표명하는 경우도 많다.

예체능 등의 표현 교과에서는 객관적인 이해의 정도나 수용 정도를 가늠해 볼 수 있는 주지 교과같은 기준이 있을 수 없다. 아동의 내면에 잠재된 그 어떤 것을 계발하고 표출함으로써 발전 가능성을 키워 주고 고무시켜 미래를 대비할 수 있는 심성을 발달시켜 나가는 것이 최대의 성과로 생각하기 때문이다. 그러므로 표현 교과에서 얻어지는 답은 천차만별이다.

주지 교과에서는 객관성 있는 답을 전체적으로 요구하는 반면 표현 교과에서는 이러한 결과를 요구하는 것이 아니라 아동 각자의 활동에서 각기 다른 결과를 기대하여야 하며, 또한 달라야 하는 것이 당연한 결과라는 인식이 있어야 한다. 그것은 어디까지나 아동의 주관적인 사고와 활동을 최선으로 하는 것이며 그렇게 하는 것이 가장 바람직한 교육활동으로 가는 길이기 때문이다. 백 명의 아동에게서 똑같은 답을 요구하는 것이 주지 교과의 성과로 생각한다면, 표현 교과에서는 백 명의 아동 모두에게서 각자 다른 백 개의 답이 나와야 하는 것이 당연한 것이고 그것이 올바른 교육이라 할 수 있다. 어디까지나 아동의 생각이나 능력이 주체가 되는 아동활동이 중심이 되어야 하는 것이다. 아동 개개의 결과를 존중하고 그것을 위해서

교육내용뿐만 아니라 아동의 생각과 활동을 고무시켜 준다는 편에 서서 이루어져야 하는 활동임을 명심해야 한다.

2) 미술은 물질을 매개로 하는 노작활동(勞作活動)이다.

미술활동은 반드시 물질을 매개로 하여 직접 행위에 의해 이루어진다는 특성을 지닌다. 감정이나 이미지, 아이디어를 형상화하므로 언제나 재료와 용구가 동원된다. 재료와 용구가 없는 표현활동은 존재할 수 없다. 조형의 의미가 형체를 전제로 하는 것이며, 형체는 곧 물질을 매개로 하기 때문에 이러한 물질을 바탕으로 아동의 여러 가지 내면세계를 담아, 그것을 구성하고 또한 그것을 통해서 밖으로 표출해 내는 활동이다. 그리기 활동만 봐도 도화지, 채색 재료, 그 밖의 여러 용구의 상호 작용과 아동의 노작활동으로 그림이 나타나듯이 모든 미술활등은 물질을 매개로 하며, 아동의 노작활동이 바탕이 된다. 또한, 아동이 아무리 훌륭한 생각이나 느낌을 가지고 있더라도 그것이 직접적인 행동에 의해서 표현되지 못하는 것은 아무런 의미가 없다.

가끔 교육현장에서 목격되는 사례를 보면 선생님이 아동의 활동에 손을 대거나 직접 생각을 유도하는 경우를 보게 되는데, 이것은 아동의 노작이 주가 되어야 한다는 의미에 정면으로 배치되는 행동이다. 어디까지나 아동의 생각과 활동을 중시하고 설혹 결과가 기대에 미치지 못하더라도, 모든 활동 과정을 아동에게 맡기는 것이 오히려 올바른 교육적 성과를 기대하는 면에서는 바람직하다. 아동이 물질의 특성을 이해하고 그것을 자기표현에 적절하게 이용하면서 밖으로 나타낼 때 미술교육의 참뜻을 달성하는 것이며, 이러한 직접적인 활동을 통하여 아동의 심상을 가시화하는 것이다.

미술을 공간예술이라고 하는 것은 곧 공간을 차지하는 형체가 물질로 구성되는 것이며, 이러한 여러 가지 물질을 아동의 활동과 노력으로 변화시키면서 자기 내면세계를 승화시키고 이어서 새로운 가치를 지닌 형체로 창조해 나간다는 의미를 포함해야 한다.

3) 미술은 시각적 활동이다.

아동의 경험은 시각에 의해서 얻어지는 것이 많다. 그리고 시각을 통해서 얻은 감정 · 사고 · 사상 등은 다시 시각적인 것으로 나타나는 특성을 가진다. 음악 활동이 주로 청각에 의해서 그 느낌이나 감정을 획득하고 청각에 호소하는 면이 많다고 한다면, 미술은 곧 시각에 의해 시각에 호소하는 것으로 미술이 시각예술로 대변되는 이유도 바로 이러한 의미 때문이다. 시각에 호소하는 것은 그 어느 영역보다 호소력이 강하고 직접적인 느낌을 준다. 미술이 우리에게 큰 감동을 불러일으키는 이유가 여기에 있다.

패권주의가 판치던 20세기 초의 많은 전제 국가, 특히 혁명의 기치를 내세웠던 공산주의 국가가 국민을 선동하기 위해서 가장 효과적인 수단으로 사용했던 것이 포스터나 자극적인 깃발 등인데, 이는 시각을 자극하여 국민의 감정을 결집하고자 했던 것이다. 공산주의 국가의 상징물인 국기가 주로 붉은색이 많은 이유는 인간의 시각을 가장 강하게 자극하는 색채 심리를 정치 활동에 교묘하게 이용하는 대표적인 사례이다.

2002년에 우리나라에서 열렸던 한일월드컵의 광경을 떠올리면 쉽게 이해할 수 있다. 그때 우리나라 응원팀의 이름이 '붉은 악마'라고 하여 모두 빨간색으로 복장을 통일한 한 모습에서 전 국민의 열광을 유도했던 사실은 색채가 인간의 감정에 얼마나 큰 영향을 끼치는자를 여실히 증명하였다. 경기장에서 붉은 깃발을 휘두를 때와 흰색 등의 그다지 자극적이지 않은 색의 깃발을 휘두르며 응원을 할 때, 붉은 깃발의 응원 팀이 훨씬 열광적인 행동을 보이는 것도 시각적인 효과가 인간의 감정에 얼마나 민감하게 반응하는지를 보여 준 예이다.

인간의 그 어느 감각기관보다 직접적인 영향을 받는 시각을 자극하여 목적을 달성하기 위한 하나의 예에 불과한 것이지만, 인간의 가장 민감한 감각기관이 시각이며 아동 미술활동은 바로 이러한 아동의 시각을 바탕으로 시각에 호소하는 것이기 때문에, 그 어느 영역에 비하여 효과적인 교육적 성과를 기대할 수 있다.

▼ 통일된 붉은색 복장으로 2002 한일월드컵을 응원하는 서울시민들 모습
강렬한 인상의 색은 인간을 자극하는 효과가 있다.
아동은 이런 시각적 활동에 많은 흥미를 느낀다.

4 아동 미술교육의 방법

아동 미술교육의 방법에 대한 연구는 오래전부터 지속적으로 이루어졌다. 오늘날의 일반 국민교육으로서의 미술교육이 정착하기 전에는 미술을 직업으로 하는 화가나 공예가를 양성하기 위한 도제교육으로써의 방법이 주로 모색되었으나, 20세기 중반에 이르러 시젝(Cizek)이나 웨슬레이 듀(Dow)와 같은 학자에 의해서 아동중심의 교육을 강조하였고, 아동의 조화로운 인격육성이라는 차원에 중점을 둔 교육방법이 강조되어 오늘에 이르고 있다.

아동의 사고를 중심으로 한 창조적 활동과 일반적인 주제를 제시하고 아동 나름의 활동을 유도하는 주제제시 활동, 다른 조형물이나 그림을 모델로 하는 임화 활동, 복사한 견본이나 지시된 과정을 그대로 따라 하는 모방 활동, 정해진 본보기 그림 안에 채색하거나 색종이 오려 붙이기 등의 견본 활동이 아동 미술활동에서 많이 이용되는 일반적인 미술활동 방법이다. 이 중 어떠한 방법이 아동의 창조성을 키워주며 본래 목표로 하는 인간육성의 가치를 달성하기 위해 무엇이 가장 효과적인 방법이냐 하는 문제에 많은 학자들의 연구가 이루어져 왔다.

▼ 조류관찰을 다녀와서(6세 남아)

▼ 환경보호캠페인(8세 여아)

아동의 경험을 바탕으로 창조적인 표현과 주제 제시의 아동화

오늘날 가장 바람직한 방법으로 권유하는 것은 아동의 사고를 존중하며 순전히 아동 자신의 활동에 중심을 두는 '창조적 활동'과 주제를 제시해 주고 아동 나름의 활동을 유도하는 '주제제시 활동'으로 나누어 볼 수 있다. 임화 활동이나 모방 활동, 견본 활동 등은 표현 기능을 숙달시키고 손이나 팔의 근육을 발달시키는 데는 긍정적인 의미가 있다는 의견을 제시하기도 하지만 미술활동의 근본적인 목표를 달성하는 데는 오히려 부정적인 면이 적지 않다는 연구가들의 지적이다. 그것은 아동의 사고를 어떤 틀에 한정시켜 개념화로 끌고 나가, 오히려 무한히 확산할 수 있는 가능성을 가로막는 결과를 초래한다는 점이 그 이유다.

이러한 지적들을 고려하여 오늘날 주로 권유되어야 할 '창조적 활동'과 '주제제시 활동'을 가장 바람직한 아동 미술활동의 방법으로 제시해 본다.

1) 창조적 활동의 방법

아동 내부에 잠재된 창조 의식을 어떤 자극에 의해서 외부로 표출함으로써 표현에 대한 적극성을 키워 아동을 바람직한 성장으로 끌어가기 위해서는 다양한 여건이 제공되어야 한다.

- 다양한 표현재료의 제공과 제시로 폭넓은 활동이 되도록 유도한다.
- 다양한 표현기법을 스스로 창안할 수 있게 유도한다.
- 재미있는 이야기나 다양한 시청각 자료를 이용하여 효과적인 동기 유발이 되도록 한다.
- 조형의 원리와 관련 있는 선의 느낌, 촉각에 의한 질감의 경험, 여러 가지 색채 경험, 형태의 다양성을 체험시켜 다채로운 표현으로 끌어 준다.
- 자유롭고 즐거운 분위기를 조성함으로써 활동의 자율성이 잘 나타날 수 있도록 한다.
- 아동이 문제를 만들고 해결하는 형식은 아동의 자신감을 부추겨 적극적인 활동으로 이어지게 하는 지름길이다.
- 획일적인 활동 결과가 아닌 다양한 형태로 개성이 잘 나타도록 한다.
- 칭찬과 격려로 활동에 대한 만족감과 용기를 북돋운다.
- 자기 스스로의 활동으로 이루어진 결과에 대한 성취감을 느끼게 함으로써 더욱 능동적인 활동을 위한 기틀을 마련해 준다.
- 아동이 서로의 생각을 교환하고 거기서 더욱 새로운 구상을 도출할 수 있도록 유도하는 것은 적극적으로 창조의식을 배양하는 또 하나의 방법이다.

2) 주제 제시 활동의 방법

아동이 주제 선택의 어려움을 극복하거나 주제 선택의 방법을 연습하는 의미를 가지기도 한다. 많은 아동이 무엇을 나타낼 것인지 망설이는 경우를 종종 보게 되는데, 이것은 아동의 경험이 다양하지 못하거나 활동에 대한 자신감이 부족할 경우에 흔히 나타나는 행동이다. 근본적으로 주제를 제시한다는 것은 그다지 바람직하지 않지만, 아동의 미술활동을 고무시키기 위한 하나의 과정으로 인식할 수도 있다. 이런 면에서 긍정적인 주제 제시 방법을 모색하는 것은 포괄적인 활동 방법의 연구로 생각해 보아야 한다.

- 주제 제시는 다양함을 바탕으로 하되 추상적인 것이 아닌 구체성을 띠는 것이 좋다.
- 주제 제시는 충분한 동기유발을 바탕으로 한다.
- 전체적이고 획일적인 것이 아니라 아동 스스로 개별적인 주제를 선택할 수 있도록 유도해야 하며, 강제되거나 어떤 결과를 목적으로 유도해서는 안 된다.
- 주제를 제시할 때는 아동의 상상력을 자극하여 새로운 창조가 가능하도록 신중하게 한다.
- 주제는 아동이 충분히 수용할 수 있어야 한다.
- 주제와 표현재료와의 관계를 고려하여야 한다.
- 아동의 주변 환경에서 쉽게 접할 수 있는 내용으로 주제를 제시하는 것이 바람직하다.
- 아동의 경험을 바탕으로 하는 주제의 제시는 흥미와 자신감을 부추기고 표현의 다양성을 이끈다.

5 그리기 활동(회화영역)의 영역과 지도

그리기 활동은 인간의 사상이나 감정을 회화의 조형적 방법으로 표현하는 것이다. 아동은 그리는 활동을 통하여 그들의 생각이나 느낌 또는 희망이나 갈등, 욕구 등을 표출하는 특성을 가진다. 이러한 활동을 통하여 자신을 표현하고 자기감정을 전달하는 수단으로 이용할 뿐만 아니라 그것을 즐기며 성취감을 맛보게 된다.

아동의 그리기에서 주로 다루어지는 것은 생활 주변에서 보고 느낀 것, 체험한 것, 생각한 것 등이나 음악을 듣거나 이야기를 들은 것, 그림책이나 여행, 영화를 본 것 등에서 연상되는 것이 내용이 되기도 한다. 미지의 세계나 장래의 꿈 등을 상상하여 그리는 상상화나 체험을 바탕으로 한 경험화가 대부분이다.

1) 주제에 따른 그리기 활동 영역

(1) 상상화(想像畵)

상상화는 아동의 기억이나 상상에 의해서 이루어지는 표현으로 내면세계에 있는 것이 외부세계로 표출되면서 창조적인 사고와 상호 유기적 관계를 맺으면서 표현 활동의 결과로 나타나는 그림을 의미한다. 대체로 표현되는 내용이나 소재는 거의 유사한 형식을 보여 주고 있다.

엄마가 들려준 하늘나라 이야기, 옛날이야기, 동화책 속 이야기라든지 여러 가지 시청각 자료를 통해서 보았던 우주 세계 또는 꿈나라, 운동경기 등이 상상화의 주된 내용이다. 아동의 상상은 무한하여 어른의 눈에는 하찮은 것이라도 아동의 눈으로 볼 때는 무한한 상상력을 불러일으킬 수 있는 요인이 된다. 하늘에 떠 있는 구름 한 조각을 보더라도 '이것은 토끼, 저것은 공룡' 등 무엇이든 상상을 자극하는 훌륭한 상상화의 소재를 발견하고 그것을 그림으로 그리고는 만족해하며 즐거워하는 것을 볼 수 있다. 교사는 바로 이러한 아동의 무한한 상상의 나래를 마음껏 펼칠 수 있도록 그들을 자극하고 흥미를 고조시킬 수 있게 자유롭고 즐거운 분위기를 최대한 만들어 주어야 한다. 그림의 기술적인 면이나 객관적인 사실 묘사를 기대하지 말고 아동의 자유롭고 활기찬 표현활동을 도와주고 부추겨주는 간접적인 조력자로서 격려와 칭찬을 아끼지 않는 것이 최고의 지도방법임을 아는 것이 무엇보다 중요하다.

▼ 풍선 여행(7세 남아)

현실성을 바탕으로 한 상상 표현

유치원이나 가정 또는 미술대회 등에 가보면 교사나 부모가 아동의 손을 잡고 그림을 그려 주거나 이것저것 간섭하는 것을 흔치 않게 볼 수 있다. 이것은 아동의 활동에 찬물을 끼얹는 좋지 않은 행동이다. 오히려 아동의 자유롭고 풍부한 상상의 틀을 깨는 것이며, 아동 스스로가 자신의 문제를 스스로 해결할 수 있는 능력을 배제하고 의존이라는 아주 좋지 않은 습관에 길들여지는 결과를 가져온다.

산업 개발이라는 기치 아래 고도성장으로 치닫던 시대에 만들어진 "결과가 좋으면 모든 것이 좋다!"라는 말은 아직 사라지지 않고 지금의 젊은 부모 세대에 답습된 결과이다. 이것은 분명 우리 사회의 잘못된 가치관에서 연유하는 것으로, 결코 바람직한 행동이 아니라고 생각하는 부모의 인식이 필요하며, 아동의 먼 장래를 염려할 때 긍정적인 면보다 부정적인 요인으로 작용할 소지가 크다는 점을 깨달아야 한다.

(2) 공상화(空想畵)

상상화와 거의 같은 의미로 이해되고 있으나 상상화가 현실성을 바탕으로 하는 것이라면 공상화는 현실성이 배제된 황당무계한 내용이 공상화의 소재가 되는 경우이다. 사후세계, 즉 천당이니 극락이니 하는 천국이나 지옥을 그린 것이 여기에 속한다. 동양 문화권에서 많이 나타나는 용이나 봉황, 해태 등도 공상 세계의 동물이고 이러한 것들이 소재가 되었을 때도 공상화에 속한다.

현대 추상회화의 거장 미로(Miro)나 샤갈(Chagall)과 같은 작가가 꿈의 세계나 비현실적인 광경을 표현한 것은 아동화에서 보이는 특징을 바탕으로 그들 작품세계의 구성 원리로 삼은 것이라고 한다. 바로 아동의 뛰어난 감성이 어른의 세계에서는 감히 생각조차 할 수 없는 훌륭한 조형 세계로의 안내 역할을 하였고, 또한 그것을 적극적으로 활용한 좋은 예라고 할 수 있다. 이렇듯 아동의 감성은 자유분방하면서도 독특한 특성을 보여주며 이것이 표현활동에 그대로 옮겨지게 된다.

▼ 마법의 신발을 신고(7세 여아)

비현실 세계를 표현한 공상화

▼ 마르코 샤갈 〈에펠탑의 신랑신부〉 ▼ 존 미로 〈여류시인〉

이들의 추상작품은 아동화의 특징에서 구성 원리를 찾았다고 알려지고 있다.

(3) 생활화(生活化)

아동이 현재 살고 있는 주변 환경이나 생활 자체가 그리기의 소재가 되는 것을 의미한다. 일상생활에서 얻은 경험이나 보고 느낀 것이 표현의 직접적인 동기가 되는 경우가 많다.

▼ 윷놀이(7세 여아)

일상생활이 그리기의 동기가 되는 생활화

생활화 그리기에서 아동의 흥미를 끌 수 있는 것으로는 유치원 생활에서 즐거웠던 경험이나 집에서 있었던 일, 동네 골목에서 친구들과 재미있게 놀았던 일 또는 야외에 놀러 가서 보았던 여러 가지 자연 현상의 변화 등이 있으며, 이러한 경험을 동기 유발의 방법으로 제시하는 것이 좋다. 교사는 재미있는 이야기로 꾸며서 아동이 평소에 경험하고 느낀 감정이 자연스럽게 배어 나오도록 유도함으로써 더욱 생명력 있는 표현이 되도록 하는 것이 중요하다.

표현내용이 빈약한 아동에게는 재미있는 이야기와 경험의 덩어리로 뭉쳐져 있는 것을 밖으로 끄집어내게 하고, 산만한 아동에게는 집중력 있게 활동할 수 있도록 부추겨주고, 소극적이고 내성적인 아동에게는 적극적이고 열성적인 활동이 되도록 용기를 북돋워 주어 자신의 생활을 거리낌 없이 발산하고 표현하도록 도와주는 지도기술이 필요하다.

(4) 환상화(幻想畵)

그림을 구성하는 전체적인 분위기가 신비함과 화려함, 비현실적인 것들이 서로 어울려 현실 세계에서 일상적으로 볼 수 없는 독특한 양상을 보이는 것이라 할 수 있다. 밤에 불꽃놀이를 본 광경이나 회전 그네나 바이킹을 타면서 빙글빙글 돌아가는 느낌을 나타내거나 도시의 찬란하고 화려한 야경, 아침 해가 떠오르면서 또는 석양에 온 세상을 붉게 물들이는 일출과 일몰의 신비로운 광경 등은 아동에게 새로운 느낌과 감동을 주는 것들이다. 이러한 환상적인 것들이 아동의 그리기 활동에 소재로 활용될 때 경험의 세계와 조형의 폭을 더욱 넓혀주는 계기가 될 수 있다.

▼ 불꽃놀이(8세 여아)

환상적인 불꽃놀이의 감동을 표현

(5) 기억화(記憶畵)

생활화는 경험이 주된 활동 동기가 된다고 하였다. 생활화가 그다지 오래되지 않은 경험을 소재로 하는 것이라면, 기억화는 비교적 시간이 어느 정도 흘러간 경험을 기억해서 그리는 활동이라고 할 수 있다. 여기서도 경험이 가장 주된 소재가 되며, 그것을 표현의 바탕으로 삼는다.

먼 곳에 기차를 타고 여행을 다녀와서 여행 중에 보았던 아름다운 풍경, 재미있었던 풍물이나 풍습 등이 주된 소재가 된다. 특히, 요즘과 같이 아동을 동반한 해외여행도 빈번한 추세에서 해외여행의 경험에서 얻은 다른 나라의 여러 가지 풍경이나 흥미를 끌었던 것을 기억하고 표현해 본다든지, 유치원에서 동물원 견학을 다녀와서 여러 가지 동물을 보고 느꼈던 감동을 되살려서 표현하는 활동이라고 보면 되겠다.

아동은 여러 가지 상황에 부딪히면서 경험하는 것이 기억 속에 쌓여간다. 그것은 곧 하나의 지식이 되고 이것이 쌓여서 아동의 성장 발달을 가져오게 하는 요인이 되는 것이다. 바로 이렇게 간직한 기억이 표현활동을 통하여 되살아나고 다시 기억으로 유도된 경험은 더 확고한 지식으로 쌓여 간다는 의미를 담으며, 아동의 미래를 긍정적인 방향으로 이끄는 바람직한 활동으로서의 가치를 지닌다고 볼 수 있다.

▼ 그네(7세 여아)

나무에 달린 그네를 탔을 때의 감동을 그린 기억화

(6) 사생화(寫生畫)

▼ 해바라기(8세 여아)
유치원 화단에 핀 해바라기를 관찰하며 그린 사생화

그리려는 대상물을 관찰하면서 나타내는 것을 의미한다. 유치원생이나 초등학교 저학년에 해당하는 아동에게는 사실상 무리한 활동이다. 아동은 보이는 사물을 표현하는 것이 아니라 알고 있는 것을 표현하는 특성이 있기 때문이다. 따라서 외부 세계의 대상물은 그림의 주제에 대한 암시 효과에 불과한 것으로 인식하므로 사생화라 하더라도 아동 대부분은 자신의 상상이나 경험, 기억에 의존하는 표현을 보인다.

아동의 사생화는 자연이나 대상물에 대한 인식의 발달과 관찰력을 키워 주기 위한 훈련의 방법으로, 실내에서 일상의 대부분을 보내는 아동에게 신선한 자연을 접하면서 새로운 표현의식을 배양한다는 뜻에서 활동의 의미를 찾아보는 것이 바람직하다. 앞에서 지적하였듯이 어디까지나 아동의 활동에 대한 특성의 이해를 전제로 하여 닮게 그리는 것이 좋은 그림인 양 시각적인 것에 충실한 사실화를 강조하는 것은 오히려 아동의 표현의욕을 저하시키는 것이므로 특히 유의하여야 한다.

(7) 자유화(自由畫)

주제나 재료에 대한 제한을 전혀 두지 않는 그리기 활동을 의미한다. 아동의 자유로운 활동을 존중하고 표현욕구의 충족이 최대의 관심사이다. 형태가 있든, 형태가 없는 추상적인 것이든 제한을 두지 않고 아동의 순수한 내면세계의 표출로 유도되어야 하는 것이다. 음악을 들려주거나, 시청각 자료를 활용하거나, 이러한 것을 보고 들은 것에서 아동의 감동을 도출하고, 그것을 표현하게 하는 활동으로 이루어져야 한다. 그야말로 아동의 순수한 활동을 중심으로 다양한 재료나 표현방법으로 유도하고, 즐겁고 자유로운 활동이 되도록 지도하는 것이 중요하다.

또한, 아동의 잠재된 창조의식과 새로운 것에 대한 끝없는 도전의식을 키워 가는 데 초점이 맞추어져야 한다. 어떠한 지시나 간섭에서 벗어나 자신이 나타내고 싶은 욕구를 조금도 거리낌 없이 자유스러운 분위기 속에서 마음껏 표출할 수 있을 때, 자신의 미래에 대한 자신감과 희망 · 용기를 키워나갈 수 있으며, 그것이 적극적인 삶을 대비하는 기조가 된다.

▼ 숲속에서(7서 남아)

숲속에서 즐겁게 놀았던 즐거움을 거리낌 없이 자유롭게 그린 자유화

(8) 협동화(공동화)

여러 명의 아동을 분단으로 나누어 활동하는 공동작업을 의미한다. 아동화의 형식에서 소개되었던 것으로 커다란 도화지를 중앙에 두고 여럿이 둘러앉아 그리게 하는 활동에서 사회성의 발달을 기하고, 자아의 발견을 통해서 개성을 키워가는 효과를 기대해 볼 수 있다. 공동의 주제를 놓고 그리기를 하거나 아동 각자의 생각을 큰 도화지 위에 펼쳐 보임으로써 전체에서 차지하는 자신의 비중을 스스로 인식할 기회가 되기도 한다는 측면에서 주의 깊게 살펴볼 수 있는 활동이기도 하다. 이것의 여러 가지 효과나 의미에 대해서는 이미 아동화의 형식에서 제시한 것이므로 여기서는 생략한다.

▼ 우리 마을(7~8세 남녀 아동 5명 공동제작)

주제에 따라 각자의 역할을 제시하고, 종이를 돌려가며 그리거나 전체 윤곽만 그린 밑바탕 그림을 나눠 주어 각자 색칠하게 하여 합치는 방법의 협동화 그리기도 있다.

2) 재료와 기법에 의한 그리기 영역

(1) 도화지의 의미

종이는 아동 미술활동에서 가장 일반적이고 기초적인 표현재료이다. 도화지라고 불리는 흰색 켄트지가 그리기 활동에 보편적으로 이용되는 재료라는 것은 모두가 공감하는 보편적인 인식이다.

요즘은 거의 모든 유치원이나 초등학교에서 주로 흰색 종이로 만든 스케치북을 기본적으로 준비한다. 그렇다 보니 그림은 으레 흰색 종이에 그린다는 것이 상식화된 개념이다. 반드시 흰색 켄트지나 스케치북에 그려야 한다는 생각은 아동 미술활동에서 일찍부터 교육을 통해서 인식을 깨트려야 할 고정관념이다. 현대미술에서는 이러한 상식화된 개념을 뛰어넘어 그림은 어느 곳이나, 어떤 재료로 그려도 훌륭한 작품이 될 수 있다는 사고가 널리 확산되고 있어서 이러한 고정관념은 점차 사라지고 있다. 오늘날 현대미술가의 표현활동에서도 이러한 추세를 입증할 수 있다. 그것은 조형 활동 자체가 어떤 형식이나 수단에 얽매이는 것이 아니라 최대한 자유롭고 자연스러울 때 더욱 창조적인 것이 될 수 있고, 또한 창조적인 의식을 키울 수 있다는 의미가 있기 때문이다.

▶ 대지미술(미국 로버트 스미슨)

현대미술은 장소나 재료 등에 구애받지 않는다. 대지미술은 해변의 모래밭을 갈거나 다른 재료를 쌓아 표현하는 방법 등 거대한 대지를 표현의 캔버스로 삼았다고 해서 붙여진 이름이다. 이러한 활동 의식이 아동미술에 적극적으로 활용되는 것도 새로운 창조의 가능성을 키우는 길이다.

신문지, 포장지, 포장 상자, 합판, 사포, 천, 마대 등 우리 생활 주변에 널려있는 모든 것이 표현재료가 될 수 있다. 그러므로 그림은 반드시 종이에 그려야 한다는 재료에 대한 고정관념이나 제한성을 깨뜨리는 의식이 아동 미술활동에서도 강조되어야 할 점이자 개선점임을 인식해야 한다.

(2) 소묘와 채색 재료

도화지에 대한 고정관념의 탈피라는 뜻과 맥을 같이하는 의식 개선이 따라야 하는 부분이다. 아동미술에서 전통적 · 일반적인 표현 재료로 연필, 크레파스, 색연필, 포스터물감을 들 수 있다. 선묘나 소묘에서 흔히 생각할 수 있는 것이 4B 연필이고 채색은 크레파스라는 고정관념이 우리의 학교 교육에서 정석처럼 되어 버렸다.

우리나라 학교 교육에서 유치원이나 초등학교 저학년까지는 크레파스가 일반적인 채색 재료이며 그 이상의 과정에서는 수채물감이 주재료로 정착된 이유가 도무지 이해되지 않는다. 특히, 유치원이나 초등학교 저학년의 크레파스 사용은 아마도 아동이 다른 채색 재료는 가지고 다니기 불편하다거나 관리 미숙으로 자주 파손되는 경우가 있어 이를 예방할 수 있고 쓰기에 편리하다는 것에 초점을 맞춘 결과가 아닌가 짐작된다. 크레파스가 아동에게 저항을 적게 주는 편리한 재료로 인식한다면 그것은 잘못된 생각이다. 표현 재료에서 크레파스만큼 저항이 큰 재료도 드물다는 사실은 대부분 모르고 있다. 어른이라도 채색하기 위해 크레파스를 문질러 보라! 그것이 얼마나 힘든 재료인지 쉽게 느낄 것이다. 분명히 재료에 대한 새로운 인식이 필요하다. 선묘나 소묘에서도 반드시 연필을 이용해야 한다는 법칙은 없다. 채색 재료에 대한 것도 마찬가지이다. 숯이나 먹물을 찍은 나무젓가락, 풀잎을 짓이긴 풀물, 황토를 갠 물 등 주변을 둘러보면 연필과 크레파스, 물감을 대신할 수 있는 재료는 얼마든지 있다.

이처럼 우리가 전통적으로 사용하는 표현 재료에 대한 기존의 틀을 벗어나 바라보면 새로운 재료가 무수히 많다는 사실을 발견할 수 있다. 바로 이러한 틀에서 탈피할 때 아동에게 더욱 자유로운 활동으로 유도할 수 있으며, 나아가 아동의 무한한 가능성과 새로운 것에 대한 탐구의식을 키워 주고, 창조를 향한 진보적인 생각을 심어 줄 수 있다.

▼ 숲속에서(7세 남아)

붙이기, 그리기 등 여러 가지 재료를 이용한 표현

(3) 스크래치(Scratch)

종이 위에 명도가 높은 밝은색을 여러 부분으로 나누어 채색하고 그 위에 검은색 같은 어두운색으로 전체를 덧칠하여 칼이나 송곳 등의 뾰족한 도구나 손톱을 사용하여 긁어 그리는 기법이다. 유치원이나 초등학교 저학년에서 흔히 사용하는 방법으로, 긁어 그린다는 그 자체가 아동의 흥미를 유발시킨다.

▼ 불꽃놀이(8세 남아)

긁어 그리기 기법을 이용한 표현

밝은 색상지 위에 어두운색을 덧칠하여 긁어도 좋은 활동이다. 너무 큰 종이는 아동이 덧칠하는 과정에서 힘들면 저항감을 줄 수 있으므로 가급적 작은 도화지를 이용하는 것이 바람직하다.

덧칠용 재료는 보통 크레파스를 많이 이용하며 주로 선화로 나타내는 활동에 적합하다. 면으로 나타내는 것은 어린 아동에게는 아직 무리라는 느낌도 있지만 어두운 밤 풍경에서 느낄 수 있는 다양한 감동을 표현하는 데 무척 효과적인 방법이다. 요즘은 이런 스크래치용 도화지도 생산되고 있어 비교적 어린 또래들이 긁어 그리기의 재미를 느낄 수도 있다.

(4) 콜라주(Collage)

화면에 여러 가지 재료를 붙임으로써 어떤 효과를 얻는다는 의미이며, 현대 추상화가의 작품제작에 많이 활용되었다. 평면적인 화면에 입체적인 것을 붙여 나타내기도 하고, 헝겊이나 신문지 등을 이용하여 특수한 효과를 위해 이용하기도 한다. 생활 주변에서 쉽게 구할 수 있는 모든 재료가 콜라주 재료가 될 수 있고, 여러 가지 접착제를 사용하여 그리기 활동과 연계하여 사용하면 효과가 큰 활동이다.

아동은 무엇을 붙이는 활동에는 미숙함이 많아 다소 지저분한 양상을 보이더라도 그것에 개의치 않고 즐거워하는 것을 보면 붙이기를 통한 자기표현이라는 새로움에 많은 흥미를 느낀다는 것을 알 수 있다.

새로운 표현의 경험을 쌓는다는 의미와 다른 재료들이 서로 어울려 독특한 분위기를 연출할 수 있는 방법을 체험하도록 하는 데 좋은 활동이며, 재료에 대한 개념화를 깨고 재료 지배능력을 키울 수 있다는 의미에서 바람직한 활동이다.

▼ 풍선여행(7세 여아)

▼ 신문을 읽는 아빠(7세 남아)

주변에서 쉽게 구할 수 있는 재료를 이용해 콜라주 기법을 표현해 보는 것도 아동에게 좋은 경험이다.

(5) 모자이크(Mosaic)

과거 중동이나 유럽에서 건축에 많이 이용했던 것으로, 지금도 건축물 내・외부를 장식하기 위해 모자이크 타일을 이용하는 것을 흔히 볼 수 있다. 아동 미술활동에서 주로 많이 사용하는 방법은 색종이 모자이크이다. 색종이뿐만 아니라 생활 주변의 모든 물질이 재료가 될 수 있다. 병뚜껑, 단추, 달걀 껍데기, 모래, 톱밥 등을 밑그림 위에 접착제로 붙여 화면 전체를 메워나가는 것으로 아동에게는 비교적 면적이 작은 화면을 이용하는 것이 저항감을 줄이고 흥미를 지속시키는 활동이 될 수 있다.

▼ 우주선을 타고(7세 여아)

색종이를 이용한 모자이크는 붙이기 놀이로써 즐거운 활동이 된다.

(6) 문지르기 그림(Frottage)

얇은 종이를 질감이 두드러진 물체 위에 덮어 놓고 연필이나 파스텔, 크레파스 등으로 문질러서 찍어내는 활동으로 흔히 탁본이라고 알려진 활동이다.

종이는 가급적 잘 찢어지지 않는 탄력 있는 것이 좋다. 동전이나 나뭇잎, 나무껍질 등을 이용하여 찍어내기를 하면 아동은 또 다른 경험이어서 많은 흥미를 보일 것이다. 탁본 하는 것처럼 먹물을 이용할 때는 물체의 표면에 얇은 종이를 덮고 스펀지나 부드러운 화장지 등을 이용하여 가볍게 두드려서 물체의 질감이 나타나도록 해보는 것도 좋은 방법이다.

▼ 계단(6세 남아)

콘크리트 계단에 크레파스로 문지르기 기법을 이용한 표현

(7) 마블링(Marbling)

물과 기름의 반발성을 이용하여 나타내는 방법으로 우연의 효과를 노린다는 의미가 있다. 요즘은 마블링용 재료가 많이 나와 있어 재료를 준비하는 데 그다지 어려움이 없고 아동의 새로운 조형 경험을 제공해 준다는 데 뜻을 두어야 하겠다.

▼ 물고기들(6서 남아)

마블링으로 만든 종이를 오려 붙인 것으로
아동에게는 무척 생소한 표현방법이다.

큰 대야에 물을 가득 담고 그 위에 마블링용 물감이나 먹물 또는 유성 페인트 등을 떨어뜨리면 물의 유동에 따라 여러 가지 우연적인 무늬가 나타나는데, 그 위에 흡습성이 좋은 종이를 덮어 떠내기를 하는 것으로, 아동에게는 비교적 저항감을 주지 않고 즐거움을 주는 활동이다. 그리기 활동에서 반드시 붓을 들고 직접 손으로 그리는 것만이 표현방법이 아니라 이와 같은 우연의 효과도 미술활동에서는 나타내기로 이어지는 하나의 멋진 방법이 될 수 있음을 체험하는 기회가 된다.

(8) 물감 떨어뜨리기(Dripping)

비교적 묽은 물감을 붓에 찍어 떨어뜨리거나 스포이트를 이용하여 방울로 떨어지게 하는 방법이다. 각기 다른 색깔의 물감 방울이 떨어지면서 서로 엉키게 하여 독특한 우연의 효과를 노리는 활동이다. 아동에게 그다지 저항감을 주지 않는 활동으로, 물감을 떨어뜨리지 않고 붓에 묻혀 뿌리거나 칫솔에 묻혀 치기, 스프레이 용기에 물감을 넣고 분무하여 나타내는 것도 흥미를 불러일으키는 새로운 활동이 될 수 있다.

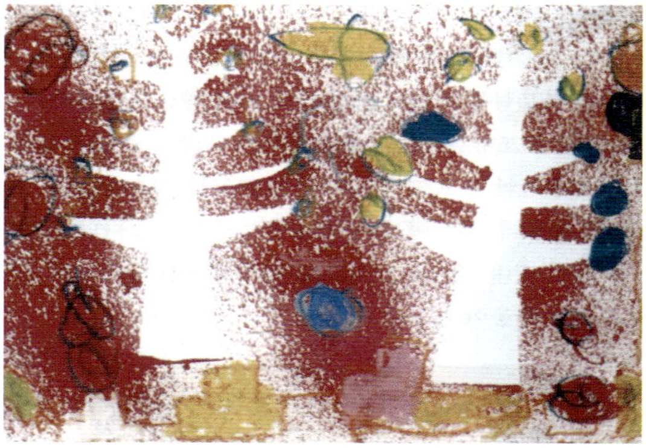

▼ 과수원(6세 남아)

종이에 그리고 나무를 오려 붙여
그 위에 물감 떨어뜨리기와 뿌리기를 이용한 그림

(9) 물감 불기

묽은 수채물감이나 먹물 등을 도화지에 떨어뜨려 입으로 불어보는 활동이다. 입김의 강약이나 부는 방향에 따라 여러 가지 우연적인 효과가 나타난다. 여러 가지 색깔을 이용하여 입으로 불어서 뻗어 나가는 우연적인 선들이 서로 교차하는 과정에서 혼색의 효과가 나타나기도 하고 선의 뒤엉킴에서 새로운 시각효과를 얻을 수도 있다. 경우에 따라서는 불어서 나타난 우연한 형태를 적절히 이용하여 붓으로 살짝 그려 넣거나 찍기를 곁들이면 또 다른 새로운 분위기를 만들 수 있다. 이 활동은 불기 작업을 수반하여 너무 오래 불면 머리가 아픈 경우가 있으므로 비교적 짧은 시간에 이루어지도록 하는 배려가 필요하다.

▼ 단풍나무(8세 남아)

물감을 떨어뜨리고 퍼져나가게 불기를 한 후
우연히 만들어진 형태를 적절히 이용하여 단풍나무 잎을 붙여 표현한 그림

(10) 수묵(水墨)으로 나타내기

우리나라 전통회화의 맥을 이루고 있는 화법이라고 할 수 있으며 우리의 전통을 경험하게 한다는 의미에 중점을 둘 수 있는 활동이다. 언제부터인지 우리나라 학교에서 이루어지고 있는 미술활동은 기법이나 재료에 있어서 거의 서양식 표현방식이 그 주류를 이루고 있으며, 교육과정에서도 우리의 전통회화부문이 있기는 하지만 실제 학교 수업에서는 아동에게 충분한 경험의 기회를 제공해 주기가 어려운 실정에 있음을 보게 된다.

저자가 대만이나 일본, 중국의 교육현장을 둘러보고 회화 활동에서 모두 자기 나라 전통화법이나 재료에 기반을 두고 표현활동을 지도해 나가고 있음을 보고, 우리의 미술교육이 하루빨리 개선돼야겠다는 생각을 떨칠 수 없었다. 우리의 훌륭한 전통을 두고도 서양식의 미술활동이 주류를 이루고 있는 것은 미술교육에 대한 새로운 관점과 가치의 정립이 어느 때보다도 필요하다는 생각이다.

▶ 가을들판(7세 남아)
먹물로 윤곽을 그리고 모래와 수채물감으로 표현한 그림으로 우리의 전통물감을 접하는 기회가 된다.

이러한 의미에서 볼 때 아동에게 우리의 전통회화기법이나 재료를 경험시켜 준다는 데 뜻을 두어야 할 것이다. 먹물을 이용하여 전통 붓으로 선 긋기를 해보거나, 먹의 농담에 따라 어떠한 변화를 보이는지를 느껴보게 하는 것도 좋은 방법이다. 물론 준비 과정이나 재료 준비가 다소 번거롭다는 어려움이 있지만, 연구해 보면 간편하고 효과적인 활동 방법을 얼마든지 찾을 수 있다. 요즘에는 간편하게 수묵으로 그리기를 할 수 있는 붓펜이 개발되어 있기도 하고, 갈아서 모은 것 같은 진한 먹물을 용기에 넣어 팔기도 한다. 재료나 활동 준비에 번거로움을 피할 수 있고, 아동의 정서에 알맞게 화선지로 된 연습장도 쉽게 구할 수 있어 우리의 전통 회화를 경험할 기회를 얼마든지 마련할 수 있다.

(11) 간이 판화

아동에게 간단한 방법으로 판화의 경험을 갖도록 하여, 회화의 한 형식인 판화의 특성과 가치를 느낄 수 있도록 하는 데 의의가 있다. 물감을 손바닥에 묻혀 종이에 찍어 눌러본다든지, 여러 가지 사물을 이용하여 찍어보는 등 판화의 간접 표현에서 얻어지는 감동을 스스로 느끼게 해보는 것은 매우 뜻있는 활동이다. 이러한 의미에서 아동이 그다지 큰 부담을 느끼지 않고도 판화의 즐거움을 맛볼 수 있는 활동들을 제시해 본다.

❶ 사물로 찍기(Stamping)

생활 주변에 있는 여러 가지 사물을 이용하여 표면에 판화용 잉크나 포스터물감을 칠하여 찍어보는 활동이다. 앞서 소개한 문지르기 기법과 유사한 점이 있으나 여기서는 사물 표면에 직접 물감을 발라서 찍어보는 방법이다. 이 활동은 각 물체의 다양한 질감을 적절히 이용하여 판화의 대표적인 특성인 간접 표현의 느낌을 경험할 수 있는 것으로, 아동에게 새로운 즐거움과 찍어서 나타난다는 기대감을 충족시키는 즐거운 활동이다.

나뭇잎, 돌, 풀잎, 조개껍데기 등과 같은 자연물을 이용하는 것과 못, 열쇠, 병뚜껑, 골판지 등의 인공물을 이용하는 방법이 있으며, 얇고 흡수성이 강한 부드러운 종이를 이용하면 한결 선명한 효과를 얻을 수 있다. 한 물체의 표면에 여러 가지 색깔을 채색하여 나타내보는 것도 즐거움을 한층 더해 주는 활동이 될 것이다.

▼ 오징어(6~7세 아동 3명 공동작업)

생오징어에 직접 먹물을 발라 찍어 말린 다음 여러 가지 물고기를 그려 넣은 그림이다.
나뭇잎이나 꽃잎, 사인펜 뚜껑 등으로 물감을 묻혀 찍어도 아동은 색다른 즐거움을 느낄 수 있다.

❷ 스텐실(Stencil)

아동이 공판화에 대한 방법과 원리를 경험하게 하는 활동이다. 그다지 두껍지 않은 켄트지 등을 이용하여 밑그림을 그리고 칼이나 가위로 오려낸 다음 이것을 다른 도화지 위에 올려 테이프로 고정하고 잉크나 물감을 묻힌 롤러로 밀어보거나, 물감을 물에 개어 분무기에 넣고 뿌리거나 도색용 스프레이로 뿌려 본다. 또는 채를 이용하여 물감을 묻힌 칫솔로 문지르거나 물감을 묻힌 두 개의 칫솔을 서로 비벼서 물감을 뿌리거나 스펀지에 포스터물감 등을 묻혀 오린 모양 위에 가볍게 두드려 충분히 물감이 칠해진 것을 확인한 후 오린 종이를 떼 내면 오려진 모양이 나타난다. 이처럼 오린 모양대로 나타나는 형태에 아동은 감탄하며 의욕적인 활동으로 즐거움과 감동을 만끽할 수 있는 활동이어서, 특히 유치원이나 초등학교 저학년에서 많이 활용하는 방법이다.

▼ 꽃나무(8세 여아)-컬러스프레이

▼ 빨간 꽃(7세 남아)-스펀지

풀잎과 종이 오리기, 컬러스프레이 등을 이용한 스텐실 표현도 즐거운 놀이이다.

❸ 모노프린트(Monoprint)

일회성의 평판화 활동이라고 할 수 있다. 유리판이나 아스테이지 위에 물감이나 판화 잉크로 자유롭게 그린 다음 그 위에 흡습성이 좋은 종이를 덮어 눌러 찍어보도록 한다.

아동이 판 위에 그린 것과 그것을 종이로 덮어 찍어본 것과 어떻게 다른 이미지로 전달되는지를 경험할 수 있는 활동이며, 판 위에 그린 그림과 종이에 찍힌 그림이 반대로 나타나는 모양에서 아동은 새로운 흥미를 느끼기도 한다. 재료나 기법상의 저항감이 별로 없으므로 어린 아동도 비교적 손쉽게 할 수 있다.

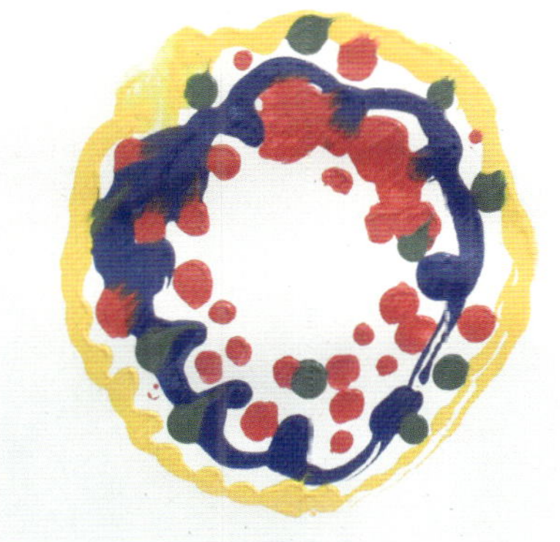

▼ 꽃 쟁반(7세 남아)-CD판에 수채물감 이용
모노프린트는 어린 아동에게도
거부감이 적은 표현기법이다.

❹ 스티로폼 판화

일정한 크기로 자른 스티로폼 위에 송곳이나 무딘 연필 끝으로 꾹꾹 눌러서 자유롭게 그린 다음 롤러나 넓은 붓으로 물감을 칠한 후, 흡습성이 좋은 종이를 덮어 손바닥으로 부드럽게 문질러 떼어 보면 그림 부분은 희게 나타나고 여백은 잉크색으로 채색되는 음각화 효과를 얻을 수 있다. 주변 쓰레기장에서도 가장 손쉽게 구할 수 있는 재료라는 점과 재활용의 산교육이 될 수 있다. 그다지 딱딱하지 않은 스티로폼의 특성을 이용한 재미있는 표현을 얻을 수 있어 아동의 정서에 잘 부합하는 활동이다.

▼ 아빠(6세 남아)
스티로폼을 이용한 간이 판화는
주변의 모든 재료를 표현에
활용할 수 있음을 알게 하는 경험이다.

❺ 투명화

물이나 공기의 느낌을 주기 위해 바닷속 풍경이나 물고기 그림, 우주 세계 등을 그린 후, 그 위에 투명 아스테이지나 비닐 등을 씌워 나타낸다. 재료 위에 반사되는 빛에 의해서 재미있는 효과를 낼 수 있어 그림을 마무리하는 방법에 따라 다양한 표현이 가능하다는 것을 경험하는 기회를 제공한다.

▶ 바다 세계(8세 여아)

바다 세계의 그림 위에 아스테이지를 씌워 물속의 느낌을 나타내었다. 이처럼 마무리 방법에 따라 재미있는 분위기를 만들 수 있음을 경험할 수 있다.

❻ 옷 가면 그리기

놀이공원 등에서 사진 촬영을 위해 만들어 놓은 옷 가면을 활용한 기법이다. 약간 두꺼운 종이 위에 자기가 평소에 입고 싶은 옷 모양을 그리고 좋아하는 색을 칠한 후 얼굴이 위치하는 부분을 둥글게 오려내어 만든다. 오려낸 구멍에 자기 얼굴을 넣어 다양한 옷차림으로 변신해 보는 방법이다. 특히, 변신 로봇이나 장난감을 가지고 노는 요즘 아동의 정서에 잘 부합하는 활동으로 그리기와 만들기가 병행하는 것이어서 아동에게 색다른 경험이 된다.

▼ 나 예쁘죠?(9세 여아)

놀이공원 등에서 본 경험을 활용한 것으로 주변의 모든 것이 발상의 소재가 됨을 알게 하는 기회가 된다.

(12) 새로운 기법의 연구

앞에서 소개한 이러한 그리기 활동 이외에도 교사가 다양한 각도에서 표현의 방법을 연구해 보면 얼마든지 아동의 흥미를 유발하는 활동을 찾을 수 있다. 요즘은 과거에 볼 수 없었던 다양한 표현 재료가 개발되고 있으며, 이러한 것이 아동 미술 활동에 적절하게 이용함으로써 바람직한 조형 의식을 배양할 수 있다.

21세기에 접어든 오늘날 더욱 차원 높은 아동의 창조성과 시대에 부응하는 다양한 기법의 연구가 요구되는 때이기도 하다. 오늘날 과학 문명에 의한 전자산업은 그 끝이 어디인지 가늠하기 어려울 정도로 엄청난 발전을 거듭하고 있다. 그렇다 보니 요즘은 유아를 대상으로 하는 컴퓨터까지 등장하는 세상이다. 이러한 첨단 전자기술문명을 바탕으로 하는 비디오 예술이나 컴퓨터를 활용한 시각 예술 등이 주목받고 있으며, 컴퓨터를 이용한 첨단 사고의 개발이라는 말까지 등장하고 있는 시대이다. 바로 이러한 시대에 부응하는 표현방법이나 기법이 연구 · 개발되어야 한다.

좋든 싫든 우리는 이러한 전자산업이나 신 기계문명 속에서 살아갈 수밖에 없는 것이 현실이고, 아동 또한 이러한 시대의 흐름 속에 교육받고 그것을 수용할 수밖에 없는 것이 사실이다. 머지않아 인공 지능이 일상에 활용되리라는 전망이 나오고 있고 상당수가 활용되고 있는 추세다. 컴퓨터를 이용한 아동의 자기표현이나 자기 계발을 돕는 활동에 대한 깊이 있는 연구는 끊임없이 이루어져야 한다. 앞으로 닥쳐올 최첨단 전자 · 기계문명이 사회를 지탱하는 미래세계를 대비한 인재를 기른다는 의미에서 미술교육의 변화는 피할 수 없는 시대적 요청임을 인식하지 않으면 안 될 것이며, 여기에 적극적으로 대처할 수 있는 미술활동 과정이 연구 · 개발되어야만 한다.

3) 그리기 지도의 유의점

(1) 아동이 활발하고 자유로운 분위기 속에서 그리기 활동에 흥미를 느끼고 적극적으로 참여할 수 있도록 도입의 방법을 연구한다.

- 주변 생활환경에서 일어나는 여러 가지 일에 대해서 서로 이야기 나누며, 활동에 대한 흥미와 관심을 높여 나간다.
- 참고 작품이나 시청각 자료, 실물 등을 제시하여 주제 선택에 참고할 수 있도록 하고 표현의욕을 높여 준다.
- 자기 스스로의 표현이 될 수 있도록 각자의 창조적인 의식을 일깨워 준다.

(2) 자기표현에 자신감을 느끼도록 하며 모방활동을 배제한다.

- 자기표현에 자신감을 느끼지 못하고 망설이는 아동은 개별적으로 이야기를 들려주든지 흥미를 부추겨 자연스럽고도 즐거운 분위기를 만들어 주어 적극성을 갖도록 해 준다.
- 우연의 효과를 권장하며 개념화된 기술이나 기법은 가능한 한 피해야 한다.
- 모방은 제2의 창조라고는 하지만 기초적인 표현방법을 효과적으로 익히기 위한 하나의 작은 수단으로 여겨야지 너무 그것에 치중하는 것은 매우 위험한 발상의 오류를 범할 수 있음도 알아야 한다.

(3) 다양한 재료를 사용하여 표현 효과와 새로운 경험을 접할 수 있도록 해 준다.

- 재료의 특성을 이해시키고 이러한 특성을 살릴 수 있도록 지도한다.
- 재료의 특성에 부응하는 활동을 위해 종이 크기나 소요시간 등을 적절하게 안배해야 한다.

(4) 적절한 자극과 칭찬으로 시종일관 흥미를 느끼고 활동에 적극적으로 참여하도록 유도한다.

- 칭찬과 격려는 아동의 활동 의욕을 조장하는 데 그 어떤 것보다 효과적임을 잊지 말아야 하며, 먼저 아동을 사랑하는 마음을 가질 때 칭찬과 격려의 말이 나온다는 사실에 유의하여야 한다.
- 아동의 흥미를 자극하는 데는 교사의 이야기나 표정, 행동 등이 많은 영향을 준다. 그러므로 교사는 흥미를 유발할 수 있는 여러 가지 기술 연구에 끊임없이 노력하는 자세가 필요하다.

6 만들기 활동(조소영역)의 영역과 지도

입체적인 감각을 통하여 창조의 즐거움을 느끼게 하고 하나의 놀이로서 조형 활동의 효과를 얻는 것이라고 하겠다. 사물을 다루는 능력이나 기술이 부족한 아동에게는 적당한 재료와 도구 등에 대한 신중한 배려가 필요하다. 너무 큰 재료나 무거운 것은 오히려 아동에게 저항감을 주어서 활동 의욕을 저하시키는 결과를 가져올 수도 있으므로 아동이 손으로 쥐기 적당한 크기나 쉽게 들고 사용할 수 있는 가벼운 재료들을 잘 활용하는 것이 좋다.

1) 재료에 따른 만들기 활동 영역

(1) 종이로 만들기

종이를 이용한 만들기는 아동에게 비교적 저항감을 적게 주는 재료이다. 그래서 아동의 만들기 활동에서 가장 손쉽게 접할 수 있고 즐거운 놀이로 활용할 수 있다.

- 종이 찢기: 아동의 파괴본능을 충족시키고 욕구불만을 해소하는 종이 찢기는 새로운 상상력을 키워 주는 데 긍정적인 영향을 주기도 한다.
- 종이 오리기: 여러 번 접은 종이를 가위나 칼을 이용하여 오린 후 펼쳐보면 재미있고 아름다운 무늬가 나타난다. 예상하지 못했던 여러 가지 문양으로 나타나는 종이 오리기 활동은 아동에게 새로운 느낌과 감동을 주며 창조의 즐거움을 주기에 충분하다.
- 종이 뭉치기: 화장지나 헌 신문지 등을 뭉쳐서 동물이나 과일, 사람을 만들어 그 위에 물감이나 색종이로 표면을 장식하는 것도 새로운 경험을 제공하고 아동에게 즐거움을 주는 좋은 활동이 된다.
- 종이 세우기: 종이를 반으로 접어 동물이나 사람을 오려서 세우기도 하고, 꺾거나 말아서 여러 가지 형태로 세워본다.
- 종이로 짜기: 돗자리 짜듯 종이를 길게 잘라서 가로 세로로 걸쳐 끼워 만든다.
- 종이 고리 만들기: 길게 자른 종이의 양 끝을 풀로 붙이기도 하고, 색종이 고리를 만들고 서로 연결하여 아름다운 장식으로 활용해 보기도 한다.

요즘은 종이접기를 통한 여러 가지 장식물을 만드는 재료를 많이 판매하고 있다. 대표적인 것이 종이학 접기나 종이꽃 접기 등 주제에 적절한 색과 크기로 생산되고 있는 재료를 적절하게 이용해 보는 것도 만들기 활동의 좋은 재료가 된다.

▼ 블링블링 옷가게(8세 여아)

색칠한 종이 상자를
여러 개 잘라서 붙여 만든 종이 공작

(2) 점토(지점토, 찰흙)공작

저항감이 가장 적게 느껴지는 재료로 아동의 만들기 활동에 흔히 이용한다. 손으로 주무르면 주무르는 대로 다양한 형태가 나오는 것이 아동의 정서에 매우 잘 어울리는 재료이다. 아동의 놀이로 활동에 이용하면 아동 대부분은 구척 즐거운 재료임을 깨닫고 적극적으로 활동에 참여할 것이다. 특히, 찰흙을 이용한 활동은 자연의 신선한 감촉과 냄새를 맡으면서 이루어지는 것이므로 자연으르의 회기 본능을 충족시켜주는 좋은 경험이 된다.

아동을 위한 놀이감이 부족한 시대를 살아온 어른들은 어릴 때 가장 좋은 놀이감으로 찰흙을 가지고 놀았던 경험을 상기해 보면 좋다. 적당하게 물을 타서 짓이긴 찰흙으로 배, 사람, 자동차, 비행기 등 마음먹은 대로 만들서 놀다가 싫증이 나면 언제든지 부수고 다시 물에 적셔 다른 것을 만들 수 있는 가변성이 뛰어난 재료였음을 기억할 것이다. 그래서 요즘은 유치원에서도 따로 찰흙 놀이를 할 수 있는 시설과 공간을 배려하여 활용하고 있는 곳도 있지만, 대부분의 유치원에서는 공간 확보의 어려움과 주변을 어지럽히고 옷을 더럽힌다는 이유로 이러한 활동을 회피하는 경우가 많다.

▼ 꽃 브로치(6세 여아)

▼ 화분(8세 남아)

고무 찰흙으로 만든 브로치와 지점토 화분은 아동에게
자신이 만든 것이 생활에 쓰일 수 있다는 성취감을 맛보게 한다.

바로 이러한 것이 아동에게는 즐거운 조형 활동이 되며, 또한 창조성을 일깨워주는 훌륭한 경험이 된다. 요즘은 이러한 경험을 유도하는 점토 놀이 재료가 많이 생산되어 구하기 쉽다. 지점토나 고무찰흙으로 그릇이나 인형을 만들어보는 활동들이 바로 이러한 만들기 체험을 제공하는 것으로 유치원이나 초등학교에서 많이 활용되고 있다.

(3) 자연물 공작

주변에서 일상적으로 볼 수 있는 나뭇잎이나 꽃잎, 나무줄기나 풀, 열매, 채소 등이 주된 재료가 되는 활동이다. 꽃잎을 실에 꿰어 꽃목걸이를 만들거나 솔방울이나 열매, 채소 등을 성냥개비나 나무젓가락 등으로 꽂아 동물이나 인형을 만들어보면 무척 즐거운 놀이 공작이 될 수 있다.

저자가 어린 시절에 마을 뒷산에 올라가 지천으로 널려 있던 여러 가지 야생화나 풀잎으로 꽃목걸이나 풀돗자리도 만들고 놀았던 경험이 새삼 떠오른다. 보리타작이 끝난 들판에서 밀짚을 이용하여 여치집도 만들고 칡넝쿨 모자도 만들어 머리에 뒤집어쓰고 보릿짚으로 쌓은 성에서 전쟁놀이를 하면서 해가는 줄 모르며 그렇게 어린 시절을 시골에서 보냈던 어른이라면 자연의 모든 것들을 이용하여 마음껏 동심을 키웠던 시절이 즐겁기만 하고, 아련한 향수에 젖게 하는 아름다운 추억으로 남아 있을 것이다.

▼ 사람들(7세 남아)

감자, 당근, 사과에 압정을 이용하여 사람 얼굴을 만들어 보았다.
이처럼 자연에서 볼 수 있는 모든 재료가 만들기 놀이 재료가 된다.

아동에게 자연을 직접 접해 보고 자연의 채취를 맛볼 기회를 제공한다는 의미와 아동의 마음에 감추어진 여러 가지 욕구와 갈등을 해소할 수 있는 가장 효과적인 재료가 될 수 있다는 의미에서 저자가 강의를 통하여 가장 강조했던 활동이다. 요즘 들어 전 세계적인 운동으로 확산되어 가고 있는 친환경운동은 바로 무분별한 산업개발로 파괴되어, 기상이변으로까지 이어지는 현실을 개선하고 파괴된 자연을 회복시키자는 좋은 사례다. 바로 이러한 자연을 되살림으로써 우리 살아가야만 하는 이 세상을 재인식하고 우리 인간은 자연을 떠나서는 결코 존재할 수 없음을 알게 하는 것은 오늘날 인류가 짊어진 새로운 가치가 되었다. 이러한 의미에서 아동에게 일찍이 자연의 소중함을 일깨워 줄 뿐만 아니라 자연을 이용한 창조의식을 키워 준다는 의미에서도 권장되어야 할 과정이다.

(4) 수수깡 공작

요즘은 천연 수수깡을 구하기 어렵다 보니 그것과 거의 유사한 공작용 수수깡 재료가 시판되고 있다. 수수깡을 서로 붙여서 새로운 형태를 창조해 낸다는 의미에서 오래전부터 권장된 재료라고 할 수 있다.

시골에 살면서 수수깡 안경을 만들어 끼고 서로를 쳐다보면서 즐거워했던 어린 날의 추억을 가진 사람들은 그것이 얼마나 즐거운 놀이였는지를 기억할 것이다. 이러한 만들기 놀이를 할 때 아동이 얼마나 흥미를 느끼며 즐겁게 활동할 수 있는지를 충분히 짐작해 볼 수 있다. 또한, 수수깡 비행기나 목이 긴 기린을 만들어 보기도 하고 재료에 여러 가지 색깔을 칠하여 장식적인 효과도 가미해 보면 아동에게 깊은 감동을 주는 또 하나의 즐거운 조형놀이임을 느낄 수 있을 것이다.

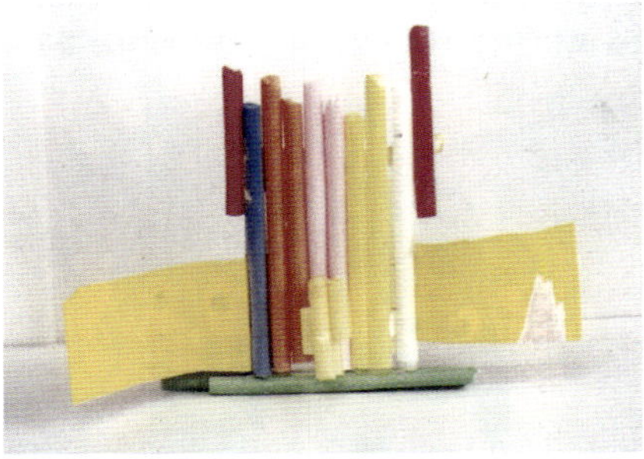

▼ 로봇(7세 남아)

수수깡을 이용한 만들기드 아동에게는 재료에 대한 폭넓은 이해를 돕는다.

(5) 폐품을 이용한 만들기

생활 주변을 둘러보면 빈 상자, 빈 병, 화장품 포장 상자, 요구르트병, 우유갑, 사발면 용기 등 헤아릴 수 없는 많은 폐품을 만날 수 있다. 바로 우리 주변에 지천으로 깔려 있는 이러한 폐품은 활용하기에 따라 훌륭한 조형물 재료가 된다.

빈 병에 종이나 지점토를 발라 인형이나 동물 등을 만들어 보거나 포장용 빈 상자를 철사나 테이프로 연결하고 종이나 포장지 등으로 표면을 꾸며 집이나 자동차 등을 만들어 보는 것도 훌륭한 미술활동이 될 수 있다. 버려지는 여러 가지 물건을 재활용하여 유용하게 쓸 수 있음을 아동이 깨닫게 하고 생활 주변의 모든 폐품이 창작의 좋은 재료가 될 수 있다는 의식을 심어 주는 데 매우 효과적이다. 아동에게는 저항감이 큰 재료일 수도 있지만, 이때는 교사의 적절한 지도와 조언이 필요하다.

미래는 환경과의 싸움이라 할 정도로 우리 주변이 쓰레기로 오염되고 있는 것이 사실이다. 자연물 공작에서도 이미 언급했던 얘기로, 우리나라에서도 매년 수많은 예산을 들여 환경 살리기 운동을 하고 있는 이때, 폐품을 이용한 자원의 재활용이라는 의식을 미술활동을 통하여 자연스럽게 심어 주고 쓰레기를 줄임으로써, 아동에게 미술활동으로서뿐만 아니라 환경보호라는 또 다른 의식을 심어 준다는 점에서도 분명 교육적인 효과가 크다. 어쩌면 미술활동의 근본적인 목표가 쾌적한 환경을 조성하여 생활의 질을 향상한다는 의미로도 생각할 수 있으므로, 이러한 폐품을

▼ 우리 가족(8세 남아)

▼ 친구들(7세 여아)

종이컵, 헝겊, 털실, 깨진 탁구공, 요구르트 병 등을 이용한 만들기.
자원절약 의식을 심어 준다는 의미에서도 바람직한 활동이다.

활용한 만들기 활동은 여러 가지 복합적인 뜻을 포함한다는 의미에서 많이 권유되어야 하는 활동이다.

(6) 공동제작

여러 아동이 서로 협동하여 어떤 주제에 부응하는 작품을 만들기 위한 활동이다. 공동제작이다 보니 활동의 전체적인 효과를 기하여야 한다는 특성이 개인 활동보다 더 강하게 요구된다. 가령 '우리 동네', '우리 유치원', '동물원' 등의 주제를 놓고 보면 우리 동네에는 집도 있어야 하고 나무, 자동차, 사람, 병원, 학교도 있어야 한다는 생각을 하게 된다. 비교적 두꺼운 빈 상자 등을 펼쳐 그 위에 켄트지를 바르고 길을 그려 전체의 거리 모양을 계획하게 한 다음 아동 각자가 맡은 부분에 따라서 활동하게 한다. 이때는 아동의 활동을 도와주는 교사의 조언이 필요하리라 본다. 길을 따라 각자가 능력에 알맞은 것을 만들어 세워 보거나 접착제로 붙여보기도 한다. 집이나 나무를 만들어 세워보는 등 평소에 유치원을 오가며 보았던 거리 모습이나 체험학습에서 보았던 경험 등을 바탕으로 자기가 할 수 있는 것을 만들어보는 것은 분명 새로운 흥미를 불러일으키기에 충분하다.

공동제작이라 하여 입체적인 것에만 집착할 것이 아니라 평면적인 그림을 오려서 세우거나 붙이는 정도가 아동의 능력에 적합하다는 점을 고려하는 것도 잊지 말아야 한다.

▼ 돼지 가족(8세 남녀 아동 6명 공동제작)

협동하여 만들기는 아동에게 공동체 의식과 협동심을 길러주는 데 도움을 준다.

아동이 공동제작에 참여함으로써 서로 도와가며 살아가는 공동체 의식과 사회성을 키워 준다는 의미에 초점을 둘 수도 있고, 여럿이 모여 하나의 창조적인 결과물을 만들 수 있다는 자신감을 느끼도록 지도하는 데 적절한 활동이라 할 수 있다.

이 밖에도 나무 공작, 꾸미기 공작, 헝겊 공작 등 다양한 재료를 이용한 활동을 얼마든지 생각할 수 있다. 요즘은 아동의 능력에 알맞게 석고 주조용 재료 등도 개발되어 있어, 과거에 어려운 과정으로 인식되어 유치원 등에서 기피하던 재료도 손쉽게 접할 수 있도록 개선되어 있으므로 얼마든지 다양한 활동으로 이끌어갈 수 있다.

만들기 과정에서는 아동에게 너무 어렵고 신체적으로 저항감을 많이 주는 것은 가급적 피하는 것이 바람직하다. 즐거운 놀이로서의 활동이 전개되어야 하며, 항상 아동이 신체적으로 연약하다는 점을 고려하는 교사의 세심한 배려가 뒤따라야 한다는 점을 잊어서는 안 된다.

2) 만들기(彫塑活動) 지도의 유의점

- 아동이 흥미를 느끼는 것에 의욕적으로 활동할 수 있도록 부추겨 주어야 한다.
- 만들기 활동을 통하여 입체표현의 경험을 쌓도록 한다.
- 점토 공작에는 주무르거나, 굴리거나, 비비거나, 누르기 등으로 만들기에 대한 흥미를 조장하고 또한 그러한 흥미와 충동을 부추겨 준다.
- 생활 주변에서 손쉽게 구할 수 있는 재료와 놀이의 요소를 살려가면서 표현 욕구를 자극하고 의욕적으로 참여할 수 있도록 한다.
- 아동의 정서에 가장 부합하는 재료의 발견과 저항감이 적은 기법을 통하여 즐거움을 주는 것이어야 한다.
- 특히, 찰흙공작은 아동의 정서에 잘 어울리는 재료가 된다. 가변성이 좋고 자연을 몸소 느낄 기회를 제공한다는 점에서 매우 권장할 만한 활동이다. 찰흙 공작에 필요한 특별한 시설이나 장소를 준비하는 것은 만들기 활동의 효과를 극대화할 수 있는 최고의 방법이라는 인식이 필요하며, 또한 그것이 바람직한 지도 방법임을 인식하는 것이 중요하다.

- 만들기 활동은 많은 쓰레기가 나오게 된다. 활동이 끝난 후 정리정돈을 잘하는 것도 미술활동의 바람직한 효과임을 알게 하고, 마무리를 깨끗하게 하는 습관을 키워 줌으로써 조형 활동뿐만 아니라 바람직한 사회인으로서의 태도를 배양하는 길이라는 것을 인식하는 것도 중요하다.

7 꾸미기(디자인) 활동의 영역과 지도

과거에는 그리기 영역 일부로서 도안이라는 과정으로 지도되던 꾸미기 영역이 하나의 독자적인 영역으로 그 폭이 확대되었고, 그것의 중요성을 강조하기 위하여 미술활동의 한 부문으로 정립시킨 것은 그다지 오래되지 않았다. 장래에 아동이 성장하여 올바른 공간감과 가치관을 갖추도록 하여 더욱 윤택한 생활을 영위할 수 있도록 초보적이나마 디자인에 대한 조형의식을 배양시키기 위한 연마과정이다.

아동의 무한한 상상력을 형상화하면서 정서의 순화를 꾀하는 것뿐만 아니라 회화나 조소에서처럼 느낌과 감동을 순수하게 주관적으로 펼쳐나가는 데 그치지 않고, 우리 생활의 필요성과 기능적인 면을 소재로 하여 합리적인 아름다움의 원리를 전제로 하는 또 하나의 미술 세계를 경험하게 한다는 데 그 뜻을 두었다고 할 수 있다.

꾸미기 활동에서는 어디까지나 성인이 꾸민 실용성이나 기술적인 면을 너무 강조해서는 안 된다. 다만 아동의 꿈을 일깨워 나간다는 의미로서의 활동이 이루어져야 하며, 활동 그 자체에 중점을 두어야지 필요성이나 기능적인 돈적을 달성하기 위하여 방법을 찾는 것에 치우쳐서는 안 된다. 이러한 의미에서 볼 때 꾸미기 활동을 통한 조형감각은 창조적인 의식으로 이어져서 합리적이고 과학적인 방법과 조화되어, 우리의 생활 문화를 한층 더 발전시켜 나가는 데 필요한 자질을 기른다는 점에 그 의미를 두는 것이 좋다.

1) 활동으로서의 꾸미기

(1) 구성(構成)

주변의 여러 가지 재료를 이용하여 손쉬운 방법으로 아름답게 시각적인 표현을 하는 것을 말한다. 무엇보다 구성에 대한 의미를 알게 하여 그것의 효과와 가치를 일깨워 주는 것이 선행되어야 한다. 구성은 모든 시각예술에서 그 형태와 색채가 조직되어 질서를 유지하면서 어떻게 새로운 아름다움을 만들어 나가는지를 생각하게 하는 조형상의 뼈대가 되는 것이다.

아동의 경우 구성의 원리를 구축적인 조형원칙으로 적용할 수는 없다. 다만 교사의 지도방법과 의도에 따라 그 원리를 분석하여 아동의 능력과 정도에 알맞게 제시해 주는 것이 바람직하다. 우선 아동에게 재료의 특성을 체험하게 하고 가급적 저항이 적은 재료를 이용하여 흥미를 부추기고 즐거운 놀이로서의 활동을 유도하는 것이 적절하다.

▼ 면 구성(8세 여아)

화면 나누기와 채색을 통하여 전체적인 조화를 고심하는 것은 꾸미기의 기본이다.

(2) 색과 무늬

색종이나 그림물감, 크레파스 등의 재료를 사용하여 자유로운 구성활동을 통해서 형과 색의 기초적인 관계를 알게 하여, 꾸미기에 대한 느낌을 향상시킨다는 데에 의미를 두는 것이 바람직하다. 아동에게 기본이 되는 색상을 알게 하는 것도 중요하며, 표준색상을 인식하도록 하는 것도 미술활동의 효과를 조기에 달성하는 길이 되므로 이에 대한 세심한 배려가 필요하다.

색종이를 찢거나 오려서 재미있는 모양으로 늘어놓아 본다든지 자유로운 여러 가지 형태의 선으로 모양을 그려보고 색칠을 한다든지 유사한 색이나 서로 차이가 크게 나는 색을 칠하거나 늘어놓아 본다든지 하여 색에 대한 더욱 폭넓은 인식의 발달을 꾀해야 한다. 이러한 활동들은 꾸미기의 가장 초보적인 의식을 심어 준다는 뜻에서 그 의의를 찾아볼 수 있으며, 자연스럽게 색과 무늬의 관계를 알 수 있도록 유도해 주는 활동으로 보는 것이 좋다.

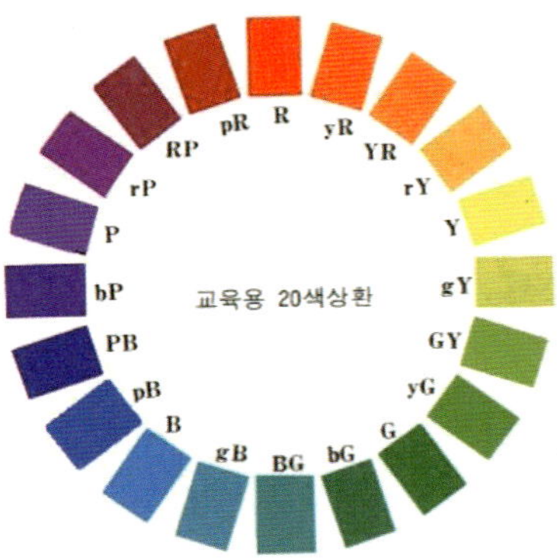

▼ 교육부 제정 20색상환

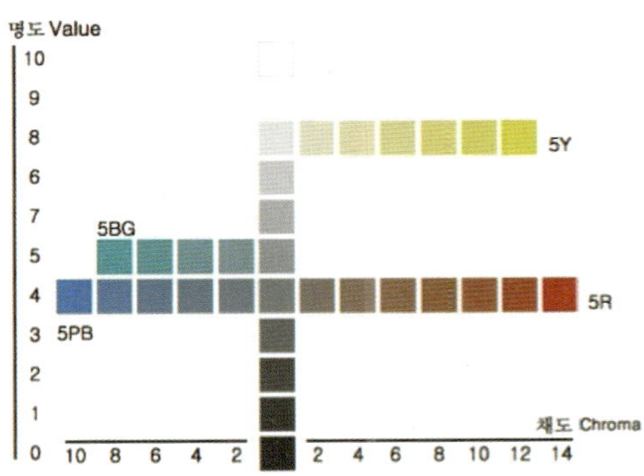

▼ 빨강과 파랑의 명도 · 채도의 변화

색채에 대한 기본적인 이해를 도와주는 것은 아동에게 필요한 생활의 기본을 알게 하는 것이다. 우리나라 교육부 제정 표준 색상표는 교사가 기본으로 알아야 할 내용이다.

2) 재료에 따른 꾸미기 활동 영역

(1) 종이 구성

아동에게 가장 저항감이 작은 재료이기 때문에 일반적으로 많이 활용한다. 종이 접기 · 감기 · 꼬기 · 주름잡기 · 자르기 등으로 서로 연결 또는 조합하여 입체물로 만드는 활동이다.

▼ 사랑의 모임(7세 여아)-종이접기

꾸미기는 아동의 생활질서를 익히는 한 방편이 되기도 한다.

두꺼운 종이를 가위나 송곳으로 금을 그어 접기도 하고 접착제를 이용하여 서로 붙이거나 고리를 만들어 연결하여 평면에 늘어 놓거나 붙여서 튀어나온 느낌이 나도록 구성해 보기도 하고 종이를 돌돌 말아 붙여서 꽃이나 새, 나비와 같은 자연물의 형태나 문양을 만들어 보면 흥미로운 구성이 될 수 있다.

가변성이 좋아 아동이 비교적 다루기 쉬운 재료이므로 꾸미기의 원리나 의식을 배양하는 데 효과적이며 표현의 질서가 많이 요구되는 활동이므로 아동이 장래에 갖추어야 할 생활질서를 키운다는 의미에서도 바람직한 활동이다.

(2) 사물을 이용한 구성

아동에게 평면적인 재료를 제공하여 입체적인 효과를 얻을 수 있도록 하는 데에는 상당한 어려움이 뒤따른다. 그것은 아직 입체적인 특성을 충분히 인식하지 못하는 아동의 조형심리 때문이다. 그러므로 아동의 표현능력과 발달능력을 적절하게 조화시켜 나갈 수 있도록 하기 위해서 효과적으로 활용할 수 있는 것은 생활 주변에서 손쉽게 구할 수 있는 입체적인 사물들이다.

크고 작은 종이상자, 나뭇가지나 열매, 생활에 사용하는 소품들에 이르기까지 거의 모든 물질을 미술재료화 할 수 있다. 이러한 것들을 이용하여 붙이거나 쌓거나 늘어놓아 새롭고 아름다운 형태로 만들어 나갈 때 그것은 집이 되기도 하고 로봇도 되며 인형이 되기도 한다. 때로는 표면에 포스터물감으로 색칠하기도 하고, 색종이나 헝겊을 붙여 장식하면, 더욱 흥미진진한 여러 가지의 조형물로 다시 태어나는 것을 보게 된다.

아동은 이처럼 여러 가지 재료를 가지고 활동하는 동안 입체적인 작업에 대한 도전적이고 활발한 표현의 즐거움을 누릴 것이다. 그리고 평소에 만지고 사용하던 물체들이 서로 결합하여 구성될 때 훌륭한 작품이 될 수 있다는 것도 인식하게 됨으로써 미적 감각을 높이는 데 효과적인 활동임을 스스로 깨닫게 되는 것이다.

▼ 거리모습(7,8세 남아 공동제작)

주변의 다양한 사물을 동원하여 만들어 본 입체평면구성의 예

만들기 영역에서 폐품을 이용한 활동과 같은 의미로 생각할 수 있지만 여기서는 입체형을 위주로 하는 것보다 평면 위의 활동이라는 뜻에서 비교적 규모가 작은 구성으로 분류해 보았다.

(3) 나무토막 구성

여러 가지 나무토막을 쌓거나 붙이거나 연결시켜서 새로운 표현의 경험을 발견해 내는 활동이다. 유아원이나 유치원에서 많이 하는 나무토막 쌓기 놀이도 이러한 활동에서 얻을 수 있는 효과를 달성하기 위한 하나의 방법이다. 나무젓가락, 성냥개비, 이쑤시개, 나무껍질, 대팻밥 등을 이용하여 판자나 합판 위 또는 두꺼운 상자종이에 접착제로 붙이거나 쌓아서 여러 가지 형태로 구성하게 한다. 물론 아동의 능력이 허용하는 범위 내에서 각종 도구를 사용하는 것이 바람직하다.

구성된 작품 위에 시각적인 효과를 더하기 위해 수성 페인트나 포스터물감으로 채색해 보는 것도 효과를 배가시킬 수 있는 좋은 방법이다. 요즘은 나무토막을 붙이는 데도 아동이 사용하기에도 별 어려움이 없는 강력 접착제나 나무 접착제가 개발되어 있어 쉽게 구할 수 있다. 아동에게 이러한 재료를 사용해 보게 하고, 체험을 통한 경험을 쌓게 하는 것도 조형 활동에서 노리는 큰 효과임을 알아야 한다.

▶ 성 쌓기(5세 남아)

나무토막 쌓기를 통하여 입체구성의 원리를 이해시키고 창의성을 키워 주는 데도 좋은 활동이다. 특히, 친환경적인 나무를 이용한 놀이는 아동 정서순화에 효과적인 재료이다.

옷이나 손을 더럽힌다는 이유로 기피하거나 소극적인 태도를 보인다는 것은 결코 바람직하지 못하다. 그것은 아동이 자라서 어른이 되었을 때 아무것도 할 수 없는 무능한 사람이 되기 십상이다. 스스로 문제를 해결할 수 있는 능력을 지금부터 쌓아나가야 한다. 또한, 창조성을 키워 준다는 의미에서도 다양한 물질이나 재료를 접할 수 있는 기회를 최대한 많이 제공해 줄 필요가 있다.

(4) 나무판에 실이나 철사 구성

과거에 우리의 일상에서 연료로 가장 많이 사용했던 것이 나무였다. 그러나 지금은 거의 모든 가정의 난방이나 취사연료가 가스나 전기로 바뀌다보니 집 주위에 버려지는 나무 판자나 합판, 각목 등 갖가지 나무 조각들이 부지기수이다.

어느 곳에서나 손쉽게 구할 수 있는 판자 조각이나 합판 조각을 이용하여 그 위에 못 등을 여러 가지 형태로 박고 실이나 철사 등으로 연결하여 입체적인 구성을 해보는 것도 아동에게 즐거움을 주는 좋은 활동이다.

판자에 미리 나타내고 싶은 형태를 그린 후에 그 형태를 따라서 못을 박거나, 실로 각 못을 연결하였을 때의 효과를 예상하여 못을 박고 실이나 철사로 연결해 보는 것도 좋은 활동이다. 굵은 철사, 가는 철사, 굵은 실, 가는 실, 색실을 이용한 색채의 효과 등도 생각해 보면서 다양한 형태와 색깔로 선 구성을 만들 수 있다.

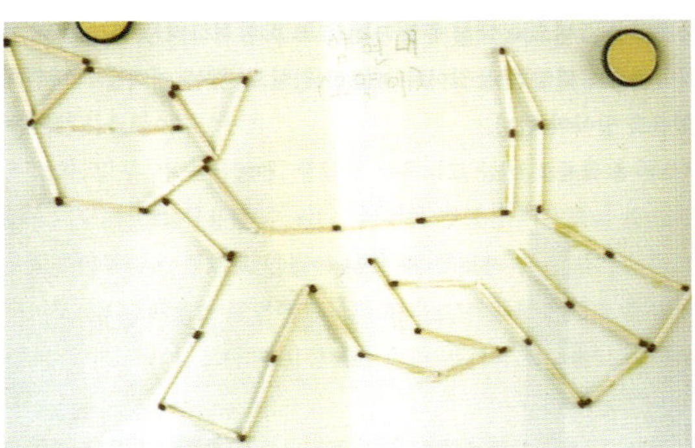

▼ 고양이(7세 여아)

성냥개비를 이용한 선재 구성도 재미있는 꾸미기 놀이가 된다.

이때 망치나 펜치 등의 공구를 사용해야 하는 경우도 있는데 이러한 활동을 통하여 일찍이 여러 가지 공구의 사용법을 익히게 하는 것도 또 하나의 효과를 얻을 수 있는 기회가 되기도 한다. 흔히 유치원이나 가정에서 아동의 안전을 위해 용구의 접촉을 차단하는 경우를 보게 되는데 이는 그다지 바람직하지 않다.

어릴 때부터 이러한 용구의 쓰임새와 사용방법을 익히게 하여 용구 사용의 경험을 제공해 주는 것은 더욱 긍정적인 활동의욕과 창조의식을 일깨워 주는 길이며, 생활인의 자세를 훈련하는 기회가 될 수도 있다. 망치질을 하다가 손을 다치거나 칼을 사용하다가 손가락을 베었다고 해서 용구의 접촉을 막는다고 해도 그 아동이 어른이 되었을 때 이러한 위험한 용구를 접할 기회가 평생 없을 수는 없다. 너무 안전 위주로 하다 보면 자유로운 활동의식을 키워 주는 데 걸림돌이 된다는 사실과 위험한 용구나 도구의 사용에서 시행착오를 거듭해 본 아동만이 그것을 활용할 줄 알고 그러한 위험을 뛰어넘는 용기를 가질 때 더욱 적극적인 생활태도를 기대할 수 있다.

용구나 도구 사용의 요령을 아동에게 주지시키면서 위험을 뛰어넘는 지혜와 방법을 스스로 터득해 나갈 수 있도록 해 주어야 한다. 이것은 더욱 효율적인 미술활동의 기틀을 마련하는 길이며 즐거움을 찾을 수 있는 또 다른 계기가 된다.

여기서 우려되는 문제는 이러한 활동 중 손가락을 베이거나 상처가 났을 경우 학부모들이 얼마나 이해해 줄 수 있느냐는 점이다. 가끔씩 이루어지는 학부모시간을 적절히 활용하여 아동이 성인이 되었을 때, 가정을 이루었을 때, 못이나 문고리 하나 갈지 못하는 무능한 사람을 면하기 위해서는 비록 위험도가 있다 하더라도 어릴 때부터 이러한 과정을 익혀 나가야 함을 이해시키는 것도 필요할 것이다.

3) 꾸미기(디자인) 활동의 유의점

- 꾸미기의 기초가 될 수 있는 구성의 원리와 그것의 활용방법을 통하여 새로운 조형의식을 발달시킨다.

- 색채에 대한 여러 가지 특성이나 느낌, 색상 익히기를 통하여 기초적인 색 감각을 발달시킨다.
- 생활 주변에서 얻을 수 있는 모든 물체가 꾸미기 재료가 될 수 있으며, 평소에 아동에게 버려지는 물건 가운데서도 사용 용도에 알맞은 것들은 수집하여 두는 습관을 기르는 것도 중요한 미술활동의 하나임을 인식하도록 해 준다. 이러한 습관의 배양을 위해서 교실 한편에 수집한 물건을 종류별로 담을 수 있는 상자를 여러 개 준비해 두는 것도 좋은 방법이다.
- 여러 가지 용구나 도구의 종류와 사용방법을 주지해 줌으로써 더욱 폭넓은 활동이 되도록 유도한다.
- 활동이 끝난 다음 주변 정리정돈을 할 수 있는 의식을 일깨워주고 용구나 도구, 남은 재료는 항상 제자리에 정리해 두는 습관을 길러 주는 마무리 활동에 대한 지도가 있어야 한다.
- 꾸미기에서 느낄 수 있는 여러 가지 효과를 감상하고 환경과의 관계를 생각할 수 있는 시간을 가져 보는 것도 바람직하다.

06

아동 미술의 감상

어항(7세 남아)

아동화는 순순한 아동의 감정을 담고 있다.

1 감상의 의미

감상이라는 말은 대체로 두 가지 의미를 가진다. 하나는 미술작품을 '본다.'와 '보여 준다.'는 의미이며, 다른 하나는 미술작품의 가치를 인식하고 거기에서 감동을 느끼며 창조한 작가의 예술성을 공감한다는 의미이다. 모든 미술작품은 인간의 정신이 표현된 것으로써 작가와 사물, 현상, 감동 등에서 서로 교감한 경험을 표현한 것이라고 할 수 있다. 작품 활동이라고 할 때 작가가 작품 그 자체를 만들기 위한 것에 국한하는 것이 아니라 작품을 통하여 자신의 사상을 표출해 낸다는 의미가 더 강한 것이므로, 우리가 작가의 사상에 공감하는 자기동일화를 이루게 될 때 비로소 작품을 이해할 수 있다. 이것은 생각한 것을 만들어 내는 창조성과 만들어진 것을 더욱 가치있는 것으로 발전시키고 재창조를 꾀한다는 의미도 함께 포함한다. 일반적으로 미술 감상이라고 말할 때는 작품의 성격, 시대적 배경, 변화와 과정, 감정 등을 파악하고 무엇을 표현하려 하였는지를 살펴보는 것도 감상이라고 할 수 있다. 그러나 그것보다 더 중요한 것은 작품을 통하여 작가의 사상적인 배경을 살펴보고 공감해 보는 것이 감상의 더 큰 의미로 인식하여야 한다.

아름다움이란 객관적으로 주어진 대상의 속성이 아니라 대상을 보는 마음속에 깃든 정신적인 것, 정서적인 것이라고 하는 것이 옳은 표현이다. 인간 외부에 존재하는 자연 자체가 아름다움이 되는 것이 아니라, 그것을 아름답게 볼 수 있는 인간의 내부에 존재하는 미의식이 중요하다. 아무리 아름다운 꽃이라 하더라도 꽃 그 자체가 아름다운 것이 아니라 그것을 아름답게 느낄 수 있는 마음을 가진 인간의 시각에 의해서 평가될 때 비로소 가치를 갖는다는 의미와 동일한 것이다. 그것을 느낄 수 없고 볼 수 없는 사람에게는 아무런 가치가 없다. 내 눈으로 확인하려고 하지 않고, 직접 느끼려고도 하지 않는 사람에게는 아무리 아름다운 꽃이라고 설명한다고 해서 그 가치와 아름다움을 인식하지는 못한다.

▼ 아름다운 들꽃

▼ 꽃(7세 남아)

자연의 아름다움은 어디까지나 인간이 가지고 있는 미감에서 비롯한다. 아동은 장미를 보고서도 해바라기나 다른 엉뚱한 꽃을 그린다. 시각적인 현상은 기억을 재생시키는 매개일 뿐이다.

작가가 어떤 대상을 아름다운 시각과 감정으로 표현하였을 때 그 작가의 이러한 시각과 감정에 공감할 수 있는 것이 바로 감상의 본질이라고 할 수 있다. 그러나 이러한 일반적인 감상의 의미를 아동의 미술활동에 그대로 적용한다는 것은 무리가 따른다. 그것은 아동의 미술활동이 어떤 작품의 세계를 구축하고 그것을 통하여 자신의 사상적인 내면의 세계를 표현해 낸다는 뜻이 아니기 때문이다. 그러므로 작가의식을 바탕으로 이루어지는 고차원적인 작품 활동이 아니라 아동의 생활 속에서 자연스럽게 묻어 나오는 자기표현이자 자신을 외부에 알리기 위한 수단으로 보는 것이 더 정확하다.

2 아동 미술 감상

미술 감상에는 아동의 이해와 정서적 수준이 무시되기 쉽다. 즉, 교사의 일방적인 입장에서 작품을 설명하려 하고, 감상의 요령이나 태도를 주도하려는 경향을 종종 보게 된다. 감상자의 주체는 아동이며 아동의 반응을 최대한 배려하는 것이 아동에게 올바른 감상 태도를 갖추게 하는 길이다. 미술 감상의 목표는 작품을 분석하고 비판하는 일이 아니며, 얼마나 이해할 수 있도록 하는지를 가르치는 것도 아니다. 다만 아동 각자에게 작품의 가치를 민감하게 느낄 수 있는 태도를 기르는 것이 더 중요하다.

과거의 아동 미술의 감상은 얼마나 사실에 가까운 표현이 되었는지를 중심으로 이해하고 평가하는 경향이 짙었다. 그래서 대상과 얼마나 많이 닮았느냐 하는 것, 곧 얼마나 많이 사실에 접근하였는지가 감상의 척도로 이용되었음을 과거 미술교육을 받아본 사람은 공감하는 사실이다. 그러나 이러한 사조는 최근에 많이 바뀌고 있다. 아동은 아동 나름의 표현세계를 가지고 있으며, 그것을 그들 나름의 것으로 인정해야 한다는 지도의식이 활발하게 대두된 영향이다.

오래전 우리나라의 어느 TV 방송국에서 있었던 일이다. 아침 시간대에 주로 주부를 대상으로 하는 교양 프로그램이라고 생각되는 것이었다. 아동화 감상과 관련된 프로그램이어서 여러 차례 관심 있게 본 적이 있다. 아마도 어린 자녀를 둔 젊은 엄마들에게 아동 미술에 대한 의식을 일깨워 주기 위한 뜻에서 만들어진 것으로 보였다. 방송 내용은 전국 각지에서 보내온 유치원기의 아동화를 여러 장 게시해 놓고 소위 아동화 전문가라는 사람이 그림 한 장 한 장 "이 그림은 이런 의미에서 그려졌고, 저 그림은 저런 의미가 있다."라고 설명하면서 그것이 어떤 심리적인 바탕을 가지고 있는지 판단과 평가를 내리는 것이었다. 한 마디로 아동화의 특성이나 아동 미술활동에 대한 아동의 생각을 전혀 알지 못하는 무지한 소치로 생각할 수밖에 없었다. 그것은 우리가 일반적인 잣대로 아동화를 보면서 범하는 오류를 인식하지 못한 결과이다. 이것은 아동의 의도와는 전혀 맞지 않는 판단이 가해지기 때문에 이러한 것이 아동을 이해하는 것으로 생각하고, 또한 아동화 감상이라고 인식하는 것은 분명히 잘못된 것이다. 이러한 행동은 아동화를 어느 정도 이해하는 시청자로부터 심한 반발을 불러올 수 있기에 충분한 것이었다. 아니나 다를까 그 프로그램은 얼마 되지 않아 슬그머니 자취를 감추고 말았다. 아동화를 올바르게 이해하고 그 느낌을 이해할 수 있다는 것은 무척 어려운 일이다.

아직도 미술대학을 나온 사람이라면 아동 미술에 상당한 식견과 이해를 하고 있는 것처럼 설명하거나 판단하는 것을 종종 보게 된다. 작가나 미술교사이면 아동화에 대해서 잘 알고 있을 것이라는 선입견은 분명히 잘못된 인식이다. 아동화를 올바르게 이해하고 감상할 수 있기까지는 여기에 대한 부단한 연구와 노력이 수반되지 않고는 안 되는 무척 까다로운 것이다. 어른이 상식적으로 알고 있는 어설픈 이해는 아동 미술을 왜곡하고 편향적인 것으로 인식할 수 있다. 아동의 설명을 직접 들어보면 그것이 얼마나 잘못 이해하고 있는지를 느끼는 경우는 허다하다.

▼ 행복 배달(7세 남아)

언뜻 보면 택배기사가 선물 꾸러미를 배달하는 그림 같다. 그러나 이 그림은 지구를 소중히 여기면 우주는 우리에게 행복이라는 선물을 가져다준다는 내용이다. 이처럼 아동의 엉뚱한 생각이 담긴 것이 아동화이다.

어른들이 아동화를 얼마나 올바르게 이해하고 느끼며 감상할 수 있는지는 아동 미술에 대한 깊은 애정과 관심, 그리고 그것을 느끼려고 노력할 때만 가능하다. 아동화의 올바른 감상은 가장 순수한 아동의 마음이 배어 있는 것을 읽어 보는 것이며, 아동화는 가장 아동답게 그려진 것에 가치를 두어야 한다.

미술대회에서 입상을 하기 위해 기능을 가르친다든지 어른들의 개념적인 평가에 부합하는 결과를 얻기 위해 이루어지는 미술활동이 아니라, 아동의 생활에서 우러나오는 자연스럽고 순수한 감정 표현에 초점을 맞추는 미술교육을 모색하고 강조해야 한다. 아동의 순수함이 살아 숨 쉬는 생명력 있는 표현이 곧 아동화의 가치이며 이러한 면을 이해하고 아동의 감정과 심성을 읽어보는 것이 아동화를 올바르게 판단하고 감상하는 길이다.

3 감상 활동

1) 감상 활동의 목표

(1) 정서적인 폭을 넓히고 수준을 향상시킨다.

아동의 미적 활동은 주로 감정과 정서적 활동이므로 끊임없이 아름다운 것을 접할 기회를 제공하고 서로의 작품을 감상함으로써 다른 아동의 작품을 통하여 간접적인 표현의 경험과 감동을 느낄 수 있도록 해 준다는 의미를 담아야 한다. 흔히 미적 감상의 요소로 비례 · 균형 · 리듬 · 조화 등을 강조하는 경우를 보게 된다. 이것은 아동 미술활동에 있어 하나의 표현수단일 뿐이지, 이러한 것들이 감상의 능력을 증진시키지는 못한다. 그리고 이러한 점이 작품의 가치를 결정지어 주는 것이라고 설명하여도 아동은 근본적으로 그 의미를 이해하지 못한다. 그러므로 아동 스스로 느낌과 감동을 통하여 자연스럽게 정서의 폭을 넓혀나갈 수 있도록 해 주어야 한다. 많은 작품을 접촉할 기회를 제공하고 이러한 활동 속에서 서로의 생각을 주고받으면서 아름다움에 대한 나름대로의 가치를 자연스럽게 체득할 수 있도록 하여 수준 높은 정서함양으로 전진해 나갈 수 있도록 유도해 주어야 한다.

(2) 예술에 대한 흥미와 관심을 증대시킨다.

아동에게 다양한 예술작품을 감상할 수 있는 기회를 많이 제공하면서 교사의 재미있는 설명이 곁들어진다면 아동은 예술작품에 대해 한층 더 흥미와 관심을 느낄 것이다. 어릴 때부터 자주 전시회나 문화행사에 참여할 기회를 주는 것은 어른이 되었을 때, 예술에 대한 깊은 관심과 이해 그리고 애정을 갖춘 문화시민으로서의 성장을 기대할 수 있는 요인이다.

우리나라가 경제개발로 국민소득이 증대하고 물질적인 풍요를 누리고 있으며, 이미 개인소득 3만 불을 넘긴 세계 10대 경제 대국이라고 자랑을 늘어놓는다. 그러나 경제 대국이라고 해서 선진국이라고 할 수는 없다. 거기에는 국민의식뿐만 아니라 삶의 질이 선진화되어야 하고 삶의 질을 얘기할 때는 문화적인 면이 선진화되어야 한다. 이러한 차원에서 우리나라는 아직도 후진성을 면치 못하고 있어 보인다. 이러한 때에 어릴 때부터 예술작품이나 문화 활동을 통해 정신세계를 폭넓게 육성하는 것은 더욱 발전된 나라의 미래를 보장하기 위한 활동이라고 보는 것이 당연하다. 아동에게 이러한 정신세계의 발달을 기하고 예술에 대한 흥미와 관심을 일찍부터 키워 준다는 의미에서 감상 활동이 적극적으로 이루어져야 함은 당연한 일이다.

(3) 미적 감각을 키워 준다.

아름다움에 대한 민감하고도 적극적인 반응을 할 수 있도록 평소에 미의식을 키워줄 수 있는 생활환경과 태도를 길러준다는 의미가 있다. 아름다움에 대한 의식과 태도는 하루아침에 키워지는 것이 아니다. 일상적으로 생활하는 가운데서 자연스럽게 체득하고 느낄 때 그것이 축적되어 미감으로 길러지는 것이다.

평생 꽃이라는 것을 보지 못한 사람에게 꽃의 아름다움을 아무리 설명해 주어도 진정으로 그 아름다움을 느끼지 못하는 것처럼, 예술작품을 자주 접하고 거기에서 스스로 아름다움을 찾을 수 있는 훈련이 반복되었을 때 미적 감각이 생겨나는 것이며, 이러한 미적 감각은 스스로 만족을 느낄 수 있는 정서함양으로 연결된다. 만족을 느끼지 못하는 사람에게 인생의 행복을 논하는 것은 콘크리트 기둥에서 꽃을 피우기를 바라는 것과 다름이 없다. 그래서 아름다움에 대한 여러 가지 경험을 가질 수 있는 기회를 많이 제공해 준다는 뜻으로 감상의 의미를 생각해 보아야 한다. 그것은 곧 인생의 아름다움을 발견하는 길이며 행복을 느끼는 삶으로 이어지는 길이기 때문이다.

2) 감상 활동의 실제

감상의 재료는 가능한 한 실제 작품이 가장 이상적이다. 그러나 여의치 못할 때는 시청각 자료를 활용할 수도 있다. 요즘은 감상 활동을 할 수 있는 많은 자료가 개발되어 있어 이러한 활동을 전개해 나가는 데 그다지 어려움은 없다. 미술관, 박물관, 전시회, 고적 탐방 등을 통한 활동도 아동에게 실제적인 경험을 제공해 준다는 데 있어서 매우 뜻이 있다 하겠다.

감상 활동은 지식의 획득이나 전달이 아니며 어디까지나 작품을 통하여 구체적으로 느껴야 하는 감성적인 것이므로 직접적 · 체험적인 방법이 가장 바람직하다. 교실 복도나 게시판, 실외 공간 등을 이용하여 아동이 작품을 접할 수 있는 기회를 최대한 마련해 주는 것이 바람직한 방법이다. 적절한 감상 자료를 많이 수집하여 표현활동에서나 일상생활에서 수시로 접할 수 있게 해 주는 배려는 아동의 감상 능력을 자연스럽게 키워 주는 기회가 된다.

3) 감상 활동의 유의점

유치원기의 아동에게는 구태여 따로 감상의 시간을 마련할 필요는 없다. 표현 활동의 기회를 통하여 자연스럽게 감상 활동이 이루어질 수 있도록 한다. 교실이나 복도, 실외에 비치되어 있는 작품을 통하여 어느 틈엔가 감상 활동이 자연스레 몸에 배도록 하는 것이 바람직하다.

- 아동의 감정이 표현된 것이기에 그것을 존중하고 인정해 주는 태도가 필요하다.
- 아동의 개성을 존중하고 다른 아동의 작품도 소중함을 일깨워 주어야 하며, 나아가 문화예술품을 아낄 줄 아는 마음을 키워 주는 것도 중요하다.
- 친구들의 작품에서 미처 자신이 알지 못했던 여러 가지 표현 방법이나 느낌을 간접적으로 경험할 수 있는 기회의 제공이라는 점에 감상의 중점을 두는 것도 바람직하다.
- 아동을 둘러싸고 있는 생활환경 모두가 감상의 장이 될 수 있다는 점을 인식하도록 지도하는 것이 필요하다.
- 게시를 통한 감상의 장을 마련할 때는 교사의 판단에 의해 우수하다고 생각하는 작품만이 반드시 좋은 것은 아니라는 사실을 인식하고, 아동의 활동의욕을 조장할 수 있는 점에 주안점을 두어 신중하게 작품을 선별하고 게시하여야 한다. 때로는 어설프고 부족함이 많다고 여겨지는 작품의 게시가 의외의 효과를 가져 올 수 있기 때문이다.

▼ 우리 동네(8세 여아)

어설픈 그림도 게시물이 되어야 한다.
아동의 순수한 그림은 좋은 감상 작품이 된다.

4 아동 미술활동의 영역별 목표

앞에서 제시한 여러 가지 아동 미술활동을 요약해 보면 다음과 같다.

구분	영역	제재	활동내역
표현활동	조형 활동	① 표현 놀이 ② 관찰 놀이	• 활발한 표현 의욕을 조장해 준다. • 조형물에 관한 새로운 시각을 갖도록 한다. • 주변의 흥미 있는 대상물을 관찰할 기회를 최대한 제공해 준다. • 조형물을 탐구하는 태도를 길러 준다.
	그리기	① 경험 표현 ② 상상 · 공상 표현 ③ 판화 표현	• 보고 느끼고 생각한 것을 표현해 보게 한다. • 자유롭고 창조적인 상상 · 공상의 세계를 표현해 보게 한다. • 다양한 방법으로 표현해 보는 기회를 얻게 한다. • 판화의 특성을 알게 하고 종이, 채소, 과일 등 요철이 있는 사물로 찍어보게 한다.
	만들기 · 조소	① 경험 표현 ② 상상 표현 ③ 종이로 만들기 ④ 폐품으로 만들기 ⑤ 용구나 도구 활용	• 여러 가지 재미있고 간단한 물건을 만들어보는 기회를 제공한다. • 상상 · 공상한 것을 만들어 보게 한다. • 다양한 재료를 이용하여 자신의 생각대로 만들어 본다. • 보고 느끼고 생각한 것을 다양한 입체를 이용하여 만들어 보게 한다. • 구조가 간단한 물건이나 구성물을 만들어 본다. • 자유롭고 창조적인 입체표현에 주안점을 둔다. • 기본적인 용구 사용법을 익힌다.
감상활동	감상	① 작품 감상 ② 자연물과 조형품 감상	• 자기 작품이나 친구들의 작품을 보면서 재미있는 부분을 찾아보고 이야기를 나누게 한다. • 자연미와 여러 가지 조형미의 특징을 살펴보고, 거기서 아름다움을 발견하고 느낄 수 있는 기회를 최대한 마련해 준다.

07

아동 미술활동의 평가

방귀 대장(7세 남아)

아동화의 올바른 평가는 그들의 마음을 읽어보는 것이다.

1 평가의 의의

아동의 창조적인 표현이나 심상 표현이라고 할 수 있는 아동 미술활동의 결과물을 어떤 객관적인 기준으로 평가한다는 것은 무척 어려운 일이다. 그것은 아동이 경험을 통해서 얻은 지식을 바탕으로 이루어지는 것이므로, 평가자의 감정과 잣대로 우열을 정해버리는 오류를 범할 우려가 다분히 많아서 무척 세심한 배려가 요구된다.

평가자의 주체는 교사이다. 그러므로 교사는 미술활동에 대한 목표·방법·과정에서 면밀한 검토와 계획을 세우고 그것을 바탕으로 활동을 전개한 후 얼마나 목표를 달성하였는지를 살펴본다는 의미로 생각하는 것이 좋다. 또한, 활동의 성과를 측정해 보고 그것을 반성해 봄으로써 앞으로 더욱 뜻있고, 아동의 눈높이에 맞는 활동으로 이끌기 위한 바탕을 마련한다는 생각이 필요하다.

2 평가의 목표

아동 미술활동은 지식을 전달하는 것이 아니라 이러한 활동을 통하여 아동 개인의 인격을 완성하고 장래에 필요한 바람직한 사회인으로 육성하기 위해서 요구되는 여러 가지 문화적인 감각과 기능을 키우는 것이다. 이러한 요구를 효과적으로 달성하기 위한 기초를 마련한다는 의미에서 아동 각자의 활동의식이나 표현 방법, 태도 등을 분석·판단하여 부족함을 채워 나갈 방안을 마련한다는 데 그 뜻을 두는 것이 좋다.

기법을 알게 하고 더욱 객관적인 사실성을 도출하기 위한 것이 아니라, 아동의 내면세계에 잠재하고 있는 능력을 키워 주고 부추겨 더욱 적극적이고 긍정적인 삶을 살아갈 수 있도록 고무시켜 준다는 의미에 평가 목표를 두어야 한다.

이러한 의미를 바탕으로 하여 이루어지는 평가 활동에서 기대되는 내용을 요약해 보았다.

- 아동의 부족한 부분을 파악하고 그것을 채워 줄 수 있는 기반을 마련한다.
- 다음 활동을 위한 참고와 개선 자료를 마련한다.
- 칭찬과 격려로 더욱 적극적인 활동을 유도한다.
- 효과적인 활동을 돕는 조력자로서의 자기반성과 더 나은 활동을 위한 방법을 모색하는 일이다.

3 평가의 내용

유치원기의 아동은 처음으로 접하는 집단생활에 익숙하지 않아서 가정에서 이루어지는 미술활동에 비해서 자연스러움이나 표현의 적극성이 떨어지는 경우가 있어 부모와 같은 세심함으로 판단 · 평가하는 자세가 필요하다. 완성된 결과를 평가의 대상으로 삼기보다 활동 과정을 중요시하는 입장에서 아동의 나이, 성숙 정도, 환경, 지적인 수준 등을 참작하여 비평보다는 칭찬과 격려로 평가하는 것이 바람직하다.

각 아동의 능력이나 개성을 고려하지 않고 지나친 기대감을 가지고 평가해서는 안 된다. 그것은 자칫 아동에게 열등감과 좌절감을 줄 수도 있기 때문이다. 아동은 무한한 가능성을 지니고 있으며 여러 가지 교육활동에 의해서 성장하는 존재이다. 지금까지 획득한 것보다 더 많은 것을 획득하여야 하며, 앞으로 아동에게 펼쳐질 세계가 더 넓고 크다는 것을 염두에 두어야 한다. 지금 보여 주는 결과가 반드시 아동의 모든 것을 가늠케 하는 것은 아니므로 과정 중심의 평가를 기반으로 하여야 한다는 점을 잊지 말아야 한다.

- 평가의 목표가 설정되어야 하고, 목표에 부응하는 평가방법이 연구되어야 한다.
- 평가의 기준은 교사의 주관보다 보편적 · 객관적인 바탕에서 이루어지는 것이 좋다.
- 항상 결과보다 활동과정을 중요시하는 태도가 필요하다.
- 작품에 내재된 아동의 심상과 욕구, 갈등, 염원 등을 살펴본다.
- 아동의 상상력과 정서, 개성과 창조의식을 눈여겨본다.
- 아동의 성장 정도와 남녀 성별에 따르는 특징을 서로 비교하는 것도 평가의 한 방법이다.
- 재료와 용구의 활용방법과 활동 과정을 살펴본다.
- 아동 미술을 올바르게 이해하고 판단할 수 있는 교사 자신의 자질과 기법에 대한 연구 자세가 필요하다.

▼ 우주 세계(5세 남아)

아동화는 과정이 평가의 중요한 내용이 되어야 한다.

4 평가의 방법

평가의 결과는 아동의 성장 발달의 정도를 가늠하고 거기에 적절한 해답을 개발해 나가는 데 도움이 된다. 그래서 결과에 대한 여러 가지 사항을 기록하거나 도표로 작성하여 다음 활동에 이용하면 더욱 체계 있는 지도와 성장 과정을 파악할 수 있어 아동 미술활동에 도움을 준다.

아동 미술 평가는 주로 관찰에 의해서 이루어지는 것이 대부분이지만 더욱 객관성을 갖기 위하여 여러 가지 방법이 동원되기도 한다. 여기에서 유념하여야 할 사항은 활동의 결과에만 중점을 두어서 일반적인 미술 원리를 잣대로 하는 우열 중심의 판단과 평가는 올바른 인간육성이라는 미술교육의 근본 목적과 배치되는 것이기에 세심한 주의가 필요하다.

아동 미술의 평가방법은 여러 학자에 의해서 연구 · 개발되어 왔다. 대체로 작품의 우열을 전체적이고 통합적으로 평가하는 통합적 평가와 작품의 분석된 결과를 가지고 특정한 관점을 세워서 판단하는 분석적 평가가 있다. 이 두 경향에서 보여 주는 구체적인 평가 방법을 참고로 제시해 본다.

1) 관찰 기록법(觀察 記錄法)

몇 개의 관찰 항목을 설정하고 활동 과정이나 작품에서 보여 주고 있는 여러 가지 행동양식이나 표현 특징을 잡아 대입해 보는 형식이다. 가령 형태 그리기의 순서, 채색의 강약, 사용 색깔의 수, 집중도, 활동 지속시간 등의 항목을 설정하여 거기에 비교해 보아 공통점, 발달의 정도, 표현방법, 형태, 색채 등으로 대별하여 평가 기준에 얼마나 도달하였는지를 검증 · 분석해 보는 방법이다.

2) 일대일 비교법(一對一 比較法)

작품을 두 개씩 짝지어 우열을 비교 판정하고, 다시 그중에서 나은 작품끼리 두 개씩 다시 짝을 지어 우열을 정하는 활동을 되풀이한 다음 순차적인 과정을 거쳐 전체 작품의 우열을 가려 순위를 결정하는 방법이다. 이때 우열의 정도는 객관적인 조형 원리가 아니라 아동이 얼마나 열정과 성의를 바탕으로 최선을 다하였는지를 잣대로 하는 것이 바람직하다. 우열의 정도는 피라미드형으로 나타난다. 대체로 많은 수의 작품을 평가하는 데는 많은 시간이 소요되므로 소수의 평가에 적당한 방법이다.

3) 등차 비교법(等差 比較法)

작품 속에 나타나는 가치를 기준으로 대표적인 다섯 개의 작품을 등 간격으로 나열하고, 다른 작품들을 하나씩 이 다섯 매의 작품과 일대일로 비교해 보아 비슷하거나 동등하다고 생각하는 위치에 놓는 방법이다. 이때 배정률은 일반적인 것에 가장 많이 분포하여 정상분포곡선을 이루며 집단에서 지도 기준을 어디에 둘 것인지를 가늠하는 참고자료로 활용하는 것이 좋다.

4) 순위 평가법(順位 評價法)

처음에는 대략의 순위를 정한 다음 작품들을 늘어놓고 근처의 다른 작품들을 일대일로 비교하여 그 순위를 수정해 나간다. 등 가치를 보이는 것은 같은 줄에 둔다.

이 방법이 다소 변화된 것으로는 다수의 작품을 우선 상하로 이등분하고 상은 다시 상의 상, 상의 하로, 하는 하의 상, 하의 하로 나누어 또다시 그것을 상하로 나누는 식으로 하여 작품의 우열 순위를 정해 나가는 방법이 있다. 대체로 피라미드형과 같은 다단계 형태를 띤다.

5) 평점 척도법(評點 尺度法)

작품을 전체적인 가치로 한꺼번에 평가하는 방법으로 주관이 개입되기 쉽다. 평가 목표가 되는 여러 가지 구체적인 특질을 분석하여 정해 놓고 거기에 맞춰 작품의 부분마다 점수를 매겨 합산한 수치로 순위를 정한다. 사생대회나 공모대회에서 다수의 작품을 빠른 시간에 우열을 가리고자 할 때 흔히 쓰는 방법이다. 같은 점수가 많이 나올 경우를 대비하여 각 부분 점수의 배점에 차등을 두어 이배, 삼배의 배점으로 가산할 수도 있다.

6) 병립 비교법(竝立 比較法)

가치의 차이가 있는 두 개의 작품을 여러 짝 준비하여 놓고 개별 면접식으로 아동에게 직접 그 우열을 판정시켜 보는 것이다. 우열 판정의 이유를 질문하고 평가에 대해서 아동의 생각을 파악해보기도 하고, 가치 척도에 대한 판단 기준 가운데 어떤 것이 좋은지를 알려주고 장난처럼 판단할 경우에는 감점을 하여 진지한 아동의 태도를 이끌어내는 데 중점을 두는 활동이라 하겠다. 아동을 평가에 직접 참여시킴으로써 비판력과 다른 아동의 작품을 어떻게 바라보아야 하는지의 태도를 알게 하는 방법으로써 바람직하다.

7) 순위 비교법(順位 比較法)

가치의 차이가 있는 작품들을 군으로 나누어 3~4군을 한 곳에 붙여서 제시해 두고 각 장마다 순위를 정하여 나간다. 우열의 순위에 따라 기준을 정하고 기준에 가깝고 먼 정도에 따라 점수를 매겨 다시 순위를 정한 다음 서로 비교 평가하는 것을 말한다. 우열의 순위가 개념적 원리에 지배되는 경향이 많다.

8) 유형 비교법(類型 比較法)

많은 작품을 제시하고 서로 비슷한 내용의 것을 골라내는 방법이다. 같은 유형에 속하는 것이나 같은 사람의 작품, 시대, 민족, 양식, 내용, 기법 등의 특징을 식별해 내는 능력을 평가하는 데 사용하는 것이라고 할 수 있다.

미술의 역사나 미술가의 작품과 사상, 사용기법 등 다양한 미술 관련 지식을 어느 정도 습득한 후 이루어져야 하는 평가 방법으로, 적어도 초등학교 고학년 이상의 수준이 되었을 때 가능하다.

9) 작문법(作文法)

작품에 대한 감상 결과를 문장으로 만들어 발표시키는 것이다. 유치원기 아동에게는 문자 표현이 어려운 관계로 무리가 따르는 방법이지만 아동의 생각이나 감동을 언어로 표현하게 한다면 가능한 활동이다. 발표 능력의 차이를 평가 기준으로 삼는 것은 피해야 한다. 초등학교 1학년 이상의 연령에 적용이 가능한 방법이다.

10) 질문지법(質問紙法)

묻고 싶은 사항을 중점적으로 제시하여 ○, ×, △ 등으로 기입시킨다. 이것 역시 유치원기의 아동이 질문에 대한 이해와 충분한 독해를 바탕으로 하여야 하므로 많은 어려움이 있으나, 결과 처리가 간단하다는 이점이 있다. 초등학교에서는 어느 정도 가능한 방법이다.

이상의 여러 가지 평가에 대한 방법을 참고삼아 제시해 보았지만 이러한 방법이 절대적인 교육적 효과를 갖지는 못한다. 그것은 아동의 미술활동이 표면에 나타나는 것 이상의 내면적인 의미를 포함하고 있기 때문이다.

저자는 30년 넘게 언론사나 공공기관에서 시행하는 아동 미술대회의 심사위원으로 참여해 보았다. 그럴 때마다 심사기준을 어디다 두어야 하며, 무엇이 가장 아동다운 순수한 감동이 잘 나타난 작품인지 판별해 내는 것에 고심하지 않을 수가 없었다. 하나의 작품 속에도 여러 요소의 표현에 대한 양, 부를 점수로 환산하고 그것을 종합하여 순위를 결정해 본다든지, 작품의 전체 분위기나 개성, 창조성 등 갖가지 기준을 마련하여 평가해 보았지만, 결국에는 아쉬움의 연속이었다. 아동의 작품 속에는 우리가 일반적인 기준으로 평가할 수 있는 것 이상의 그 무엇이 감춰져 있으며, 아동의 설명을 직접 들어보지 못한 입장에서 아동화를 판단하고 평가한다는 것이 얼마나 많은 오류를 범할 수 있는지를 항상 염려하는 세심한 배려가 있어야 한다는 것을 절실하게 느꼈음을 밝혀 둔다.

가장 올바른 평가는 작품을 통한 아동의 모든 것을 읽어보고, 바람직한 인간육성의 수단으로 활용되고, 아동의 발달을 도모하기 위한 최선의 방법 중 하나라는 사실을 잊지 않았을 때, 어느 정도는 어떻게 평가가 이루어져야 하는지에 대한 해답을 구할 수 있으리라고 생각된다.

▼ 아프리카 이야기(7세 남아)

아동화의 올바른 평가는 아동의 의도를 잘 파악해보는 것이 중요하다.
그림을 그린 아동은 사냥을 그린 것이 아니라 '사냥을 막아야 한다.' 는 취지의 그림이라고 했다.
이처럼 아동화를 판단하거나 평가하는 것은 결코 쉬운 것이 아니다.

5 평가의 결과 처리

평가에 대한 기록을 아동에게 알려주는 경우와 교사 자신의 기초적인 자료로 비치해 두는 두 가지 의미가 있다. 아동에게 알려주는 활동은 점수로 매겨진 결과를 알게 하여 활동에 긍정적인 영향을 미치게 한다는 의미로 해석해서는 안 된다. 가능한 한 이해하기 쉬운 표현으로 반성과 희망을 줄 수 있는 기초자료로 활용하는 것이 바람직하다. 평가기록을 할 때는 구체성 있는 방법으로 항상 다음과 같은 사항을 고려해야 한다.

- 활동목표에 관한 사항에 대하여 빠짐없이 평가 결과가 검증 · 집약되어 있는지 점검한다.
- 활동의 결과뿐만 아니라 활동 과정에 대한 세심한 관찰이 이루어졌는지 살펴본다.
- 활동 계획의 개선을 위한 참고자료와 검증된 사항이 기록되어 있는지 검토한다.
- 아동 각자의 조형능력에 대한 기초 자료가 파악되었는지 살펴보아야 한다.
- 미술활동 이외의 다른 활동영역과의 연계와 비교를 고려해야 한다. 미술은 종적인 과목일 뿐만 아니라 다른 교과를 아우르는 횡적인 역할도 가지기 때문이다.
- 단순 능력평가가 아니라 인간육성이라는 차원에서 올바른 인간성의 발달을 기할 수 있는 여러 가지 요소가 평가에 적절하게 적용되었는지 검토해 본다.

이상의 여러 가지 측면을 고려한 평가 결과는 아동의 성장과 발달에 다목적으로 활용되는 경우가 많다. 그러므로 문제의 설정이나 평가방법, 평가 결과는 가급적 구체성을 띤 기록으로 남겨두는 것이 바람직하다. 그 어떤 경우라 해도 아동의 활동 중에서 가장 솔직하게 아동의 마음이 표현되는 것이기에 아동을 이해하는 데 가장 효과적인 자료가 될 수 있기 때문이다.

08

아동 미술과 교사

훌륭한 아동 미술 교사는
그들을 이해하고 칭찬과 격려를 아끼지 않는 것이다.

1 교사의 요건

미술활동의 목표는 수차례 강조한 것처럼 아동의 성장과 발달을 바람직한 방향으로 이끌기 위한 수단이라고 하였다. 이러한 의미에서 볼 때 미술활동은 어떠한 방법으로 어떠한 효과를 기대하여야 하며, 그 중요성이 어디에 있는지를 항상 염두해 보는 태도가 중요하다.

아동의 효과적인 활동을 기대하기 위해서는 여러 가지 방향으로 연구하고 생각해보는 교사의 자기 노력과 반성이 필요하다. 아동의 활동을 도와주는 데 필요한 교사 자신의 지도능력이나 자기발전의 정도를 스스로 평가하여 자신을 알고 반성하면서 지속적으로 정진하는 자기 성찰의 기회를 얻는 것은, 더욱 깊이 있고 폭넓은 교사의 요건을 갖추어 가는 길이기도 하다.

아동 미술활동의 적절한 경영을 위해 기본적으로 갖추어야 할 교사의 요건을 다음과 같이 제시해 본다.

- 미술활동에 관한 이론과 기본적인 기술 습득이 이루어져야 하며, 가치와 판단, 폭넓은 지식과 미학적인 식견을 갖춰야 한다.
- 국내외 미술활동의 동향에 관심을 가져야 하며 아동지도에 관련된 정보를 입수하고 축적한다.
- 조형 요소에 대한 올바른 분석과 이해 · 감상 · 평가에 필요한 능력을 갖추기 위한 부단한 연구자세가 필요하다.
- 아동의 흥미를 지속적으로 유발할 수 있는 자료나 기술을 갖추어야 한다. 그것은 교사의 경영 방법이나 능력에 따라서 나타나는 아동의 반응이 무척 다른 양상을 보여 주기 때문이다.
- 칭찬은 고래도 춤추게 한다고 했다. 아동을 지도하는 교사가 기본적으로 가져야할 덕목은 친절한 마음, 칭찬과 격려를 아끼지 않는 마음, 아동을 진정으

로 이해할 수 있는 따뜻한 마음을 가져야 한다.

- 친절한 마음, 칭찬과 격려를 아끼지 않는 마음, 아동을 진정으로 이해할 수 있는 따뜻한 마음을 지녀야 한다.
- 아동과 더불어 활동을 즐기고 그들을 도와주는 조력자로서 사랑과 봉사, 헌신하는 자세를 갖는 것이 중요하다. 교사와 아동의 마음이 서로 고감할 때 더욱 활기차고 능동적이며 적극적인 활동으로 이어지는 계기가 되는 것이다.
- 다른 활동 영역과 어떤 관련성을 갖는가를 염두해 보는 것이 필요하다.
- 미술활동은 그 어느 영역보다도 융통성이 있어야 한다는 점을 인식하고 상황에 적절하게 부응하는 자세가 필요하다. 미술활동 자체가 다른 어떤 주지교육처럼 목표도달에 관심을 갖는 것과는 달리 자율성과 유연성이 많아야 하며, 이러한 것이 바탕이 될 때 더욱 차원 높은 창조성을 유도해 낼 수 있기 때문이다.
- 아동 각자의 발달 정도와 차이를 이해하고 부진아나 지체장애아동에 대한 배려를 잊지 말아야 한다.
- 활동에 대해서 긍정적이고 적극적인 태도와 아동의 모든 것을 수용할 수 있어야 하며 아동을 존중하고 신뢰하는 성품이 필요하다.
- 여러 가지 재료나 용구를 효율적으로 활용할 수 있는 자질을 갖추어야 한다.

이상의 몇 가지 요건 이외에도 교사는 하나하나의 행동이 아동에게 절대적으로 영향을 미치며 그들의 성장 발달에 직·간접적으로 관계를 가진다는 사실을 알아야 한다.

전근대적인 권위주의나 지시 일변도의 자세는 지양되어야 한다. 많은 학자의 연구를 보면 이러한 권위적인 활동에서 얻어지는 결과와 아동의 생각과 개성을 존중하는 민주적인 방법에 의한 활동의 결과에는 엄청난 차이가 있다고 했다. 이처럼 입증된 사실에서 볼 때 교사가 어떻게 아동을 지도하고 도와주어야 하는지는 그 해답이 분명하다. 따뜻한 마음씨와 친절한 태도, 적극적인 조력자의 자세를 가질 때 아동은 더욱 긍정적이고 활발한 자기 표현을 이루어갈 수 있다.

최근에 유아원이나 유치원에서 아동학대로 심각한 사회적 반향을 불러일으킨 사건이 적지 않았다. 그것은 근본적으로 아동을 사랑하는 마음이 결여되고 자신의 이기성만 드러낸 대표적인 사례다. 이런 인성을 가진 사람은 교사의 자격이 없는 사람이며, 그 역시 어릴 때 부모로부터 폭력을 당하면서 성장했던 사람으로 볼 수밖에 없다. 아동교육기관에서는 절대 배제되어야 할 사람이며, 교사 스스로가 자신의 인성을 돌아보아 감당하기에 자신이 없으면 다른 직업을 찾는 것이 현명할 것이다. 인간을 기르는 최전선에 있는 교사야말로 그 어떤 직업보다 올바른 인성을 가져야만 하는 곳이기 때문이다.

2 교사의 역할

앞에서 언급한 교사의 여러 가지 요건을 바탕으로 아동의 창조성을 키워 주고 그들을 도와주어 더욱 발전적인 인간육성을 꾀한다는 것이 가장 중요한 교사의 역할이다. 이러한 목적을 달성하기 위해서 교사도 부단히 연구하고 노력하는 자세가 필요함도 강조되었다. 그러면 구체적으로 교사는 미술활동에서 어떻게 역할을 수행해 나갈 것인지를 살펴보기로 한다.

1) 재료나 용구의 선택과 사용방법을 도와준다.

아동 미술활동의 계획에 의한 활동 전개과정에서 요구하는 여러 가지 재료나 용구 선택과 사용에 대한 이해와 방법을 제공한다는 의미이다. 그리기 활동만 하더라도 종이 선택에서 어떤 것으로 할 것이며 크기는 어느 정도로 할 것인가? 어느 정도의 두께가 적당할까? 하는 문제를 생각해 보거나 거기에 적절한 대응방안을 모색하고 아동에게 제시해 준다.

만들기 과정에서나 꾸미기 과정에서는 여러 가지 용구나 도구를 필요로 하는데, 여기에 적절한 용구와 도구의 선택과 사용방법을 이해시키고 도와주는 역할이 필요하다. 그것은 활동의 높은 효율성을 기대하기 위한 것이며, 아동에게 저항감을 최대한 감소시켜 활동의 즐거움을 주도록 한다는 의미가 있다.

여기에서 교사는 재료나 용구의 제시에서 일방적이고 전통적인 개념을 바탕으로 하는 것이 아니라 융통성 있고, 아동의 창조성을 자극할 수 있는 새로운 것에 대한 부단한 관심을 불러일으켜야 한다는 사실에 초점을 맞추는 것도 중요한 의미가 있다. 경직되고 개념화된 의식이 아니라 유연성 있는 생각으로 아동이 새로은 것에 즐거움을 느끼고 체험할 수 있는 다양한 활동을 유도해 나간다는 뜻에서 활동에 도움을 주는 도우미의 입장에 서야 한다는 의식이 필요하다.

우리나라의 아이돌 그룹 BTS가 그룹이 전 세계를 열광의 도가니로 몰아가고 있다. 과거 영국의 비틀즈가 세계를 장악했던 것보다 더한 기록을 갱신하고 있다는 보도이다. 그들이 이렇게 성공한 비결은 소속 기획사가 이들의 창조적인 활동에 전혀 관여하지 않는다고 한다. 다만, 그들의 활동을 고무하고 도와주는 역할만 한다는 것이다. 바로 그것이 그들의 무한한 저력을 발산하게 되고 전 세계의 팬들을 열광케 하는 밑받침이 된 것이다. 이처럼 아동에게 어떤 잣대를 대고 그들의 잠재력을 옭아매려는 면이 없었는가를 항상 돌아보는 자세가 필요하다.

2) 기법과 기술을 알게 한다.

아동의 표현활동을 더욱 효과적으로 유도하기 위해서는 그것을 표현할 수 있는 기법이나 기술도 활동과 더불어 이루어지는 필연적인 것이다. 물론 기법이나 기술도 그 자체가 목적이 될 수는 없지만, 활동에서 중요한 수단이 되는 것은 사실이다.

우리나라 미술교육 현장에서 기법이나 기술을 위주로 하는 경우는 그다지 보기 드문 현상은 아니다. 그러나 그것은 아동의 성장과 발달을 도와준다는 의미에서는 그다지 큰 가치를 갖지는 못한다. 개념화된 기법이나 기술의 숙달이 아니라 아동 자신의 세계를 표현하는 데 필요한 기본적인 기법 또는 기술을 알게 한다는 데 그 뜻을 두는 것이 중요하다.

가령 수채물감을 물에 풀어서 사용할 때, 어느 정도를 물을 타면 어떻게 나타나고, 크레파스는 배수성의 효과가 있다는 것을 체험을 통해서 인식하게 한다거나 찰흙으로 만들기에서 물은 어느 정도 타면 적당하다든지 그것을 굳지 않게 보관할 수 있는 방법은 어떤 것이 있는지 하는 정도의 기초적인 범주에서 이루어지는 것이 바람직하다. 형태는 어떻게 표현하고, 색깔은 어떤 색으로 칠하는 것이 좋으며, 이 재료는 이렇게 붙이고 저 재료로는 저렇게 만들면 더 근사할 것이라는 식으로 유도하는 것은 아동에게 자유로운 생각을 옭아매고 창조의욕을 위축시키는 꼴이 된다. 활동의 대부분은 아동의 생각과 감성에 맡겨두고 그것의 효과적인 표현을 도와주는 입장에서 기법이나 기술지도가 되어야 한다.

3) 활동의 장을 마련해 준다.

아동 미술활동에 반드시 필요한 것이 활동할 수 있는 공간이다. 활동의 장은 실내가 되기도 하고 실외가 되기도 한다. 활동 영역이 어떤 것인지에 따라서 장소 선택이 이루어지며, 이러한 장소 선택은 아동이 자유롭게 활동을 전개할 수 있는 충분한 공간을 필요로 하는 것이므로, 아동의 수나 신체적인 성숙 정도에 따라서 적절하게 제공되어야 한다. 그래서 대부분의 교육현장에서는 미술실이 따로 마련되어 있고 다른 교과 영역보다 넓은 공간을 확보하는 이유는 자유로운 행동에서 자유로운 생각과 표현이 이루어지기 때문이다. 콩나물시루처럼 빼곡하게 들어찬 비좁은 공간에서 아동의 자유롭고 즐거운 활동을 기대한다는 것은 무척 어려운 일

▼ 아동의 자유로운 창작을 위해서는 충분한 공간을 확보해야 한다.

이다. 충분한 공간을 제공함으로써 아동의 폭넓은 생각을 유도하고 즐거운 놀이로 자유로운 표현활동을 가능하게 해 주는 것이 중요하다.

만들기나 꾸미기에서 필요한 탁자의 높이나 행동을 자유롭게 할 수 있는 의자 등도 특별히 배려해야 한다. 너무 낮거나 높아서 불편함을 느끼거나 몸에 부딪치고 걸려서 활동을 위축시키는 경우는 없어야 한다.

야외 활동에서도 표현에 불편함을 주지 않는 적당한 장소를 물색하거나 조성되어야 한다. 그리고 아동의 창조의욕을 부추길 수 있는 여러 가지 시청각 자료나 작품들을 적절하게 배치하여 아동의 적극적인 활동을 조장할 수 있도록 배려해 주는 것도 효과를 한층 더 높일 수 있는 계기가 된다.

4) 공동 작업을 잘 도와준다.

공동 활동에 수반되는 여러 가지 문제를 파악해 보고 그것을 해결하려는 방법을 모색해 보는 것이라 하겠다. 사회성을 키워 주고 협동심을 발휘하여 여럿이 서로 어울려서 놀이로서의 즐거움도 느낄 수 있는 이러한 활동에서 그 효과를 극대화할 방법을 연구하고 기회를 제공한다는 의미에서 신중하고 세심한 배려가 있어야 한다.

소수 아동으로 분단을 구성하여 활동할 것인가? 아니면 전체 아동이 하나의 작품에 참여하도록 할 것인가?는 그 성과나 의도에 따라서 다양하게 계획하고 전개해 나갈 수 있다. 서로 비슷한 성숙도를 고려하거나 신체적 특징에 따라서, 아니면 남녀 성별에 따라서 반 편성을 할 것인지? 아니면 혼성으로 할 것인지? 하는 여러 가지 문제를 잘 파악하여 적절한 형식을 적용하는 것이 필요하다. 또한, 아동 각자의 생각이 모여서 창조적인 결과를 만들어 낼 수 있도록 서로의 생각을 교환해 보고 자신이 맡은 부분에 적극적으로 참여할 수 있도록 지속적으로 격려해 주고 부추겨 주어야 한다. 이것은 바로 유능한 교사가 갖추어야 할 역량이자 책무이기도 하다.

5) 동기유발을 적절히 도와준다.

아동이 지속해서 흥미를 느끼고 적극적인 미술활동을 지속해 나갈 수 있도록 의욕과 용기를 북돋워 주고 그들의 내재된 무한한 상상력을 도출해낼 때 미술활동의 성패가 좌우된다. 즐겁고 자유로운 표현으로 마음껏 자신의 내면세계를 펼쳐 보일 수 있도록 도와주는 교사의 지혜와 기술이 필요하다. 미술활동의 초기 과정이라고 할 수 있는 동기유발단계는 아동의 활동에 대한 강한 의욕을 불러 일으켜 열성적으로 참여하도록 하는 데 가장 큰 뜻이 있다. 그러기 위해서는 교사의 언변이나 동작, 표정 하나 하나가 아동에게 강한 이미지를 부각시켜 아동의 내부에 축적된 경험을 표출해 내도록 하는 기술적인 면도 함께 포함한다고 할 수 있다.

교사의 이러한 기술이 얼마나 아동의 표현 욕구를 자극하는지는 필자의 경험에서도 알 수 있었다. 저자가 초등학교 고학년 때, 유난히 입담이 좋은 미술 선생님이 한 분 계셨다. 항상 수업 시작 5분 전 그날 학습할 내용과 연관되는 흥미진진한 이야기로 학습에 대한 기대를 불러일으키시곤 했다. 이야기를 들려주시는 선생님은 그 이야기에 맞는 표정과 몸동작, 목소리도 연극배우처럼 갖가지 변화를 주어가며 우리를 이야기 속으로 푹 빠져들게 했고 누구하나 숨소리조차 내지 못할 분위기를 만들어 내셨다. 이야기를 듣고 있는 동안 우리 머리에는 온갖 상상으로 꽉 채워진 것은 말할 것도 없다. 이야기를 마치신 선생님께서는 부글부글 끓고 있는 우리의 상상을 더욱 고조시키는 마무리 이야기를 끝으로 방금 이야기한 내용을 그림으로 표현해 보라고 하실 때에는 어느 누구도 망설임 없이 이야기 속에서 상상했던 것을 즉시 그림을 옮기기 시작했다. 그 무엇보다도 우리에게 커다란 감동을 주면서 상상력을 자극해 주시던 그 선생님의 동기유발은 지금도 기억에 생생히 남아 잊히

▼ 동기유발을 잘 이끄는 것은 유능한 교사의 자격이다.

지 않는다. 이처럼 아동에게 열정적인 창조의식을 일깨워 줄 수 있는 교사의 지혜가 무엇보다도 중요하다고 느끼게 하는 경험이었다.

요즘은 많은 시청각 자료가 개발되어 아동의 동기를 유발시키는 데는 그다지 어려움이 없다. 그러나 이러한 자료들도 교사의 직접적인 행동과 이야기보다는 효과가 적다. 가장 강한 느낌과 감동을 줄 수 있는 교사의 이야기 솜씨와 동작 하나하나가 동기유발의 가장 최선임을 아는 것도 활동을 더욱 성공적으로 끌어갈 수 있는 요인이다.

대체로 동기유발을 활성화 할 수 있는 요인으로 다음과 같은 방법을 생각해 볼 수 있다.

- 아동이 직 · 간접으로 획득한 경험을 상기하고 그것을 바탕으로 하여 다양한 것을 창조할 수 있도록 유도한다.
- 아동에게 박물관이나 전시회, 음악회, 동물원 견학 또는 아동의 경험을 넓혀 줄 수 있는 여러 가지 활동에 참여시킨다.
- 특히 교사는 옷차림에 세심한 신경을 써야한다. 가능한 한 편의 위주보다 아동들의 동심을 자아낼 수 있는 화사하고 밝은 색과 재미있는 무늬가 들어간 옷이나 앞치마를 준비해 보는 것도 좋다. 그리고 말씨, 눈짓, 동작 하나하나도 동기유발의 요인이 되는 것이기에 이러한 면에서 항상 세심한 배려가 필요하다.
- 여러 가지 시청각 자료를 수집하고 적절하게 활용할 수 있도록 늘 준비하는 습관이 필요하다.
- 아동 상호 간에 대화를 통한 동기유발도 생각해 볼 수 있으므로 서로의 경험을 주고 받을 수 있는 기회를 제공해 주는 것도 좋은 동기유발의 계기가 된다.

09

아동 미술의 이해

무서워(7세 남아)

아동화는 그들의 욕구와 갈등이 표출된 것이다.

아동의 미술작품 속에는 그들의 생각 · 감정 · 느낌 · 갈등 · 욕구 등이 고스란히 녹아있다. 언어나 문자표현의 기능이 부족한 아동은 바로 이러한 미술활동을 통하여 자신을 표현하고 주장하기 때문이다. 그러므로 아동의 미술작품을 깊이 있게 관찰하고 이해한다면 어느 정도는 아동의 마음을 읽을 수 있다. 그들이 긋는 한 가닥의 선에서, 손가락으로 쿡쿡 찌른 점토 덩어리 하나에서, 찢고 구긴 한 개의 종이 뭉치 속에도 그들의 마음이 녹아 있고 생각을 짐작하게 하는 단서가 들어 있다. 아동의 이러한 면을 파악하고 성장 발달을 가늠해 볼 수 있을 때 우리는 아동을 깊이 있게 이해하고 그들을 더욱 바람직한 길로 끌어갈 수 있는 바탕을 마련하는 것이다. 아동 미술활동을 여러 각도로 이해하기 위하여 그것을 분석 · 판단 · 관찰해 보는 것은 여러 가지 의미가 있다.

▼ 공주(5세 여아)

긋는 선 하나하나에도
아동의 감정이 녹아 있다.

1 아동 미술과 정신위생

행복한 인간이라고 말할 때 그 속에는 여러 가지 행복으로 이끄는 요인이 반드시 내재되어 있다. 그 많은 요인 가운데 큰 비중을 차지하는 것 하나가 건강이다. 보편적으로 건강이라고 하면 육체적인 면을 생각하기 쉬우나, 그것보다 중요한 것은 마음의 건강, 곧 정신적인 건강이다.

육체가 병이 들면 병원을 찾고 치료를 통해서 회복을 도모한다. 우리는 이것을 보통 생리위생이라고 한다. 그런데 인간의 마음도 육체와 같이 병들 때가 많다. 그러나 대개 마음의 병은 자신과 직접적인 관계가 없는 양 무심히 지나쳐 버리는 경우가 많다. 인간은 동물과 달리 육체와 정신이 일치되어야만 생존이 가능한 존재이며, 지성이나 이성, 감정 등은 정신으로부터 비롯된다. 이러한 요소에 의해서 우리는 일상을 누리게 되는 것이다.

오늘날과 같이 복잡하고 다변화의 시대를 살아가는 현대인은 정신적인 고통을 안겨 주는 수많은 요인에 노출되어 있다. 그렇다 보니 신경쇠약, 노이로제, 히스테리, 자폐증, 최근에 많이 회자되고 있는 조현병 등 정신적인 것과 관련한 사건 · 사고가 해마다 증가한다. 매스컴을 통하여 매일 전해지는 무시무시한 살인, 강도, 강간, 자살, 폭력 등은 언뜻 보면 경제적인 면이나 열악한 환경에서 오는 범죄쯤으로 생각하기 쉬우나 인간이 마땅히 지녀야 할 도덕과 윤리적인 면이 고갈되면서 일어나는 통제 불능의 정신장애가 그 원인인 경우가 대부분이라고 한다. 이러한 정신적인 문제가 제대로 치유되지 못하고 있으며, 그 폐해의 심각성 또한 제대로 깨닫지 못하고 있는 것이 지금 우리의 실정이라고 한다면 너무 과대망상이라고 할까?

이런 정신적인 고통 또는 정신의 병을 제거하여 건강한 상태로 되돌려 놓는 것이 바로 정신위생이다. 생리위생뿐만 아니라, 정신위생의 중요성을 바르게 인식하고 건강한 상태로 되돌려 놓을 때 인간의 참다운 행복을 기대할 수 있게 된다.

정신위생에 문제를 가진 성인에 의한 범죄를 결코 좌시할 수 없다면, 과연 정신위생의 문제를 안고 있는 아동은 어떤 형태로 반응이 나타나며, 성장 발달에 어떤 영향을 미칠지를 생각해 볼 충분한 이유가 있다. 아동 역시 일상생활에서 성인 못지않은 중압감과 갈등을 느끼며 살아가고 있다는 사실이다. 특히, 언어나 글로 자신의 마음을 충분히 전달하지 못하는 아동은 무언가를 통하여 정신적인 고통을 치료받으려는 자정 노력을 보여 주는데 그것이 바로 파괴적인 행동으로 나타나는 경우라고 할 수 있다.

예를 들면, 아동이 파괴 행동으로 종이를 마구 찢었을 때 찢는 과정에서 마음의 고통을 해소하게 되고 그런 연후에 찢어진 종잇조각들을 보고 이상한 동물 모양으로 보인다거나 사람 같은 재미있는 형태를 발견하게 된다면, 그것은 오히려 새로운

▼ 공룡(5세 남아)
벽면에 아무렇게나 그린 낙서를 통해서 아동은 마음의 응어리를 털어내기도 한다.

창조활동의 꿈이 생성되고 건전한 마음의 변화로 이어지게 된다. 이러한 의미에서 볼 때 아동 미술활동은 반드시 창조성을 키운다는 것만으로 볼 것이 아니라, 생활에서 알게 되는 여러 가지 부정적인 요인을 제거해 주고, 정신위생을 도모하여 건전한 인격형성을 이루어나가는 길이 되며, 이러한 행동의 반복을 거쳐 건강한 정신을 가진 바람직한 인격체로 점차 성장해 간다고 할 수 있다.

2 낙서와 정신위생

성인의 세계에서도 낙서는 하나의 쾌락적 요소로 작용하고 있음을 볼 수 있다. 어른들이 자주 출입하는 카페의 벽이나 화장실 벽 등에서 흔히 볼 수 있는 낙서는 사람들이 간직한 불만이나 갈등을 해소하여 마음의 안정을 되찾고자 하는 파괴 본능의 한 영상이자 쾌락적 욕구를 충족시키기 위한 행동으로 나타나는 결과라고 한다. 이러한 어른의 모습에 비쳐 볼 때 모든 면에서 미숙한 아동의 세계에서는 당연한 행동으로 나타나는 것이 낙서 또는 낙화다.

어른들은 이러한 아동의 낙서를 불필요한 장난쯤으로 취급해 버리고 이러한 행동에 대해 심한 질책과 제재를 가하는 경우를 흔히 목격하게 된다. 그러나 아동의 이러한 행동은 정신위생상 긍정적인 의미를 가지며, 그로 인해 창조성 배양에 도움을 줄 수 있다면 오히려 권장해도 좋을 것이다.

▼ 좋아하는 친구, 싫어하는 친구(8세 여아)

담벽에 그려진 낙화는 아동의 솔직한 심정을 담은 그릇이다.

아동의 낙서가 이루어지는 장소를 보면 주로 으슥하고 구석진 벽면이 많다. 그것은 사람 눈에 잘 띄지 않는 곳이 일시적이나마 여러 가지 억압에서 해방된 기분으로 혼자만의 자유로운 세계를 독점하고, 마음 한구석에 응어리져 있는 욕구나 불만, 호기심 등을 털어 버릴 수 있는 기회를 포착했다고 느끼기 때문이다.

낙서는 아동의 솔직한 마음의 표현이며 세련된 모양이나 기교가 섞이지 않은 순수한 독창적 표현으로서 그 가치를 지닌다. 유아의 긁적거리는 낙서 역시 이와 같은 맥락에서 보아야 하며, 그들의 정신 내부에 간직한 소박한 감정의 움직임이며 심리의 투영이라고 볼 수 있다. 이러한 활동이 곧 아동의 정신위생을 가능케 한다. 그리고 마음속에 감추어진 여러 가지 갈등과 욕구 등을 해소함으로써 정서적인 안정을 누리고 정신위생에 도움을 준다.

이렇게 아동의 낙서에서 나타나는 여러 가지 요소를 통하여, 아동의 심리상태를 살펴보는 것은 아동을 이해하는 첩경이자 건전한 심성을 키워가는 과정이라고 할 수 있어 매우 뜻이 있다 하겠다.

1) 점(點)의 의미

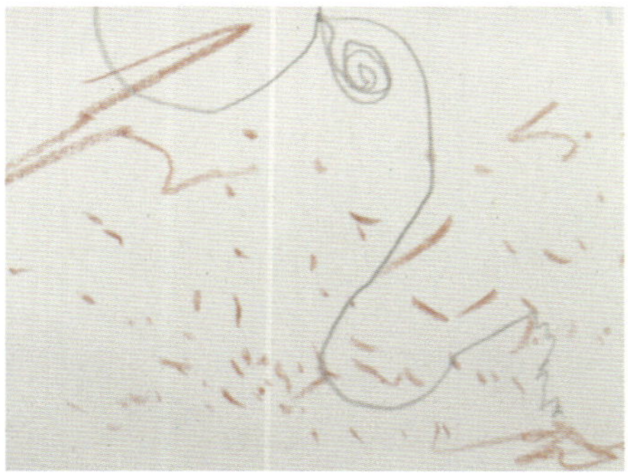

▼ 점이 나타난 낙서(3세 남아)

아동이 그림을 그리기 시작하는 단계에서 주로 볼 수 있는 것으로 크레파스나 연필, 색연필 끝으로 화면의 여기저기를 두들기거나 콕콕 찔러서 나타내는 점을 의미한다. 아동이 생각하고 있는 것과 그것을 어떻게 나타낼까? 하는 초조한 감정의 표현이며, 이것은 문자나 언어 이전에 표시되는 마음의 투사이다.

예를 들면, 식사를 시켜놓고 빨리 나오기를 기다리며 식탁을 손끝으로 톡톡 두드리는 어른들의 행동, 화장실 문 앞에서 발을 동동 구르며 초조하게 기다리는 엄마의 모습, 초등학교나 중학교 학생들이 교실 책상 위에 연필로 콕콕 찔러 점을 표시하기도 하고 칼로 작은 구멍을 파거나 모서리를 깎아버리는 행동 등과 맥을 같이하는 것이다. 수업시간이나 시험 때에 느끼는 초조감 등이 이와 같은 행동으로 나타나는 것과 동일한 유형으로 볼 수 있다.

2) 혼선(混線)의 의미

아동이 자기가 그린 그림이 마음에 들지 않거나, 증오심을 느끼는 미운 사람의 얼굴을 그려놓고 혼선으로 마구 뭉개버리는 경우를 종종 보게 된다. 이러한 행동이 정신위생에 상당히 긍정적인 의미가 있다고 하여 오히려 이것을 권장한 학자도 있다. 물론 올바른 묘화의 형태를 보여 주는 것이 아니다. 그래서 눈살을 찌푸리게 하는 행동으로 비치기도 한다.

어른들의 세계에서도 흔히 보게 되는 현상으로 편지를 쓰다가 문맥이나 문장이 맞지 않거나, 글자가 틀리면 혼선으로 뭉개버리거나 종이를 마구 구겨서 쓰레기통에 던져버리는 경우와 다름없는 행동이다. 이것은 곧 마음속에 안고 있는 고통이나 정화되지 못한 응어리를 토해 내려는 배설수단으로 보면 된다. 그러므로 아동의 이러한 행동은 정신위생의 의미로 이해한다면 이를 권장한다고 해서 교육적 행위를 뛰어넘는 것이라고 할 수는 없다.

▶ 혼선으로 표현된 낙서(4서 남아)

무질서한 혼선으로 마구 그린 그림은 아동의 마음속 찌꺼기를 떨어내는 정신위생 활동이다.

3) 가로선(縱線)의 의미

그림도 아니고 그렇다고 장난질도 아닌 것의 대표적인 것이다. 싫다는 부정적인 의미를 내포하는 선이며, 우리가 흔히 아니라는 부정의 표시로 손을 좌우로 내젓거나 머리를 좌우로 흔드는 것과 같은 맥락이다.

이러한 표현은 그리기 활동 이외의 행동에서나 나이와 관계없이 나타나기도 한다. 이처럼 가로선은 부정적인 것, 필요 없다는 뜻을 나타내고자 할 때 흔히 표현하는 낙화이다.

▼ 가로선이 주가 된 낙서(5세 여아)

4) 세로선(橫線)의 의미

가로선과 동일하게 고개를 끄덕이는 긍정적인 표시로 알았다, 이해한다 등의 의미로 해석할 수 있다. 긍정의 뜻으로 손을 처드는 행동과 유사한 뜻을 갖는다고 하겠다. 그것은 손을 아래에서 위로 들었을 때 수직의 세로선으로 나타나는 것과 같은 형태로 보이기 때문에 그렇게 해석하기도 한다. 어떤 경우에는 할 수 없이 긍정하거나 복종하는 의미로 나타나는 표현으로 보기도 한다.

아동은 나름대로 꽤 잘 그린 그림으로 생각하는데, 내용이 부실하다고 자꾸 더 그리라는 엄마가 간섭이 극심하니 안 그릴 수도 없어서 세로선으로 화면에 죽죽 그어 내린다. 그리고는 비가 온다는 식으로 얼버무려 버린다. 마지못해 어쩔 수 없이 복종하는 의미를 담은 결과로 나타나는 세로선의 반복이라고 할 수 있다.

▼ 세로선이 주가 된 낙서(3세 남아)

5) 모가 난 혼선(混線)

아동이 학교를 오가는 길에 혼자 걸으면서 길에 떨어진 깡통이나 돌, 심지어는 지나가는 강아지를 걷어차서 곤욕을 치르는 경우를 가끔 보기도 한다. 엄마에게 야단맞은 아침이나 친구들과 싸우고 집으로 돌아오는 길에 화풀이로 나타나는 행동들이다. 이러한 심리적인 갈등을 겪고 있는 아동의 그림에서 모가 난 혼선을 마구 긁적거려 놓은 경우를 보게 되는데 이러한 감정적 표현은 일시적이며 마음이 안정되면 다시 정상적인 표현을 보이게 된다.

▼ 낙서화(4세 남아)

심한 심리적 갈등을 보여 주는 모가 난 혼선

6) 잔잔한 가로선의 의미

조용한 수평선을 연상시키는 평화로운 감정이 자유롭게 나타난 것임을 알 수 있다. 이러한 선에서 표현되는 아동의 마음은 항상 조용하고 평온해 보이지만 비교적 소극적인 면으로 나타나 보이기도 한다. 그러나 가로선이라 해도 힘이 가해진 직선이나 짤막짤막한 단선이 연속되면 세차고 열정적인 감정의 표현으로 볼 수도 있다.

▼ 평온한 마음이 가로선으로 나타난 표현(4세 여아)

이처럼 장난처럼 긁적인 선 하나에도 아동의 감정이 묻어나 있음을 볼 수 있다. 이러한 활동을 통하여 아동은 자신의 응어리진 내면의 부정적인 요소를 떨어내 버림으로써 정신위생을 꾀한다는 중요한 의미가 있다. 그러므로 이러한 행동을 이해하는 것은 곧 아동의 바람직한 성장과 발달을 도와주는 첩경이 되기도 한다.

7) 아동 미술과 체력과의 관계

아동 미술은 체력에 의해서도 개인적인 차이를 보여 준다. 체력의 차이는 아동의 생활이나 행동 면에서 특히 많이 나타난다. 같은 나이라도 신체적인 발달의 정도에 따라서 형태나 모양, 활동의 방법에도 많은 영향을 미친다.

대체로 체력이 강한 아동은 화면에 나타나는 선이나 색채가 강하며 원색을 선택하는 경우가 많다. 때로는 난폭할 정도로 강하게 화면을 채우는 경우는 야단을 맞았거나 화가 나 있음을 상징적으로 표현하고 있다는 증거이다. 반면 힘이 약한 아동은 대개가 선이 가늘고 옅은 색을 좋아하고 약하게 채색하는 경우가 많다. 그러나 뜻밖에 체력이 약한 아동이 강한 표현을 보일 때는 마음속에 강한 갈등을 가지고 있다는 의미로 해석할 수 있으며, 이러한 활동을 통해서 갈등을 해소해 나가며, 마음의 안정을 취하는 정신위생의 효과로 볼 수 있다.

▶ 매연(6세 남아)

체력이 약한 아동이 강한 표현을 보여 준 예.
자동차에서 나온 매연을 맡고 화가 나서 그린 그림

유치원이나 초등학교 교실에서 평소에 보여 주던 행동이 아닐 때 교사는 의외라는 듯 야단을 치고 제재를 가하기도 하지만 이것은 아동의 행동양식을 잘 이해하지 못한 결과로 보아야 한다. 아동의 행동에서 갑자기 급격한 변화를 보이는 경우에는 분명 아동의 마음속에 커다란 갈등을 겪고 있다는 증거이다. 이러한 행동을 보여주는 아동에게 강도 높은 시정을 요구하기보다 자유로운 활동으로 고무시켜 그러한 갈등을 해소해나가는 것이 아동의 정신위생상 오히려 바람직하다.

어린이 사생대회나 미술활동 현장에서 바탕을 다 채우는 것이 완성이라고 여기는 것을 종종 볼 수 있는데, 체력이 약한 아동은 바탕을 다 칠하는 것에 상당한 저항감을 가질 수 있으므로 반드시 바탕을 다 채워야 한다는 정형화된 개념은 분명히 개선할 필요가 있다. 우리나라 전통회화에서는 바탕을 그대로 남겨 둠으로써 여백을 살리는 예술이라 하여 '여백의 예술'이라고 일컫기도 한다. 여백을 또 다른 공간으로 인식하는 훌륭한 전통을 가지고 있으면서도 과거의 교육 양상이 서구식 위주이다 보니 서양회화에서 중요시하는 면이 모여 양감을 만든다는 조형의식 때문에 바탕도 면으로 보아 모두 채워야 하는 것으로 굳어진 정형화이다. 이러한 개념은 분명히 바뀌어야 할 조형의식이다. 아동의 표현활동에서 빈틈없게 면을 모두 채워야 한다는 것은 아동의 체력을 고려해야 하는 의미에서 볼 때나 우리의 전통회화 의식을 계승한다는 의미에서도 분명히 개선되어야 할 점이다. 재미있는 사실은 중국이나 대만, 일본 등 동양문화권에서는 이러한 여백의 전통회화를 미술교육의 근간으로 삼는 데 반해 유독 우리나라만 학교에서 서양화 양식 위주로 활동이 이루어지고 있다는 점이다. 이러한 경향은 민족문화의 기반을 다진다는 의미에서도 앞으로 분명히 개선되어야 할 점으로 보인다.

8) 불안, 공포(不安, 恐怖)의 표현과 정신위생

신생아가 모태로부터 태어나면서 제일 먼저 보여 주는 자기표현은 울음이다. 그것은 모태 속에서 안전하고 안락하게 성장해 오다가 바깥세상으로 출생이라는 급변을 맞으면서 처음 몸으로 느끼는 공포감이 대뇌세포를 자극하고 그것의 반사작용으로 나타나는 것이 울음이라고 정신분석학에서나 심리학에서는 말하고 있다. 이렇게 세상에 태어난 순간부터 불안과 공포는 인간의 의식 깊숙이 자리하는 원초적인 심리의 한 부분이다. 성장 과정에서도 수많은 불안과 공포를 경험하게 되고, 특히 유아기에 경험하게 되는 불안과 공포는 머리에서 지워지지 않는 마음의 상처가 되며 정신적인 고통으로 남는다. 그래서 유아의 긁적이는 낙서도 이러한 불안과 공포에 대한 투사라고 할 수 있는 것이 많다.

아동은 그리기 놀이를 통하여 그들의 생활 속에서 겪는 무수한 불안과 공포를 그리는 놀이를 통하여 마음속으로부터 표출 · 해소하는 자정 활동의 하나로 활용한다. 불안과 공포는 아동만이 느끼는 것이 아니라 어른도 마찬가지로 느끼는 마음의 고통이다. 이러한 불안과 공포를 어릴 때부터 해소하지 못하면, 성인이 되어서도 항상 불안과 공포에 민감한 반응을 보인다. 흔히들 '마음이 약한 사람', '소심한 사람', '화를 잘 내는 사람', '책임감이 없는 사람' 등으로 불리는 사람 중에는 어릴 때 마음속에 남아있는 불안과 공포를 해소하지 못한 것이 원인이 되는 수가 많다고 한다. 이것은 곧 인격형성에 큰 영향을 미친다는 뜻으로 해석되는 것이다. 이러한 불안과 공포는 인위적인 것뿐만 아니라 지진 · 천둥 · 번개 · 화재 · 수해 등 자연재해로 인한 경우도 많다.

▼ 무서운 공룡(7세 남아)

사람까지도 잡아먹을 수 있는 공룡 이야기를 듣고
그림을 그려 무서운 감정을 털어내는 것이 아동이다.

이처럼 인간의 성장 과정에는 항상 불안과 공포가 떠나지 않고 있다. 최근에 전 세계적으로 자연재해가 이어지면서 우리 생활에 많이 회자되고 있는 말이 트라우마(trauma)이다. 외상후증후군으로 번역되는 정신장애의 일종이다. 자연재해뿐만 아니라 인재에 의해서도 일어나는 심한 충격파에 의해 그 후유증으로 정상적인 생활을 할 수 없는 경우를 통칭한다. 특히, 어릴 때 겪는 이러한 재해는 아동의 인격에 심대한 영향을 미치는 요인으로 작용하므로 아주 작은 충격이더라도 반드시 바로 잡아주어야 한다는 것이 전문가들의 조언이다.

미술활동의 목적이 바로 아동의 활동에서 이러한 불안과 공포의 원인으로 작용하는 요인들, 즉 '괴물', '미운 사람', '심하게 야단치는 엄마', '재해로 인한 충격', '가위눌림' 등을 그림으로 표현하면서 그것에 대한 좋지 못한 의식을 털어낸다는 의미가 있다고 해도 그다지 과장된 표현은 아닐 것이다. 이것이 곧 올바른 인격형성의 한 부분이 될 수도 있기 때문이다. 그러므로 아동의 자유로운 표현은 불안이나 공포 등의 불순물을 제거해 나가면서 마음을 정화하는 활동이라고 할 수 있다.

9) 불쾌, 실패감(不快, 失敗感)의 해소

유아기에 겪는 불쾌감의 대표적인 것으로 야뇨증이나 요실금이 있다. 이러한 것은 생리적 · 심리적인 것이 원인이 되어 나타나는 현상이다. 아동은 이러한 불쾌감을 주는 기억을 미술활동으로 해소한다. 자기 의지와는 관계없이 나타나는 이러한 증세 때문에 아동은 활기를 잃고 항상 불안한 마음으로 생활하게 되는 경우가 적지 않다. 그렇다 보니 미술활동에서도 적극성이 사라지고 소극적이 되어 자신의 불결한 느낌을 역시 불결을 상징하는 색채 등으로 나타낸다고 한다. 그 밖에도 초조해하면서 성급하게 그린 것 같이 분명하지 못한 선으로 화면의 한쪽 구석에 조그맣게 나타내고 검은색이나 파란색, 갈색 등으로 채색하기도 한다.

아동기에 적잖게 나타나는 이러한 불쾌나 실패감 표현의 주요인이 되는 야뇨증에 대해 무척이나 무지한 방법으로 대응했음을 보여 주는 사례가 많았다. 옛날부터 우리나라에서는 이러한 증세를 보이는 아동에게 심한 비난이나 키를 뒤집어쓰고 이웃집에 소금을 얻으러 가게 해서 창피함과 조롱을 주어 그것을 고쳐 보려는 악습이 있었다. 그러나 그것은 오히려 아동에게 긴장감을 고조시키고 나아가 증세를 더욱 악화시켜, 습관적 증세로 몰아가게 되는 것으로 무지의 소치였음을 알 수 있다.

요즘 학부모는 이러한 것에 대해서 교육을 많이 받은 덕분에 성장 과정에서 충분히 있을 수 있는 것으로 이해하고 부드럽게 긴장을 풀어주어 증세를 호전적으로 유도하기도 하지만 그런다고 해서 아동이 느낀 불쾌감이 쉽게 사라지지는 않는다. 이러한 느낌은 미술활동을 통하여 해소함으로써 치료할 수 있다는 사실은 여러 연구에서 입증되고 있다. 불쾌감이나 실패감에 대한 심리적인 압박을 해소해 주는 것은 원만한 인격형성과 정신위생으로 가는 또 하나의 방법임을 인식하는 것이 필요하다.

▼ 오줌 누는 아이(6세 남아)

불쾌 · 실패감을 털어내기 위한 의식이 나타난 그림

10) 애정욕구 불만(愛情欲求 不滿)의 해소

아동의 욕구불만 가운데 가장 주된 것이 애정욕구이다. 보통 동생이 태어나면서부터 엄마의 사랑을 동생에게 빼앗겼다는 욕구불만을 갖가지 행동으로 나타내곤 한다. 동생을 느닷없이 때리거나 꼬집어서 울리는 행동이 대표적인 것이다. 또한, 다정한 엄마와 아빠를 보고 질투심을 느껴 굳이 엄마, 아빠 사이에 파고드는 행동도 같은 맥락이라고 할 수 있다.

▼ 피자배달(7세 여아)

피자가 배달되었지만 얄미운 동생을 아주 작게 그려
피자를 보지 못하게 한 것처럼 표현한 경우이다.

아동은 성장 과정에서 애정에 대한 강한 욕구를 느끼며, 이것이 어떻게 충족되느냐에 따라서 인격을 형성하는 데 지대한 영향을 미치기도 한다. 이러한 애정욕구는 곧잘 그림에 나타난다. 애정욕구는 주로 색채에서 많이 표현되는데 대표적인 색채는 노란색이며, 애정욕구가 강하게 작용할 때는 주황색으로 흔히 나타난다고 보는 견해도 많다. 이것이 좀 더 지나쳐서 욕구불만이 반항으로 확대될 때는 검은색이나 회색으로 나타나기도 한다.

아빠의 애정에 만족을 느끼는 아동은 빨간 태양에 강렬한 빛살을 그리고 편애하거나 매일 늦게 귀가하여 아빠를 자주 볼 수 없는 아동은 노란색이나 파란색의 태양으로 나타낸다. 동생이 태어나면서 그로 인한 편애의 느낌을 받는 아동은 화면의 중앙에 자신을 크게 그리고 동생은 한쪽 귀퉁이에 조그맣게 그려놓아, 지저분한 색으로 적당히 얼버무려 버리기도 한다.

이러한 아동의 자유로운 표현활동은 정신위생상 큰 도움을 준다. 즉, 동생에 대한 좋지 못한 감정을 그림으로나마 발산해 버렸기 때문에 동생을 미워하는 마음은 어느 정도 해소가 된다는 것이다. 한편으로는 동생을 조그맣고 더러운 색으로 칠했다는 미안한 감정은 동생에 대한 나름의 애정을 만드는 계기가 되기도 한다.

11) 물질적 욕구불만

아동이 갖고 싶어 하는 여러 가지 물건에 대한 욕구는 물건의 종류만큼이나 많으며, 충족시켜준다 해도 그 지속 시간은 매우 짧아서 돌아서면 금방 새로운 것을 요구하는 경우를 흔히 보게 된다. 모자, 야구 방망이, 자동차, 로봇, 인형, 게임기 등 헤아릴 수 없다. 시장이나 백화점에 데려가면 이러한 욕구는 한층 더 기승을 부린다. 눈에 보이는 데로 사달라고 조르고 그것이 충족되지 않으면 떼를 쓰거나 울음을 터뜨려 엄마를 곤혹스럽게 한다.

자동차를 사달라고 하도 보채는 통에 사주면 며칠 되지 않아 또다시 비행기를 사달라고 조른다. 비행기를 사주면 그것 역시 며칠을 가지 못하고 다른 새로운 것을 사달라고 또 야단법석을 떤다. 그때마다 모두 만족을 줄 수는 없다 보니 야단을 치거나 하여 욕구를 차단해 버린다. 바로 이러한 욕구불만이 아동의 마음속에 쌓이게 되고 이러한 욕구불만이 그림으로 나타나면서 해소가 되는 것이다. 아동의 이러한 물질적 욕구불만은 대개 고동색, 짙은 갈색, 갈색, 황토색 계통으로 표출된다.

어떤 아동이 사람을 그려놓고 머리 양쪽에 나무를 많이 그린 후에 짙은 갈색으로, 얼굴은 빨간색으로 칠했다. 얼른 보기에 머리와 관계되는 물건을 가지고 싶어 하는 표현임을 알 수 있었다. 엄마에게 아이의 상태를 물어보자 옆집 친구가 쓰고 다니는 야구팀 모자를 사달라고 며칠 전부터 졸라대고 있다는 설명이다. 또 어떤 아동은 계속해서 빨간 신발을 계속 그려대어서 알아보니 엄마와 함께 빨간 신발을 사러 가기로 약속을 해두었다는 설명이다. 이처럼 아동은 물질에 대한 욕구불만을 그리기 활동을 통하여 발산하고 있는 것이다. 그들의 솔직한 심정을 화면에 담아 충족시키려는 결과라고 볼 수 있다.

이처럼 아동의 물질에 관계되는 욕구불만은 그림에만 국한되는 것이 아니라 미술활동 전반에 걸쳐서 나타난다. 찰흙 놀이나 나무토막 쌓기, 꾸미기 등에서도 이러한 욕구충족으로 대변되는 활동이 이루어지며, 또한 이러한 활동에서 정신위생의 효과를 얻게 되고, 나아가 미술활동의 목적을 달성하는 이상의 것을 획득하는 것이다. 그것은 올바른 인격육성에 직·간접으로 관여하면서 영향을 미친다는 뜻으로 해석할 수 있다.

▶ 고양이(7세 여아)

고양이를 키우고 싶은 욕구가 나타난 표현으로 아동은 자기가 갖고 싶은 욕구를 그림을 통해서 발산하기도 한다.

3 그림을 통한 아동의 이해

아동이 그림을 통해서 표현하는 형태·색채·선 등은 아동의 성격이나 생활환경과 깊은 관련이 있다. 아동의 내면세계가 고스란히 표출되는 것이 아동화라고 할 때, 내면의 사상을 표현하는 예술가의 작품 세계와 어느 정도는 상통한다는 의미로 해석할 수도 있다. 그러므로 아동의 내면세계가 그림 속에 녹아 있다는 뜻으로 해석되는 오늘날, 아동의 여러 가지를 파악할 수 있고 아동의 성장 발달에 적절한 대응을 모색할 수 있다는 의미로 그 뜻을 새겨 볼 수도 있다.

형태나 선은 아동의 힘과 중량 또는 욕구의 억제 정도와 관계가 있고 공간 처리나 공간 이용은 아동의 내부 상태와 환경에 대한 적응이나 부적응의 양상으로 나타난다는 것이다. 이러한 의미에서 볼 때, 저자의 경험과 여러 나라의 학자에 의해서 연구된 결과를 바탕으로 아동화에서 나타나는 여러 요소와 관련지어 아동 이해의 수단으로 삼아본다. 그러나 여기서 보여 주는 여러 가지 진단은 절대적인 가치가 아니라는 점과, 어설픈 판단으로 아동을 잘못 이해할 수 있는 오류를 범할 수 있음을 항상 상기하면서 어디까지나 참고 사항으로 활용되어야 할 것임을 밝혀 둔다.

▼ 나무를 살려줘(7세 남아)

개발로 마구 잘려나가는 숲을 보면서 종이비행기를 타고라도 막아야겠다는 안타까운 마음을 담은 표현
- 언뜻 보면 하늘을 날고 싶은 심정을 담은 것 같지만 아동의 의도는 전혀 다르다.
이처럼 아동화를 이해한다는 것은 결코 쉬운 것은 아니다.

1) 색채를 통한 아동의 이해

아동화의 색채에 대한 연구는 많은 학자에 의해 시도되었다. 대표적으로 램케(Lembke), 리드(Read), 나폴리(Napoli), 앨슐러(Alschuler), 블레이크(Blake), 하트윅(Hittwick)과 같은 연구가가 아동화에 나타난 색채를 심리학적인 바탕에서 분석·판단한 것을 참고해 보기로 한다.

◆ 난색(難色)을 선호하는 아동

- 대개 따뜻한 감정을 가졌다고 보이며 남을 배려하는 마음씨가 많은 아동이다.
- 어른에게 의존하려는 경향이 많은 편이며 감정의 소용돌이가 강하다고 할 수 있다. 또한, 애정에 대한 의존과 시기, 욕구 등 마음의 갈등이 유동적이어서 감정 기복이 비교적 크다.

◆ 한색(寒色)을 선호하는 아동

- 다른 아동에게 비교의식이 강하고 다분히 자기중심적이다.
- 지적인 것에 흥미를 느끼며 독립적인 의지가 강하고 간섭과 지기를 싫어하는 경향이 크다.

◆ 빨간색을 선호하는 아동

- 애정이 풍부하며 비교적 행동이 자유롭다. 활동적이고 의욕적이어서 적극성이 두드러져 보이는 아동이다.
- 원이나 사각형, 삼각형 등으로 나타날 때는 신체적인 건강과 심리적 만족상태를 나타낸 것이고, 사선이나 가로선 또는 난폭하게 색칠을 하거나 다른 색 위에 강하게 덧칠을 할 경우는 적대감 · 적의 · 공격적인 면과 강한 자기주장이 수반되는 상태를 나타낸 것으로 볼 수 있다.

◆ 파란색을 선호하는 아동

- 선이나 차분한 형으로 나타날 때는 비교적 명랑하며 주위 환경에 잘 적응하는 경우로 보아도 좋다.
- 순종을 잘하며 다른 아이들과도 원만한 관계를 유지한다.
- 강한 파란색을 즐겨 사용할 때는 불안과 긴장상태가 지속되는 경우를 암시하는 것으로 볼 수 있다.

◆ 노란색을 선호하는 아동

- 의존심, 애정욕구가 강하고 적극성이 적은 관계로 매사에 소극적인 행동을 보이는 경우가 많다.
- 어른에게 어리광을 많이 부리며 애정에 대한 질투심이 강하다.
- 어릴 때 애정결핍으로 마음의 상처가 많은 경우에 나타나는 아동으로, 애정욕구의 회복을 꾀하려는 의식이 강하게 투영되어 나타나기도 한다.

▼ 화분에 물주기(7세 여아)

노란색을 좋아하는 아동은 인정받으려는 욕구가 강하고 어리광이 많다고 알려져 있다.

◆ 녹색을 선호하는 아동

- 자기감정을 억제하여 잘 나타내지 않고 인내심이 강하며 온순한 성격이다. 감정 자제력이 뛰어나다 보니 친구들과의 관계가 원만하고 적응성도 강하며 협조적이다.
- 엄격한 가정에서 자란 아동에게서 많이 나타나는 경향일 수도 있으며 경우에 따라서는 무기력하고 허약한 아동일 수도 있다.
- 건강한 아동 중에는 피로하거나 슬픔, 안식하고 싶은 욕구가 강하게 나타날 때 자주 사용하는 색상이다.

◆ 짙은 갈색(황토색, 갈색 포함)을 선호하는 아동

- 물질적 욕구를 강하게 나타낼 때 많이 사용한다.
- 변화를 싫어하여 아동의 상태에 머물고자 하는 욕구가 많으며 가정에서 놀이나 행동에 대한 제한을 많이 받는 경우에 나타나는 색이기도 하다.
- 화면 전체에 주도적으로 사용할 경우에는 가정의 궁핍을 상징하기도 하고, 화면 위쪽에 몰려서 나타날 때는 머리에 관계되는 물질의 욕구, 아래쪽에 나타날 때는 다리나 발에 관계되는 물질의 욕구가 표출된 것으로 판단하기도 한다.
- 도벽 경험이 있는 경우는 검은색, 녹색, 흰색과 더불어 나타나는 경우가 있다.

◆ 주황색을 선호하는 아동

- 주위 환경에 잘 적응하며 애교가 많고 싹싹한 성격을 가졌다고 여겨진다.
- 강한 감정 표현을 회피하는 경향이며 공상적인 놀이를 좋아하고 비교적 소심하며 두려움이 많은 편이다.
- 애정욕구가 강하며 노란색에서 느낄 수 있는 경향과 비슷한 양상을 보인다.

▼ 풀밭에서 즐겁게 놀았어요(7세 여아)
주황색을 즐겨 쓰는 아동은 싹싹하고 애교가 많다고 한다.
실제 그림에서도 그런 분위기가 느껴진다.

◆ 보라색(붉은 보라색, 남보라색 포함)을 선호하는 아동

- 행동에 제한을 많이 받아 불안해하는 경우가 많고 원만한 대인관계를 잘 이루지 못하여 외톨이로 지내는 경우가 많다.
- 질병과 관계가 많아 환자들이 즐겨 쓰는 색이라는 연구보고도 있다. 또 어떤 경우에는 자기의 힘을 과장하여 나타내려고 할 때 보이는 경향이기도 하며, 심한 정신적인 갈등을 대변하는 것으로 보는 경향도 있다.
- 한 가지 재미있는 연구의 결과는 유흥접객업에 종사하는 여성이 즐기는 색으로 자신의 어두운 내면을 감추어 고상하게 보임으로써 자기 자신을 회복하려는 심리적인 면이 바탕이 되어 나타나는 경우도 있다고 한다.

◆ 분홍색을 선호하는 아동

- 보라색에서 보이는 경향과 유사하다.
- 기온이나 체온에 의한 신체적인 변화를 나타내기도 하고 예쁘게 보이고 싶은 욕구가 강하게 작용할 때도 나타난다.
- 분위기에 특히 민감한 성격을 대변하는 색상으로 여자 아동이 선호하는 색상 중 대표적인 것이다.

▶ 내가 숙녀야(5세 여아)

분홍색은 여아가 즐겨 쓰는 대표 색으로
예쁘게 보이고 싶은 욕구가 유난히 강하다.

◆ 검은색을 선호하는 아동

- 감정 기복이 심하며 불안과 공포가 지속적일 때 많이 나타나는 색이다.
- 특히, 엄마의 잔소리가 극심하여 이것을 회피하려는 방법으로 검은색을 이용, 잔소리로 일어나는 마음의 갈등을 덮어버리고 싶은 욕구를 상징적으로 표현하는 양상이다.
- 갈등과 욕구를 지속적으로 참고 억누르는 행동에서 이것이 밖으로 돌출될 때는 공격적 성향으로 변하기 쉬울 수 있다.
- 엄마들로부터 가장 많은 상담을 받게 되는 색상인데 그렇다고 반드시 부정적으로만 볼 수는 없다.
- 경우에 따라 아동 나름의 합리적인 이유를 수반하는 강한 상상력에서 나타나

는 양상이므로 때로는 긍정적인 면을 포함하기도 한다. 앞에서도 지적하였듯이 낮에 보았던 것이 밤이 되니까 모든 것이 까맣게 변해 간다는 시간의 흐름에서 오는 변화 현상을 표현한 경우를 생각해 본다면 쉽게 이해할 수 있다.

▶ 예쁜 내 손(7세 여아)

검은색을 많이 쓴다고 해서 부정적으로만 볼 수는 없다. 검은색을 바탕에 칠하여 자신의 손을 돋보이게 한 경우이다

◆ 회색을 선호하는 아동

- 대인관계가 원만하지 못하며 경계심이 강하고 열등의식이 많은 경우에 주로 사용한다.
- 가정에서 억압을 당한다고 만성적으로 느끼며, 지속적인 불안감을 가지고 있다.
- 심한 질책이나 제재로 자기의사표현이 차단당하고, 또한 더 강한 야단을 두려워해서 그것을 회피하려는 심리가 작용하고 있기 때문으로 보인다.
- 독재국가에서 국민들이 자기에게 돌아올 불이익 때문에 속마음을 드러내 보이지 않는 중도적인 행동을 보이는 경우를 회색분자라고 하는 것과 같은 맥락으로 보는 양상이다.
- 행동이 분명하지 못하여 모호함이 많고 용기가 부족하여 소극적인 양상을 보인다.

◆ 흰색을 선호하는 아동

- 불쾌하다거나 실패감으로 표현되는 경우를 의미하기도 한다.
- 외부에 대한 경계심, 자신의 행동을 감추기 위한 상징으로 나타나기도 한다.
- 거짓말을 잘하거나 실패를 감추어서 다시 결백한 상태로 회귀하려는 심리적인 바탕이 깔렸을 때 자주 나타나기도 한다.
- 흰 눈이 내려서 세상을 온통 하얗게 덮어버리면 모든 것이 깨끗해 보이는 현상과 맥을 같이하는 심리현상이 내재하는 경우로 보기도 한다.
- 더럽고 추한 실패의 마음을 희고 깨끗하게 정화한다는 의미로 사용하기도 한다.

◆ 혼색(混色)을 많이 쓰는 아동

- 모든 행동에 적극적이며 자유롭게 자기를 나타내거나 감정 표현에 거침이 없고 솔직담백하다.
- 다른 아동들과의 융화도 좋은 편이며 남을 배려하는 마음이 많아서 인기가 많은 아동으로 통한다.
- 지적 수준이 높고 사물이나 상황판단에 적절히 대응을 잘하는 아동이며 비교적 색상에 대한 이해도가 높다.
- 혼색에 대한 특질을 어느 정도 알고 있다는 의미이며, 그만큼 색에 대한 다양성을 가진다고 볼 수 있다.

◆ 색의 가지 수가 적은 아동

- 감정조절이나 생활경험의 부족으로 창조성이 부족하다고 볼 수 있다.
- 망설임이 많고 소극적이어서 표현의 폭이 넓지 않으며, 적극성이 떨어지는 아동이다.

▶ 애완견 훈련장(8세 남아)

사용하는 색상의 가지 수가 한정되어 있는 아동은 비교적 소극적이고 경험이 부족한 데서 연유하기도 한다.

◆ 필요 이상으로 덧칠하는 아동

- 열등감이 많고 자신의 감정을 감추기 위한 상징으로 나타나는 활동이다.
- 검정에서 보여 주는 심리적 바탕과 유사한 양상을 보인다.
- 인정받지 못하는 것에 대한 회피활동으로 또는 마음에 들지 않는 것을 감추려는 의식에서 나타나기도 한다.

2) 선(線)으로 보는 아동의 이해

선에도 아동의 감정이 표현되는 경우를 흔히 보게 된다. 우리나라의 전통 회화를 '선의 예술'이라고 하는 이면에는 한 가닥의 선으로도 인간의 감정을 충분하게 나타낼 수 있다고 여겼으며 그 속에 중요한 조형의 원리를 나타낼 수 있다는 생각이 담겨 있다. 그러므로 선 하나하나에도 아동의 여러 가지 심리 상태나 갈등이 녹아 있으며 선의 표정에 따라서 아동의 심정이나 정서적인 상태를 읽어 볼 수 있다.

◆ 수직선을 즐겨 쓰는 아동

- 수직선에서 느낄 수 있는 감정은 남성적 · 직선적 · 적극적인 표정을 갖는 것과 같이 강한 자기 의지의 표현과 고집이 세다는 뜻을 포함하는 자기중심적인 표현경향으로 나뉘어 나타난다.
- 반항적 · 공격적인 열정을 느낄 수 있다.

- 수직선에서 느껴지는 상징처럼 자기를 내세우려는 면이 강하게 나타나므로 다른 아동들과 잦은 마찰을 겪기도 하여 원만한 친구 관계를 만들지 못하는 경향을 보인다.

◆ 수평선을 즐겨 쓰는 아동

- 수평선에서는 여성적 · 평안함 · 안정감 등을 느낄 수 있다.
- 대체로 얌전한 편에 속하며 다른 아이들과 협조적이어서 전체에 잘 어울리는 원만함을 보여 준다. 반면에 자기주장이 약하여 의지가 부족해 보이기도 하지만 차분하고 이지적인 면을 가지고 있다.
- 그다지 말썽을 부리지 않고 순종하는 편이며 그렇다 보니 두드러진 점이 보이지 않아서 평범한 아동으로 비친다.

◆ 사선이나 불규칙한 혼선을 많이 쓰는 아동

- 사선에서는 운동감 · 변화 · 반항 · 공간감 · 불안 등의 감정을 느낄 수 있다.
- 감정이 불안하거나 어떤 힘의 느낌을 나타내고자 할 때 즐겨 쓰기도 한다.
- 불규칙한 혼선으로 나타날 때는 아동이 심한 갈등상태에 빠져 있음을 표현하는 것이다. 그래서 정리되지 못하고 혼란한 심리상태의 반영으로 나타나는 현상이라 하겠다.

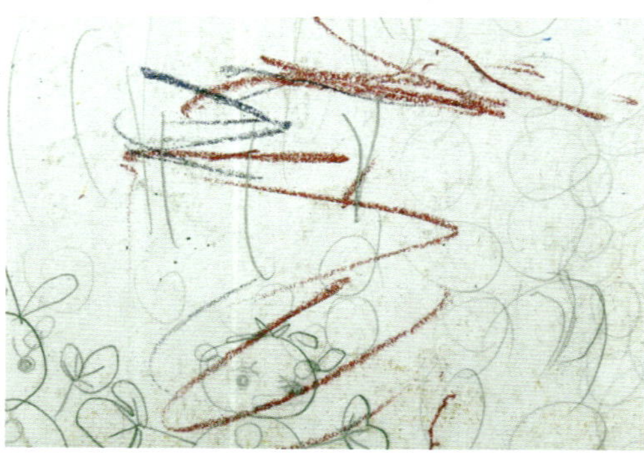

▶ 불규칙한 혼선에 의한 낙서(6세 여아)

선은 아동의 여러 가지 갈등과 마음을 대변해 주는 것으로도 볼 수 있다.

◆ 부드러운 곡선을 즐겨 쓰는 아동

- 곡선에서는 세련 · 유순 · 우아 · 신중 · 자유분방 등의 감정을 느낄 수 있다.
- 곡선을 즐겨 쓰는 아동은 부드럽고 온화한 성격을 지니고 있으며 친구들과의 관계가 원만하고 협동심이 많다.
- 비교적 환경에 잘 적응하는 아동이다.
- 자기주장이 강하지 않아 적극성이 부족해 보이는 경향이 있으나 대체토 자기 표현에는 충실함을 보인다.

3) 구도나 주제로 보는 아동의 이해

그림에서 주제가 전체 화면의 중심에 자리하고 있는 경우는 용기와 자신감이 강하며 대담한 성격의 아동이고, 반면에 오밀조밀 작은 그림을 잔뜩 나열하는 식의 표현을 보이는 아동은 소심하고 잔소리를 많이 듣는 경우라고 해석하고 있다. 이처럼 아동화의 구도나 주제의 배치에 따라서 아동의 정서적 상태와 성격이 나타나며, 이것을 잘 분석해보면 아동의 성장 발달을 도울 수 있는 좋은 자료가 된다.

◆ 구도와 부분적인 배치 균형이 맞지 않는 아동

- 대체로 성장 발달이 늦은 편으로 보며, 자기통제력이 부족하고 환경에 적응하는 능력이 뒤떨어진다고 하겠다.
- 그러나 이러한 형식을 보인다고 하여 반드시 다 그런 것은 아니다. 그것은 아동화에서 보이는 일반적인 구도일 수도 있기 때문이다.

▶ 우리 동네(7세 남아)

전체적으로 화면의 배치 및 균형이 갖지 않다.
또래에 비해 표현력이 떨어져 보인다.

◆ 구도로 보아 주제가 밑으로 쏠려 있는 아동

- 환경에 억압당해 행동에 자신감이 부족하고 소극적인 경향을 보이는 경우로 본다.
- 엄마의 잔소리가 극심하여 아동의 활동을 위축시키거나, 부부싸움이 잦아서 가정이 불안정하거나, 아버지의 권위가 강하여 가정의 분위기가 침울하거나, 아버지의 잦은 술주정이나 폭력 등으로 아동이 위축되어 조심성이 많고 소심한 성격의 결과로 나타나기도 한다.

◆ 구도로 보아 주제가 좌우로 쏠려있는 아동

- 대체로 적극성이 부족하며 활발하지 못하다고 여겨지는 경우이다.
- 왼쪽으로 쏠려 있을 때는 도피적이라고 볼 수 있고 오른쪽으로 쏠려 있을 때는 공격적인 성향이 강하게 표현된 결과로 볼 수 있다.

◆ 남의 그림을 보지 않고는 못 그리는 아동

- 의존심이 강하여 자기 스스로 무엇을 해 보겠다는 의지가 부족한 경우이다.
- 용기와 적극성이 부족하여 도와주기를 은근히 기다리기도 한다.
- 평소에 부모가 많이 도와주거나 간섭이 많은 경우에도 이러한 양상을 보인다. 또 어떤 경우는 경험이 부족하여 무엇을 어떻게 그릴지 망설임이 많을 경우에도 나타나는 양상이다.
- 무엇보다 행동의 자율성이 없어서 자기표현에 허약성을 많이 나타낸다.

4) 그림의 전체 분위기로 보는 아동의 이해

화면의 전반적인 분위기에 관계되는 내용이다. 전체적으로 보아 침울해 보이거나 화사해 보이거나 활력이 느껴지고 의욕적으로 보이는 등의 느낌을 의미한다. 이러한 경향은 아동의 활동 가운데서 매번 지속해서 나타나는 것은 아니다. 경우에 따라 침울하기도 하고 또 어떤 경우에는 밝고 화사한 분위기를 보여 주기도 한다. 아동의 감정이 어떤 상태인지에 따라 그림의 분위기가 달라질 수도 있다. 그러므로 제시하는 사례는 늘 고정적인 양상이 아니며 변화가 많다는 점을 알아야 한다.

◆ 무기력한 그림의 아동

- 의지가 약하고 신체가 허약한 아동으로 발표력이 부족하거나 의욕이 떨어져 보일 때 나타나는 경향이다.
- 그리기가 싫어서 망설이는 아동에게 억지로 그리기를 강요할 때 보여 주는 결과이기도 하다.
- 경험의 부족이나 억압과 강요, 이 때문에 심한 갈등을 겪고 있는 경우에도 이러한 경향이 많이 나타난다.

◆ 운동감이 부족하여 딱딱한 그림을 그리는 아동

- 창조력이 부족하며 모방심이 강하고 잔재주를 많이 부린다는 느낌을 준다.
- 지적인 면에 강한 성향을 보이는 아동에게서 흔히 나타나기도 하는데 그리는 주제에 대한 논리적 상상이 지나쳐서 오히려 생명력을 저하하는 경우라고 볼 수 있다.
- 자유로운 감정 표현이 부족한 경우로 보이기도 한다.

▶ 우주선(7세 남아)

자유로운 감정표현이 부족하고 딱딱한 느낌을 준다.

◆ 전체적으로 위로 떠오르는 느낌을 주는 그림의 아동

- 성취욕구가 강하며 모든 면에 자신감이 있는 아동이다.
- 자기를 내세우기 위해 손을 들다가 여의치 않으면 일어서기까지 하는 행동양식의 대응이라 여겨진다.
- 자신감이 너무 강하여 의욕이 앞서기는 하지만 화면의 구성력은 전반적으로 떨어진다고 볼 수 있다.
- 용기도 있고 적극성도 강하며 자기주장에 강한 반응을 보이기도 하지만 자칫 산만해 보이기도 한다.

◆ 공격적이고 파괴적인 느낌의 아동

- 부모로부터 지속적으로 구박을 당하고 있거나 그로 인한 반항 의식이 투영되어 나타나는 것으로 보인다.
- 반면에 자신의 의도를 강하게 발휘하는 자신감과 기쁨을 용기 있게 표현한 경우로 볼 수도 있다.
- 때에 따라서는 친구들에 대한 복수심이나 자신의 힘을 과시하기 위하여 과장하여 표현하는 양상일 수도 있다.

5) 인물화로 보는 아동 이해

아동화의 가장 주된 소재가 사람이다. 그것은 사람과의 접촉이 생활의 전부이기도 하지만 부모나 친구들과의 관계가 아동의 의식을 지배하는 경향이 강하기 때문에 그것이 자연스럽게 투사되는 탓이기도 하다. 그러므로 그림에 나타난 인물의 표정이나 동작 하나하나를 잘 관찰한다면 아동이 대인관계에서 마주하고 있는 문제가 무엇인지 짐작해 볼 수 있다. 어쩌면 아동이 가장 고심하는 문제를 끄집어 낼 수 있는 단서를 발견할 수 있을 것이다.

◆ 사람이 모두 옆으로 비스듬히 쓸린 그림의 아동

- 주위 사람들의 요구가 많아 마음속에 많은 부담을 느끼거나 그것이 어떤 때는 중압감으로 느껴질 때 나타나는 양상이다.
- 대인 관계가 원만하지 못하며 밖에서는 활발함이 떨어져서 위축되어 보이며 자기 도피를 하려는 경향이 많다.

◆ 표정이 거의 없는 그림의 아동

- 친구들과의 사이가 그다지 원만하지 않고 사교적인 면이 떨어지는 아동이라 할 수 있다.
- 집안에서는 활동적으로 보이나 밖에서는 소극적인 면을 보인다.
- 똑같은 표정으로 획일성을 보이기도 하는데 이것은 표정에 대한 경험의 부족일 수도 있다.

◆ 좋지 못한 표정을 그린 아동

- 기분이 좋지 않거나 갈등과 욕구 충족이 이루어지고 있지 않을 때 보이는 양상이다.
- 그린 사람에 대한 감정이 좋지 않은 경우를 나타낼 때 보이는 현상이기도 하다.
- 동생이 매우 밉게 느껴지거나 자신을 늘 괴롭히는 친구에게 악감정을 가지고 그릴 때도 흔하게 나타나는 양상이다.

▶ 친구들(6세 남아)

친구들 표정이 그다지 호의적이지는 않은 걸로 봐서 썩 관계가 좋아 보이지는 않다. 이처럼 인물화를 통해서 아동의 마음을 읽어 볼 수 있다.

◆ 부모나 선생님의 등을 보이게 그린 아동

- 그린 대상이 평소에 너무 엄하게 느껴져서 권위자에 대한 혐오감의 대응으로 나타나는 양상이다.
- 평소에 따뜻한 대화와 부드러운 표정으로 아동을 대해야겠다고 느끼게 하는 그림으로 여겨지는 경우다.
- 아동의 심리상태를 가늠해 볼 수 있는 좋은 자료가 될 수 있다.

◆ 사람을 특히 크게 강조하여 그린 아동

- 가정이나 유치원, 학교에서 가장 지배력이 큰 사람을 표현할 때 나타나는 양상이기도 하다.
- 자신을 가장 사랑해 주는 사람에 대한 아동 나름의 보상심리에서 표현되는 것이라고 할 수도 있다.
- 아동화의 특징에서 보여 주는 자기 자신의 강한 지배력을 상징하기 위해서 화면에 의외로 크게 나타내기도 한다.

◆ 신체 일부를 강조한 아동

- 신체의 특정 부위를 특히 강조하였을 경우 그 부분에 대한 혐오감이 표현되는 경우도 있다.
- 눈 · 코 · 귀 · 입 등을 대상으로 하는 경우가 많다. 예를 들어 눈을 크고 세밀하게 그렸을 경우 눈병이 있거나 평소에 '눈이 조금만 더 컸다면 멋있을 텐데.' 하는 강한 기원에 의해서 나타나기도 하는 양상이다.

◆ 언제나 한 두 사람만 작게 그린 그림의 아동

- 항상 외롭고 고독함을 느끼고 있으며, 다른 아이들과의 관계가 원만하지 못하고 사귐에 있어서 소극적으로 보이는 양상이다.
- 적극성과 사교성이 부족하여 친구 사이가 원만해 보이지 못하는 아동이라고 할 수 있다.

◆ 한쪽 구석에 작게 그린 아동

- 화면에 등장하는 아동과 심리적 거리감이 있을 때 나타나는 현상이다. 때로는 자기가 미워하는 사람을 그린 경우일 수도 있다.
- 부모의 사랑이 쏠린 동생일 수도 있고, 자기를 괴롭히는 친구들이나 항상 잔소리를 늘어놓아 마음을 상하게 하는 엄마에 대한 미움이 투사되어 나타나기도 한다.

◆ 사람이 땅에서 위로 떠오르는 듯한 그림의 아동

- 대인관계가 좋지 않아서 특별히 가깝게 지내는 친구들이 없어 보이는 아동의 그림에서 보여 주는 양상이다.
- 우애를 갈구하는 심리의 투사일 수 있다.
- 힘이 들어간 선이나 채색으로 나타날 때는 강한 성취욕이 작용하는 것이거나 강한 욕구불만이 나타나는 경우이기도 하다.

▼ 우리 아빠(6세 여아)

아동은 자기에게 영향력이 큰 사람을 화면 중앙에 넣거나 특히 크게 나타내기도 한다.
그림의 벽면 시계가 자정을 넘긴 것으로 봐서 늘 아빠의 귀가가 늦어,
아빠의 애정을 그리워하는 마음이 나타나 보인다.

6) 동물 그림으로 보는 아동 이해

동물은 사람 다음으로 아동이 좋아하는 대상이다. 귀여운 강아지나 고양이를 보면 그냥 지나치지 못하는 것이 아이들이다. 그렇다 보니 그림의 소재로 많이 등장한다. 특별히 좋아하는 동물이나 표정, 표현 방법에 따라 아동의 마음을 읽어볼 수가 있다.

- 개나 고양이 등 작은 동물을 즐겨 그리는 아동은 애정을 갈망하는 심정을 표현한 경우이다.
- 온순한 동물을 많이 그리는 아동은 애정을 바라는 내향적인 아동이다.
- 맹수를 즐겨 그리는 아동은 활동적 · 외향적인 성격이며 공격적인 면도 있다.
- 순한 동물(코끼리 · 소 · 낙타 등)은 엄마와 관계되는 표현이며, 맹수(사자 · 호랑이 등)는 아빠와 관계되는 표현을 하는 경우라고 볼 수 있다.

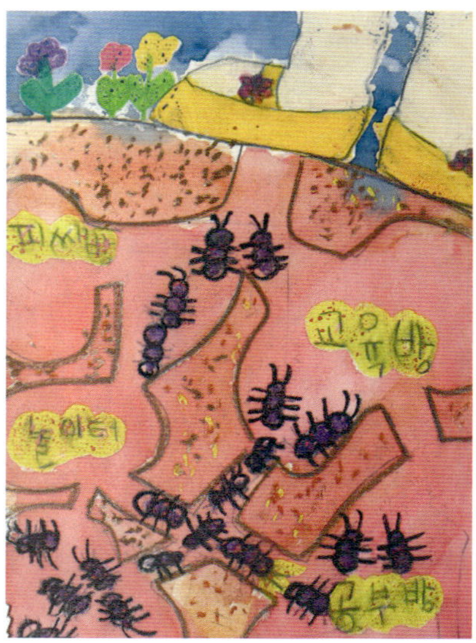

▼ 개미 나라(6세 남아)

곤충에 관심이 많은 아동이다.
커서 곤충학자가 되는 것이 꿈이라는 아동의 희망이 담긴 그림이다.

7) 집을 표현한 아동 이해

대체로 집은 부모나 가정의 형편을 상징하는 경향이 많다. 지붕이 뾰쪽하고 높은 것은 아빠의 권위나 가장이라는 위치를 상징하며, 평평하고 낮게 표현한 경우는 엄마의 역할이나 가정의 안정감과 관계가 있다.

▶ 우리 집(7세 여아)

집은 부모와 가정의 화목을 상징하기도 한다. 아름답고 화려한 집은 가족이 화목하게 지낸다는 상징이다.

- 집을 지나치게 높게 그린 아동은 집안에 대해 불안감을 느끼거나 아버지의 권위에 반감을 느끼는 경우로 본다.
- 집을 지나치게 크게 그린 경우는 집안에서 자신의 존재를 과시하고 싶을 때의 표현이다.
- 창문을 검은색 · 회색으로 채색하는 경우는 엄마의 꾸중에 대한 반감을 표현한 경우이다.
- 투시표현으로 집안의 모든 사람이 훤히 보이게 표현한 경우는 집안에서 자신의 모든 행동을 인정받고 싶은 욕망이 나타난 것이다.
- 창문이 삼각형으로 그려진 때는 가정에 대한 불안과 불만을 표현한 것으로 볼 수 있다.
- 창문을 너무 작게 그린 경우는 가정 환경의 적응에 갈등을 느낀다는 표시이다.
- 창문이 지나치게 크게 그려진 경우는 의뢰심이 강한 아동의 표현이다.
- 집이 멀리 떨어져 조그맣게 그려진 경우는 타인에 대한 거부감을 나타낸 것이다.

- 집을 아주 가까이 크게 그린 경우는 가족들의 모든 기분을 수용하고 함께할 수 있음을 나타낸 경우이다.
- 전등 불빛이 강하게 비치고 있는 경우는 모든 가족에 대한 사랑을 받고 싶은 욕구를 나타낸 것이다.

8) 나무를 표현한 아동 이해

아동의 사생화에 반드시 등장하는 것이 나무이다. 줄기의 굵기나 잎사귀의 무성함이나 빈약함의 정도에 따라 아동이 그때마다 느끼는 감정의 상태를 대변한 것으로 보면 된다. 이처럼 한 그루의 나무에도 아동은 자신의 심정을 실어내는 도구로 삼는다.

- 나무줄기를 너무 굵게 표현할 때는 표면적으로 자신감 있는 태도로 보여도 불안감을 내포하고 있다는 뜻이며, 자기주장이 강하든가 또는 열등감에 대한 반발로 자기과시의 욕구가 나타난 것으로 볼 수 있다.
- 줄기보다 가지를 더 굵게 표현한 경우는 내면적인 불안감을 감추려는 마음의 상징이다.
- 가지를 너무 가늘게 표현한 경우는 환경에 적응하려는 의지가 부족하며 비교적 세심한 성격의 아동이라고 할 수 있다.
- 고목만 그릴 때는 자기통제력이 약하고 불안과 고독의 느낌을 나타낸 것이다.
- 나뭇잎이 무질서하게 나타난 경우는 협동심이 부족하며 자기를 인정해 주기를 바라는 욕구가 강하다고 할 수 있다.
- 뿌리가 크게 그려진 경우는 현실 지배력이 강하며 성격이 대담하고 용기 있는 아동의 표현이다.
- 나무 그늘을 강조한 경우는 불안한 마음의 투영이다.
- 나뭇가지를 너무 짧게 그린 경우는 소심하며 자신의 욕구불만이 해소되지 못해 건전한 발달에 장애를 가지고 있음을 표현한 경우이다.

- 나무에 많은 열매가 달렸거나, 여러 가지 색깔의 열매를 많이 그린 경우는 부모의 지나친 간섭과 정형화된 행동을 강요당하여 정서적인 불안을 안고 있는 아동의 표현이다.
- 나무를 지나치게 많이 그린 경우는 소유욕이 강하고 욕심이 많은 아동의 표현이다.

▶ 숲속에서(6세 남아)

자기과시욕구가 강하며 잎사구 가 빈약하고 무질서한 것으로 보아 협동심디 약하고 정서적인 갈등이 많아 보인다.

9) 태양으로 본 아동 이해

거의 모든 아동의 사생화에서 단골메뉴로 빠지지 않는 것이 태양이다. 이것 역시 아동의 정서와 깊은 관련이 있는 것으로 알려져 있다. 하루의 시작과 끝이 해가 뜨고 지는 것으로 알고 있는 아동은 모든 생활을 해와 관련지어 생각하며, 행동을 주관한다고 여겨 주관자의 위치를 상단에 두는 의식으로 나타나 태양을 늘 화면의 위쪽에 그려 넣는다. 물론 태양은 하늘 높이 있다는 상황의식의 영향도 있겠지만, 그것보다 아동에게는 심리적인 상징성이 더 큰 자리를 차지한다고 볼 수 있다.

태양이 모든 자연의 정점에 있다고 여기는 의식과 유사한 개념으로 아빠가 가정의 가장 꼭대기에 있다고 여기는 아동은 태양을 아빠에 비유하여 상징적으로 표현한다. 이러한 의미에서 본다면 아동의 의식 속에 자리하고 있는 태양의 이미지는 곧 가정의 분위기나 아빠에 대한 사랑을 대변하는 것으로, 아동의 마음이 녹아있는 것으로 의미를 두어야 할 것이다.

- 태양을 아주 크게 그린 경우는 강한 소유욕을 표현한 경우이다.
- 태양의 위치가 낮거나 밑에 그린 경우는 아빠와의 사이에 정신적인 거리감이 있음을 표현한 것이다.
- 태양을 두 개 이상 표현한 경우는 부모에 대한 의혹과 불만의 표출이다.
- 구름에 가려진 태양은 가정에 여러 가지 문제가 있음을 상징적으로 나타낸 경우이다.
- 빛이 강하게 비치는 태양은 자기과시욕구와 독점욕의 표현이다.
- 태양의 빛이 점으로 처리되었을 때는 애정욕구가 강하게 표현된 경우이다.
- 태양의 윤곽을 강한 선으로 처리한 경우는 대인 관계가 좋지 못하여 정신적으로 불안정한 상태를 표현한 것이다.
- 검은색 태양은 아빠의 애정이 부족하거나, 멀리 떨어져 있거나 아빠가 없는 경우를 상징한다.
- 노란색 태양은 편애에 대한 질투심이나 매일 늦게 귀가하는 아빠에게 의존하고 싶은 감정 표현이다.
- 태양 일부가 잘려나갔거나 갈라져 있을 때는 환경에 대한 불만 또는 자신의 욕구가 충족되지 못함을 표현한 것이다.
- 태양이 산에 가려서 일부만 보일 때는 아빠가 멀리 떨어져 있거나 아빠의 애정을 갈구하는 표현이다.

▶ 고구마 캐기(7세 남아)

햇살이나 태양의 모양으로 봐서
아빠의 사랑을 많이 받는 아동으로 보인다.

이 밖에도 산이나 꽃, 자동차, 비행기 등 갖가지 소재에서 나타날 수 있는 아동의 심리적인 상징은 다양하다. 이것을 잘 파악하고 이해할 때 더욱 아동의 성장 발달을 도울 수 있는 좋은 자료가 될 수 있다. 그러나 앞에서도 밝혔듯이 이것은 절대적인 의미나 가치를 가지는 것은 아니라는 점을 명심해야 한다. 몇 장의 그림을 통하여 아동의 심성을 파악한다는 것은 분명히 어려운 일이다. 때로는 자신의 마음과 관계없는 표현으로 이루어지기도 하기 때문이다.

현재 우리나라는 OECD(경제협력개발기구) 회원국 중 이혼율이 최상위에 든다고 한다. 가정이 해체되면서 발생하는 문제들이 해가 갈수록 증가하고 있다는 보고이다. 거기다가 국제결혼이 늘어나면서 발생하는 다문화가정의 문제도 증가 일로에 있다. 그렇다 보니 이렇게 열악한 가정의 자녀들을 어떻게 양육할 것인지를 고심해야 하는 것은 일개 가정의 문제에서 떠나 국가적인 문제로 삼아야 하는 현실에 당면하였다. 이러한 차원에서 볼 때 건전한 사회인으로서의 자질을 갖춘 아동육성은 그 어느 때보다 관심을 집중시켜야 할 때이다.

아동의 올바른 인격육성을 기한다는 차원에서 아동화를 적절하게 이용하는 것은 더욱 효과적인 아동교육의 한 방편으로 인식해야 한다. 아동의 가정환경을 파악하고 질문을 통하여 아동의 마음을 읽어보고 이야기를 듣거나 하여, 종합적으로 판단하는 신중함은 아동 이해의 기본적인 자세이다.

지금까지 기술한 내용들은 바로 아동을 이해하는 작은 자료에 지나지 않는다. 그러나 이러한 것을 활용해 봄으로써 더욱 바람직한 아동의 성장과 육성에 참고가 된다는 의미로 받아들이는 자세가 필요하다.

아동 미술활동과 이해를 돕기 위한 자료로 앞에 든 내용을 요약하여 다음과 같이 도표로 정리해 보았다.

◆ 아동화의 상징과 그 의미

구분	상징 형태	상징 의미
선	수평선을 많이 그린다.	조용하고 평화로운 감정 표현이다.
	수직선을 많이 그린다.	긍정적이고 협조적인 감정 표현이다.
	수평선 오른쪽이 올라가게 그린다.	적응력이 부족하여 너무 긴장하고 있다.
	수평선 오른쪽이 내려가게 그린다.	의지가 약하고 반항적 태도가 많다.
	선 끝에 힘이 빠져 있다.	신체적으로 허약하고 열등 의식이 있다.
	사선을 난잡하게 그린다.	역동적이기는 하나 정서 불안을 느끼고 있다.
	와선형을 자주 그린다.	마음의 해방과 더 나은 발전을 바란다.
	원형을 많이 그린다.	미분화 상태이나 원만한 소유욕의 표현이다.
	모난 선을 많이 그린다.	날카롭고 힘 있는 성격이나 공격적이다.
	네모난 윤곽을 많이 그린다.	아빠가 엄격하여 내향적 성격이다.
	어지러운 선을 많이 그린다.	걱정이 많고 괴로운 감정의 표현이다.
	끊어진 선을 그린다.	고통스러운 자극을 받은 기억이 있다.
	끊어진 선을 연결하여 그린다.	협조적이고 반항적이며 탐구적인 성격이다.
주제	대상의 모양이 정확하지 않다.	신중함이 없고 자기통제력이 약하다.
	늘 같은 것만 그린다.	상상력이 부족하고 감정이 고갈되어 있다.
	같은 형을 반복해서 많이 그린다.	환경에의 적응력이 부족하고 단조로운 성격이다.
	중앙에 주제를 크게 그린다.	모든 일에 자신감이 있으며 대담한 성격이다.
	작은 형을 화면 가득히 그린다.	소심한 성격이며 소유욕이 강하다.
	화지가 넘치도록 그린다.	부모의 사랑을 독차지하며 자유분방하다.
	운동감이 없고 딱딱하게 그린다.	꾀가 많고 모방성이 강하며 창조력이 부족하다.
	공중의 것을 많이 그린다.	희망이 많으나 현실도피적 경향이 있다.
	배경이 없는 그림을 그린다.	환경의 인식 부족으로 상상력이 부족하다.
	높은 곳에 올라가 있는 것을 그린다.	성취 욕구가 강하고 용감하다.
	작은 원형을 약하게 그린다.	감기로 인한 기침이나 천식을 앓고 있다.
	원형 또는 줄로 표현할 때 하나가 이상하다.	이상한 그림의 위치에 따라 치아 질환이 있다.
	창문을 녹색 또는 보라색으로 칠한다.	약시이거나 결막염에 걸린 경험이 있다.
구도	대상의 배열이 불균형적이다.	환경에 적응력이 부족하고 지능발달이 늦다.
	주제가 밑으로 쏠려 있다.	정서가 억압되어 매사에 소극적이고 자신이 없다.
	주제가 위로 편중되어 있다.	주변 환경에 대한 인식이 부족하나 적극적이다.
	주제가 왼쪽으로 쏠려 있다.	의지력이 부족하고 쉽게 포기하는 성격이다.

구분	상징 형태	상징 의미
구도	주제가 오른쪽으로 쏠려 있다.	경솔한 면과 공격적인 면이 있다.
	주제가 상하로 배열되어 있다.	자신감과 계획성이 부족하고 순종하는 성격이다.
	화지의 상하좌우 끝에서 그린다.	정서가 억압되어 있고 자신감이 없으며 세심하다.
	위로 떠오르는 느낌의 그림을 그린다.	성취욕이 강하며 모든 일에 자신감이 많다.
	아래로 내려가는 느낌의 그림을 그린다.	열등의식이 많고 소극적이며 자신감이 없다.
	화면을 분할하여 그린다.	계획성이 있고 알뜰한 성격이다.
사람	옆으로 비스듬히 누워 있는 그림을 그린다.	부모의 요구와 통제가 많고 친구가 적다.
	팔이 그려지지 않은 그림을 그린다.	부모의 과잉 보호로 팔의 필요성을 느끼지 않는다.
	주먹을 쥐고 있는 팔을 길게 그린다.	피해의식으로 보복하려는 증오감을 가지고 있다.
	손바닥을 펴고 있는 팔을 그린다.	서로 이해하고 협동하며 친구를 원하는 친선의 표시이다.
	사람의 뒷모습을 그린다.	억압을 당했거나 피해를 입어 미워하고 있다.
	한 사람을 크게 강조해서 그린다.	지배력이 있는 사람이나 자신을 과시하고 싶다.
	신체의 세부를 강조해서 그린다.	그 부분에 관계 있는 일에 혐오감을 느끼고 있다.
	자화상을 잘 그린다.	자기자신의 표현이며 남으로부터 인정받고 싶은 욕구의 표현이다.
	한두 사람만 작게 그린다.	친구들로부터 소외되었거나 관계가 나쁜 경우이다.
	하체가 길고 발을 크게 그린다.	건강에 대해 자신감이 있고 욕구불간도 있다.
	머리카락, 모자 등을 보라색으로 칠한다.	복잡한 일로 머리가 혼란스럽다는 뜻이다.
	머리, 팔, 다리를 절단하여 그린다.	그 부분에 결점이나 열등감을 갖고 있다.
	목걸이, 팔찌 등 장식품을 많이 그린다.	호기심이 많고 사치와 낭비성이 많다는 것이다.
동물	맹수를 잘 그린다.	공격적·외향적인 성격으로 아빠와 관련이 있다.
	순한 동물을 잘 그린다.	애정 부족·내향적 성격으로 엄마와 관련이 있다.
	작은 동물을 많이 그린다.	애정을 갈구하고 애정을 주고 싶은 경우이다.
	말을 즐겨 그린다.	공격적·외향적이며 재치 있고 건강한 표현이다.
	뱀을 여러 마리 그린다.	이성의 구분과 이성에 대한 공포심이 있다.
집	지나치게 높은 집을 잘 그린다.	자기 집에 대한 불만이나 불안감이 있다.
	지나치게 큰 집을 잘 그린다.	자기 집에 대한 만족감과 자기를 과시하고 싶다.
	담장이 높고 대문이 닫혀 있다.	피해의식이 있어 외부로부터 경계하고 싶어 한다.
	투시적으로 집안이 보이게 그린다.	자기의 행동이나 집안에 있는 것을 드러내고 싶어 한다.

구분	상징 형태	상징 의미
집	창문이 너무 작게 많이 그려져 있다.	가정 환경의 적응에 문제가 있고 억압에서 벗어나고 싶어 한다.
	창문이 지나치게 크게 그려져 있다.	의뢰심이 많으며 개방적인 성격이다.
	집을 화면 밑에 가깝게 그린다.	가족들의 기분에 동감하고 안정을 바란다.
	집을 너무 멀리 화면 위에 그린다.	타인에 대한 거부 반응과 정서적 자유를 바란다.
	불빛이 강하게 비치고 있는 집을 그린다.	사랑과 안정, 보호 욕구를 나타내고 있다.
	창문에 검정을 칠한다.	엄마의 꾸중에 반감을 갖고 있다.
	창문에 흰색을 칠한다.	자기 실수를 인정하고 후회하고 있다.
나무	나무줄기를 너무 굵게 그린다.	자신 만만하나, 열등감에 대한 반발로 자기를 과시하려 한다.
	나무줄기보다 가지가 더 굵다.	내면적인 열등의식이나 불안감을 감추려 한다.
	나뭇가지를 너무 가늘게 그린다.	환경에 적응이 부족하고 성격이 세심하다.
	고목만을 그린다.	열등의식이 많아 불안과 고독을 느낀다.
	나뭇잎을 너무 난잡하게 그린다.	협동심이 부족하며 자신을 인정해 주기를 바란다.
	나무뿌리를 크게 그린다.	현실지배력이 강하며 건강에 자신이 있다.
	나뭇가지를 너무 짧게 그린다.	자신의 욕구를 표현하지 못하는 소심한 성격이다.
	나무에 열매가 많이 달려 있다.	부모의 간섭이 심하여 자유를 갈구하고 있다.
	나무의 아래쪽을 가늘게 표현한다.	욕구의 부족과 열등의식, 건강이 좋지 못하다.
	나무를 많이 그린다.	소유욕이 강하며 욕심이 많다.
산	산이 높고 하늘을 부분적으로 표현한다.	내적인 욕구가 강하여 외적인 요인을 무시한다.
	산을 두 개 이상 크게 그린다.	부모의 간섭이 지나쳐서 반항심이 내재하고 있다.
	산에 작은 꽃을 많이 그렸다.	희망과 꿈이 많을 때 나타난다.
	산의 정상이 안 보이게 그렸다.	아빠의 태도에 불만을 느낀다.
	산의 정상을 둥글게 표현했다.	정서적인 안정과 애정을 바라는 욕구의 표현이다.
	산의 정상에 사람을 그린다.	먼 곳의 사람을 그리워하거나 지배력의 표현이다.
꽃	해바라기 꽃을 자주 그린다.	아빠와의 관계와 생활 태도에 대한 표현이다.
	분홍색, 보라색, 녹색으로 칠한다.	가족 중 누군가가 병원에 자주 간다는 상징이다.
	해바라기와 튤립을 나란히 그린다.	엄마, 아빠가 매우 화목하다는 상징이다.
	꽃을 화면에 가득히 크게 그린다.	엄마, 아빠가 늘 가까이 있어주기를 바란다.
	풍경 속에 한 두개의 꽃을 그린다	화목한 가정의 분위기를 원한다.
	튤립을 검은색과 보라색으로 칠한다.	엄마의 성격이 신경질적으로 나타나는 때이다.

구분	상징 형태	상징 의미
꽃	녹색과 검은색으로 칠한다.	엄마의 신경질이 심각함을 상징한다.
	튤립을 화면에 크게 그린다.	엄마의 억압이 심하다는 의미이다.
	코스모스를 보라색으로 많이 그린다.	사람의 정을 그리워하고 있다는 상징이다.
나비	정지하고 있는 나비를 그린다.	가까운 사람이 멀리 갔거나 병환 중에 있다는 상징이다.
	화면 밖으로 날아가는 나비를 그린다.	가까운 사람과의 이별에 대한 쓸쓸한 감정을 표현하였다.
	화면 안쪽으로 날아 들어오는 나비를 그린다.	떨어져 있던 사람이 돌아온다는 희망·소원으 표현이다.
기차 / 자동차	정면을 향한 기차를 그린다.	엄마의 성격이 완고하고 무섭게 느껴 질 때 나타난다.
	옆 모양의 기차를 그린다.	엄마가 경제적으로 곤란을 겪고 있음을 나타낸다.
	멀리 달려가는 기차를 그린다.	엄마의 애정을 체념하는 심리의 표현이다.
	자동차를 즐겨 그린다.	대담하고 자립적이며 외향적인 성격이다.
	자동차 안의 사람을 그린다.	소유욕이 강하고 외출을 좋아한다.
	바퀴가 없는 자동차를 그린다.	아빠와 자주 떨어져 있어서 같이 있고 싶은 심정을 표현한 것이다.
비행기	낮게 날고 있는 비행기를 그린다.	자기 행동에 대해 꾸중을 들을까 걱정하고 있다.
	비행기를 많이 그린다.	엄마에게서 꾸중을 많이 들었다.
	비행기가 배 위에 폭탄을 떨어뜨리는 표현을 한다.	엄마의 심한 꾸중에 대한 공격심과 반항심을 표현한 것이다.
	비행기를 검은색으로 칠한다.	엄마가 밉다, 보기 싫다, 원망스럽다는 뜻이다.
배	파도를 헤치고 난항하는 배를 그린다.	부모가 잘 살기 위해 열심히 일하고 있다는 뜻이다.
	무전기를 들고 발신하는 그림을 그린다.	가정이 위급한 상황에 있음을 알리는 상징이다.
	배 위에 갈매기가 날고 있는 그림을 그린다.	가정생활에 안정과 평화, 행복을 느끼고 있다는 뜻이다.
물고기	큰 고래를 잘 그린다.	엄마의 엄격함과 완고한 성격의 표출이다.
	그물 또는 줄에 걸려 있는 물고기의 그림을 그린다.	엄마의 외출이 잦아, 같이 있고 싶은 심정을 표현한 것이다.
	고래 뱃속에 작은 물고기가 많이 들어 있는 그림을 그린다.	소유욕이 강한 엄마의 성격 표현이다.
	어항 속에 있는 물고기를 그린다.	엄마와 집안에서 재미있게 놀고 싶고 엄마의 애정을 갈구한다.

구분	상징 형태	상징 의미
다리	냇물 위에 다리를 그린다.	가정의 화목과 경제적 안정을 의미한다.
	다리가 세로로 나타난다.	끊어진 애정을 이으려는 소망의 표현이다.
	다리가 가로로나타난다.	아무 문제없는 가정생활에 만족하고 있다는 뜻이다.
	다리가 약하게 그려진다.	가정경제의 불안정과 파탄을 뜻한다.
	다리에서 사람이 떨어지는 그림을 그린다.	본인의 절망적 감정을 투영하고 있다.

▼ 아빠와 등산을 갔어요(6세 남아)

날카로운 산을 여러 개 나타내었다.

-대체로 부모의 간섭이 지나쳐서 어느 정도 반항심을 표출한 경우로 보인다.

◆ 태양의 상징적 의미(象徵的 意味)

태양의 형태	상징적 의미	태양의 형태	상징적 의미
	태양의 크기와 욕구의 크기와 비례하며 소유욕이 강하다.	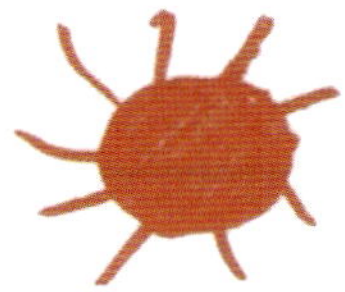	태양의 위치가 낮을수록 아버지와 정신적 거리가 있다.
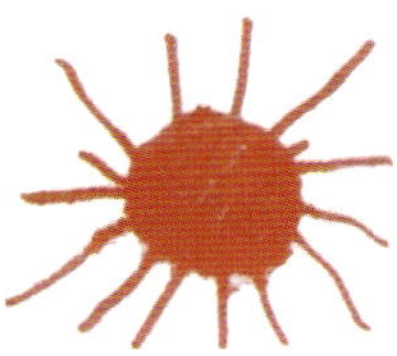	긴 빛살의 태양의 자아의식과 획득욕구가 강하다.		강한 빛살의 태양은 자기과시와 독점욕이 작용한 것이다.
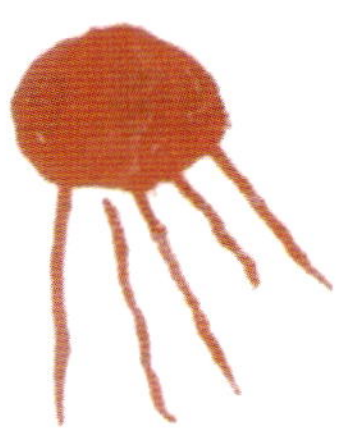	일방적 빛살은 애정의 요구이다.		태양 윤곽의 검은 선은 대인 관계의 불량과 정신의 불안정, 병적인 아버지를 상징한다.
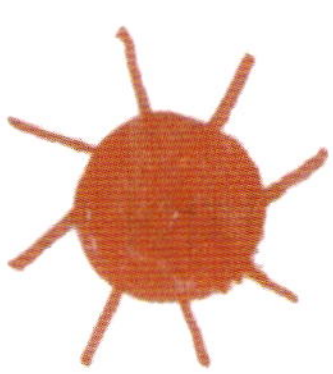	대체로 일정한 빛살의 태양은 정상적인 아버지이나 완고하다.	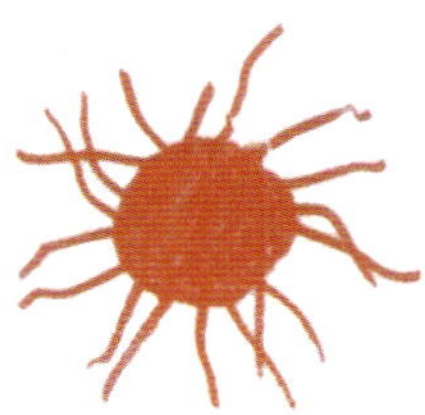	태양의 빛살이 엉클어진 표현은 무서운 아버지, 화를 잘 내는 아버지를 상징한다.
	빛살이 점선으로 나타날 때는 아버지의 애정 부족, 사망, 병환 중, 부재 중을 나타낸다.		빛살이 수양버들처럼 늘어진 표현은 귀찮게 굴고 행파 부리는 아버지를 상징한다.

태양의 형태	상징적 의미	태양의 형태	상징적 의미
	빛살이 굵고 톱니처럼 표현될 때는 권력적인 아버지를 상징한다.		태양은 있고 빛이 없을 때는 애정이 적고 부재중인 아버지를 나타낸다.
	태양의 빛살이 ㄱ형으로 나타낼 때는 애정이 적은 아버지, 사망한 아버지에 대한 추억이다.	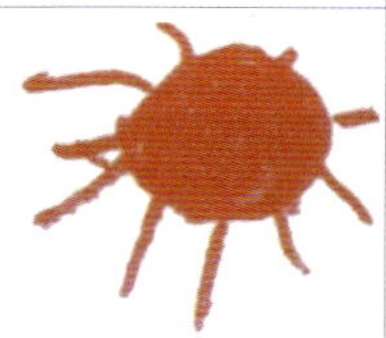	태양이 화면 구석에 그려졌을 때는 아버지의 사망, 부재중을 나타낸다.
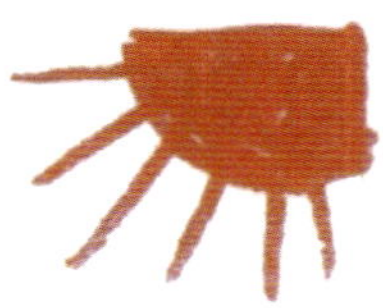	조각으로 그려졌을 때는 환경에 대한 욕구불만, 애정이 적은 아버지, 멀리 가있는 아버지를 표현한 것이다.		태양이 둥근 산머리에 걸쳐 있을 때는 애정이 적은 아버지, 아버지의 부재중, 먼 곳에 계신 아버지, 곧 돌아온다는 희망이다.
	물에 비친 해는 아버지의 병환, 또는 사망을 나타낸다.	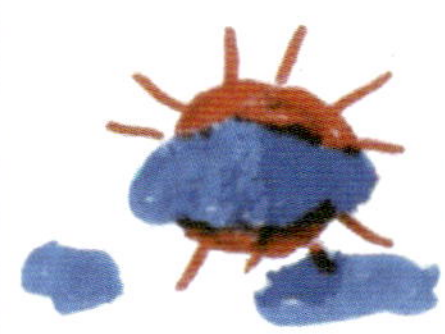	구름에 가린 태양은 가정 내에 문제가 생겼을 때 무엇인가 애정이 차단되어 있는 아버지의 표현이다.
	태양이 둘 이상 나타날 때는 아버지의 사망, 부모에 대한 의혹과 불만의 표현이다.		아버지에 대한 거리감이 있고, 아버지의 애정이 멀어져가고 있다는 암시의 표현이다.

10

아동화의 개념화와 그 교정

공주들(6세 여아)

그림을 그릴 때마다 똑같은 형, 똑같은 색의 반복은
가념화의 전형적인 사례이다.

1 개념화의 의미

아동 미술활동에서 흔히 나타나는 특징의 하나로 개념화가 있다. 똑같은 형태나 색채를 반복적으로 표현하는 경향을 의미한다. 아동이 자기 나름대로 효과적인 표현을 위해 만들어낸 자기 도식화로 보아도 좋은 것이다. 가령 어떤 아동이 나무를 그릴 때마다 나뭇잎으로 생각되는 삼각형 아래 복선으로 줄기를 그리거나 사람을 그릴 때도 머리카락은 항상 보글보글 파마한 모양으로만 그린다거나, 색칠을 할 때도 하늘은 으레 파란색, 나뭇잎은 녹색, 나무줄기는 짙은 갈색 등으로 정형화되어서 나타나는 것을 말한다. 이렇게 표현하는 아동은 매번 그림을 그릴 때마다 변함없는 형태와 색깔이 반복되어 나타난다.

이러한 양상은 과거, 우리나라의 미술교육이 관행적인 답습의 굴레를 벗어나지 못한 탓으로 볼 수 있다. 그것은 눈에 보이는 사물이나 현상을 가장 닮게 그리는 것이 우수한 그림이라고 인식하여 은연중에 객관적인 형태나 채색을 강조한 경우라든가 인쇄된 밑그림에 칠하기 활동을 많이 한 탓에 이러한 개념화를 부추긴 것으로 생각해볼 수도 있다. 자유로운 아동의 활동을 막는 것으로는 교사가 특정한 방향으로 활동을 이끌어가거나 대신 손을 대주는 것도 아동의 사고를 경직시켜 개념화로 이끄는 요인이 된다.

아동의 무한한 잠재력을 키워 주고 올바른 인격과 창조의식을 가진 인간육성이라는 차원에서 개념화를 조장하는 미술활동은 분명 개선되어야 한다. 최근 들어 우리나라의 개편된 교육과정에서 가장 강조하는 것이 아동의 자유로운 개성과 창의성 신장이다. 이러한 면에서 볼 때 아동의 개념화를 조장하는 것은 반드시 짚고 넘어가야 할 중요한 부분이다. 그러므로 개념화로 굳어진 아동의 정서를 자유롭게 해방시켜주고 경직된 사고를 풀어주어, 그들의 솔직한 감정이 활동의 주체가 되도록 도와주는 것은 바람직한 미술활동으로 이끄는 길이라는 점을 잊지 말아야 한다.

▼ 물고기 연작(6세 남아)

이 아동은 그림을 그릴 때마다 물고기를 고집하면서 형태나 색깔이 별반 다르지 않았다.
이처럼 아동 나름의 스타일을 반복적으로 고집하는 경우를 개념화라고 한다.

2 개념화의 교정

개념화된 아동의 사고를 바꿔 주고 즐겁고 자유로운 미술활동이 될 수 있도록 지도되어야 한다는 점에 있어서는 이견이 있을 수 없다. 이것은 아동의 창조성을 키워 주고 개성을 신장시켜 바람직한 인격 육성으로 이끄는 수단이기 때문이다.

1) 아동 각자의 창조활동으로 유도해 주어야 한다.

아동에게 시청각 자료나 교사의 재미있는 이야기로 표현에 대한 강한 동기유발을 시켜주는 것은 무척 중요한 과정이다. 아동의 미술활동에서 얻어진 감동을 자기 나름대로 자유롭게 나타낼 수 있도록 해 주어야 한다. 어디까지나 아동이 느끼는 감정을 존중해 주고 진정한 자기표현이 이루어지도록 유도하여 개성 있는 표현이 될 수 있도록 지도하는 것이 필요하다.

2) 재료와 기법을 바꾸어 준다.

전통적이며 일반적으로 사용하고 있는 표현 재료를 과감하게 바꾸어서 사용해 보게 한다. 유치원이나 초등학교 저학년에서 통상 사용되고 있는 채색 재료는 크레파스이다. 앞에서도 언급하였듯이 우리나라에서 아동화 채색의 주된 재료가 어떻게 해서 크레파스로 정착되었는지 그 이유에는 여러 가지가 있을 것이다. 그중에서 편리성을 고려한 것이 가장 큰 이유가 아닐까? 이러한 개념화된 재료에서 탈피하여 여러 가지 다양한 재료를 활용해 보는 것은 개념화의 탈피를 위한 하나의 방법이다. 우리 생활 주변에서 찾아보면 얼마든지 아동의 흥미를 자극하기에 충분한 채색 재료를 구할 수가 있다. 또한, 찢어 붙이기나 불기, 밟아 나타내기 등등 여태까지 경험해 보지 않은 기법을 동원하여 아동이 '아! 이렇게 할 수도 있었구나!' 하는 생각이 들도록 얼마든지 아동의 흥미를 자극해 다양한 활동으로 전개해 나갈 수 있을 것이다.

▼ 유아들을 위한 색채놀이 기구들

스노우컬러는 유아들이 아무 곳에나 칠하면서 갖고 놀아도 금방 지울 수 있어 환경을 오염시키지 않는 색칠 장난감이다.

3) 색을 제한시켜 본다.

개념화에서 보여 주는 자연의 객관적인 고유색을 제한하고 몇 개의 색만으로 한정시켜 표현하게 해 본다. 그리고 한정된 색만으로도 표현의 가능함을 강조하면서 의욕을 북돋워 준다. 분명 아동은 부족한 색감을 뛰어넘어 얼마든지 표현이 가능할 것이다. 노란색 사람, 빨간색 사람 또는 단색으로도 자유로운 표현이 될 수 있으며, 자연에서 볼 수 있는 고유색이 아니라도 그림이 된다는 사실을 느낄 수가 있고 이러한 느낌은 새로운 의욕을 불러일으켜 생기 있는 활동으로 이어질 수 있을 것이다.

▶ 부엉이 가족(7세 남아)

개념적인 색깔 위주에서 벗어나 단색으로 표현해 보는 것도 개념화를 벗어나게 하는 한 방법이다.

4) 사물을 여러 각도에서 관찰해 본다.

사물을 여러 각도에서 관찰하는 것은 새로운 사고력을 키워 주는 효과가 있다. 표면에 나타나 보이는 대상을 그대로 관찰해보게 하는 것이 전통적인 관찰방법이었다. 이러한 방법에서 탈피하여 멀리서 혹은 가까이에서, 옆에서, 의에서, 밑에서,

▼ 과일, 채소의 단면

▼ 벌집의 집합

▼ 꽃잎의 확대

▼ 포도송이의 집합

사물을 관찰하는 여러 가지 방법

절단 · 분해 · 집합 · 확대 · 축소 · 투시 등의 여러 가지 방법으로 대상물을 보게 하여 보는 각도에 따라서 달라지는 대상물의 변화를 파악해 보게 하고, 이해를 돕는다는 의미이다. 관찰한 모양을 그림으로 나타내보게 하는 것도 새로운 조형 활동의 즐거움을 맛보게 하는 기회가 될 것이다. 이러한 활동을 통하여 아동은 새로운 시각에 눈을 뜨게 되며 새로운 감동과 창조성을 키워 주는 모체가 된다.

초등학교를 비롯하여 중학교, 고등학교의 미술수업 첫 과정을 소묘에 두고 있는 것은 그리기에서 가장 기본이 되는 사물의 관찰과 이를 재현할 수 있는 능력을 키우기 위해서이다. 그러나 반드시 그림을 잘 그리기 위한 훈련만을 위한 것은 아니다. 대상의 구조 · 양감 · 명암 등을 파악해 보고 재현을 시도해 봄으로써 사물을 바라보는 능력과 응용력을 폭넓게 향상시키려는 의미를 포함한다. 실제 이러한 훈련을 많이 받은 사람이 단시간에 사물을 정확하게 파악할 수 있는 능력이 뛰어나다는 연구 보고도 있다. 이러한 능력은 조형 활동이나 예술 활동에만 국한되는 것이 아니라 인문 · 사회 · 과학 · 역사 · 의학 · 수학 등 모든 분야에 걸쳐서 영향을 미친다는 점이다. 단지 미술이란 과목을 통해서 이러한 활동이 이루어지다 보니 미술과정의 하나로 인식하는 경향이 적지 않다는 점이다.

아동이 성장하면서 어떤 분야로 나아갈 것인지와는 관계없이 갖추어야 할 능력이며, 이러한 능력이 뛰어날수록 성공률이 높아진다는 사실을 잊지 말아야 한다. 이런 면에서 보아 아동이 사물을 바라보는 시각뿐만 아니라 이에 수반되는 사고력까지도 향상시켜주므로 어릴 때부터 이러한 활동을 통해서 사물의 특징을 파악해 보고 응용력을 키워 주는 것은 문제해결의 능력을 육성해 준다는 의미로 해석할 수도 있다. 여러 가지 관찰과 이를 응용한 재현은 매우 유익한 가치를 갖는 것으로 평가되어야 한다.

5) 표현방법을 바꾸어 준다.

개념화된 표현형식을 바꾸는 데는 종전에 사용하던 방법을 역으로 이용하거나 오른손잡이는 왼손, 왼손잡이는 오른손으로 바꾸어 본다. 연필이나 붓 등의 표현 도구를 발가락 사이에 끼워서 그려보거나 입으로 도구를 물고 그리기를 시도해 보기도 한다. 눈을 감고 그리기를 해 보는 것도 아동의 흥미를 유발하는 훌륭한 방법이자 다가올 미래에서 마주하게 될 지체장애인들과 더불어 살아가는 기초를 다진다는 의미를 부여할 수도 있다. 이러한 활동은 전혀 예측할 수 없는 새로운 표현으로 이어질 수 있는 소중한 경험이 되기도 한다.

6) 추상형 표현을 시도해 본다.

삼각형, 사각형, 원형 또는 자유로운 선으로 기하학적인 형태를 그리게 해본다. 으레 자연형을 바탕으로 그리던 그림에서 새로운 유형에 대한 경험을 제공하는 계기가 될 것이다. 그림은 반드시 자연형만으로 이루어지는 것이 아니라 인간의 심상에서 만들어지는 기하학적인 형태만으로도 얼마든지 그림이 된다는 새로운 사실을 일깨워 주는 결과를 얻을 수도 있다. 이 밖에 판화나 음악 듣고 그리기, 여러 가지 음식을 먹어보고 느낀 맛을 나타내기, 공동제작 등 연구해 보면 얼마든지 아동의 경직 되어 있는 개념화를 깨뜨릴 방법을 찾아볼 수 있다.

개념적인 습성은 아동의 자유로운 행동과 정신의 성장을 저해하는 요인이다. 더 적극적인 방법으로 그들의 성장을 위하여 또한 미술활동 본연의 목표를 달성시키는 요인으로서 개념화를 깨나갈 필요가 있다. 여기에서 개념화의 특징을 요약하여 제시해 보고 교사 나름의 해법을 찾아보는 것도 분명 뜻있는 일이라고 생각된다.

▼ 추상구성(8세 남아)

자연에서 볼 수 없는 기하형태나 자연물을 변형하여 화면을 구성해 보는 것도 개념화를 깨는 좋은 방법이다.

◆ 개념화의 특징

구분	유치부	초등학교 저학년
전체의 내용	• 한정된 몇 개의 소재가 반복된다. • 표현 내용이 적어서 화면이 남는다 • 상식에 의한 그림을 그리는 경향이 있다. • 그린 사람의 감정 · 자극 · 흥분 등의 내용이 들어 있지도 않고 그냥 반복적인 표현이다.	• 자신의 독특한 소재가 없다. • 모방적이거나 기계적으로 그린 흔적을 볼 수 있다. • 때로는 지나치게 기교적이거나 만화풍의 그림을 그린다. • 내용의 전개가 지극히 단순하기도 하다.
주제의 내용	• 때로는 숙달된 듯한 인상을 주지만 항상 똑같은 형식이다. • 그림의 내용이 공식적이다.	• 언뜻 보면 잘 그린 듯하지만 내용이 없다. • 어떤 극적인 감동이 없다.
화면의 구도	• 한두 개의 선으로 하늘과 땅을 표현한다. • 구도가 늘 반복된다. • 화면 구성이 단조롭다. • 화면 구성이 상식적이다.	• 지극히 설명적인 구도를 갖는다. • 때로는 지나치게 아동의 발달 단계에 맞지 않는 정확한 구도를 잡는 경우도 있다. • 대략적인 구도 잡기를 한다. • 같은 구도를 반복해서 잡는다.
색채	• 사물에 대한 특정 색을 반복해서 사용한다. • 정형화된 색이 단순하게 칠해진다. • 색깔이 늘 같은 감정이다. • 고유색에 신경을 쓴다.	• 깨끗한 색칠을 한다. • 아동의 발달 단계의 맞지 않게 지나치게 기교적인 색칠을 한다. • 도안적인 색칠을 한다.
형태	• 똑같은 주인공이 등장한다. • 예쁜 인상을 주는 모양을 그린다. • 만화로 발전할 가능성이 짙다. • 그리는 순서가 늘 같다.	• 똑같은 주제가 반복된다. • 기술적으로 사실적인 묘사를 해서 회화적인 맛을 주지 않는다. • 만화적인 묘사 형태를 갖는다.
선의 표현	• 규격화된 선을 좋아하고 같은 표현이 되풀이된다. • 틀리면 자꾸 지워 고치고 일정한 형태를 좋아한다. • 다정한 느낌을 준다.	• 일정한 훈련에 의해 선이 표현된다. • 지극히 조잡스럽고 힘이 없다. • 도안적인 인상을 주며 예쁘게 표현하려고 한다. • 자유분방한 흔적이 없다.
재료	• 재료 사용이 늘 같다. • 재료 선택에 흥미가 없다.	• 새로운 재료에 대한 부적응을 나타낸다. • 매번 같은 재료를 즐겨 사용한다.
순서	• 항상 똑같은 식으로 그린다.	• 기계적으로 반복되는 순서의 틀을 가지고 있다.

11

그림으로 보는 아동의 이해

타조 가족(7세 여아)

그림을 통한 아동의 이해는 그 무엇보다도 신빙성이 있다.

그림을 통한 아동의 이해는 먼저 그들의 신체적 · 정신적인 발달 정도와 사물을 인식할 수 있는 능력 등을 파악해보고 어떠한 갈등과 욕구를 간직하고 표현활동에 임하였는지를 알아보는 것이 첩경이라 하겠다. 단순한 시각으로 아동화를 보았을 때 느낄 수 있었던 것이 아동의 설명을 듣고 난 후 전혀 엉뚱한 내용이었음을 경험하게 되는 경우가 많다. 이것은 어른들이 느끼고 생각하는 사실과는 매우 동떨어진 사고와 의식을 아동이 가지고 있다는 것을 보여 주는 예이다.

아동은 일반적인 조형감각이나 원리를 바탕으로 활동이 이루어지는 것이 아니라 그들의 솔직한 감정이나 느낌을 여과과정을 거치지 않고 곧바로 표현에 옮긴다. 결과에 대한 양 · 부의 비판이나 판단은 없다. 그러므로 그들은 표현이 전부이며 활동 그 자체에 대한 즐거움만이 그들의 의식을 지배한다. 아동의 이러한 조형의식을 올바르게 인식할 때 바람직한 인격의 발달을 위한 바탕으로서 아동을 깊이 이해할 수 있는 계기를 마련하는 길이 된다.

1 형태로 보는 아동의 이해

우리가 일반적으로 조형의 원리에서 보는 형태의 범주에는 형과 양감이 있다. 이것은 사물의 어떤 특징을 결정짓거나 덩어리의 느낌을 나타내는 것으로 회화에서는 중요한 요소로 작용한다. 그러므로 성인화에서는 이러한 특징을 최대한 살리기 위하여 명암을 넣거나 질감으로 중량감을 나타나기도 한다.

아동화에서는 이러한 형태를 효율적 · 사실적으로 표현하기 위해 노력하는 경우는 원천적으로 존재하지 않는다. 그것은 사물을 인식하는 능력의 미성숙에도 있을 수 있고, 표현방법의 미숙에도 있을 수 있다. 어찌 되었건 아동은 사물을 지극히 평면적으로 본다는 사실에 바탕을 둔다는 점이다. 그렇다 보니 입체감을 느낄 수 있는 덩어리나 명암에 의한 양감은 찾기 어렵다. 형태로 나타나는 활동에서 보면 사물의 외형을 결정지어 주는 윤곽선 위주의 형태로 나타나되 그것 또한 사물을 관찰하여 표현되는 것이 아니라 자기가 평소에 보고 인식된 관념의 저장고에서 드출해 낸 알고 있는 형태의 표현일 뿐이다. 그러므로 눈에 보이는 형태와는 전혀 맞지 않는 것으로 나타난다.

교사가 탁자 위에 장미꽃이 가득 꽂힌 화병을 올려두고 그것을 그려보라고 하였더니 많은 아동이 탁자 위의 장미꽃을 그린 것이 아니라 튤립이나 해바라기를 그렸다. 아동의 경험에 의해 머리에 기억하고 있는 꽃이 표출되어 나타난 결과이다. 시각에 의해서 인식되는 사물은 아동의 표현 활동에 그다지 큰 영향을 주지 않는다는 사실을 보여 주는 예이다. 아동은 경험에 의해 축적되어 있는 저장고에서 자신이 필요로 하는 부분만을 골라서 표현한다는 점을 알아야 한다.

▼ 부채춤(7세 여아)
아동은 자신의 눈에 보이는 실상을 그리는 것이 아니라
경험에 의해서 얻어진 알고 있는 사실을 바탕으로 하여 그린다.

아동의 형태 표현에서 한 가지 특기할 사항은 지극히 단순화를 시도한다는 점이다. 아무리 복잡하고 다양한 모양의 사물을 표현하더라도 몇 개의 간단한 선으로 나타내는 것을 볼 수 있는데, 그것은 대상에 대한 인식과 판단 미성숙에 의한 미분화 표현이 원인인 경우가 많다. 물론 표현력이 부족하여 나타나는 경우일 수도 있다.

아동은 그때그때의 여러 가지 감정 변화에 따라 나타나는 형태도 다양한 모습을 보인다. 심한 갈등이나 욕구불만, 평온함, 욕구충족 등으로 인해 나타나는 형태에는 아동의 감정이 그대로 반영되어 표현된다. 각지고 불규칙한 선이나 무질서한 형태로 표현될 때는 아동이 여러 가지 기복을 느끼고 있다는 증거이다. 잔잔하면서도 섬세함이 드러나 있는 경우는 평온한 감정의 상태를 대변하는 경우로 볼 수 있다.

이처럼 아동은 형태 표현에서 자신이 알고 있는 형태감각과 여러 가지 감정의 변화와 정서 상태에 따라서 다양한 형태로 표현되며 이러한 것을 통하여 아동의 마음을 읽어보고 이해할 수 있는 바탕으로 삼을 수 있다.

2 색채로 보는 아동의 이해

형태로 보는 아동의 이해와 같은 맥락에서 볼 수 있다. 시각에 비치는 현상이라기보다 아동의 경험에 의해서 얻어진 인상에 의존하는 것은 형태의 표현에서 보여주는 것과 동일한 의식을 바탕으로 한다.

아동이 좋아하는 색깔에 표현의 관심을 두며 사물이 본래 가지고 있는 고유한 색깔은 무시되는 경우를 흔히 보게 되는 것은 색채가 가지는 사실성이나 객관성은 아동에게는 그다지 중요한 의미를 갖지 못한다는 뜻이다. 앞에서 밝혔듯이 남녀 성별에 따라 선호하는 색채의 차이를 보이는 것도 다분히 아동의 정서나 환경에 의해서 여러 가지 변화를 보인다는 사실을 바탕으로 한다. 빨간 꽃을 보고서도 노란색으로 채색하는 것은 아동의 시각에 비치는 사실성을 고려하지 않고 경험된 기억의 투사인 것이다. 또한, 아동의 심리적인 여러 가지의 변화가 색으로 반영되어 나타나는 경우도 많다. 심한 심리적 갈등이나 정서적 불안정을 어둡고 탁한 색으로 무질서하게 표현한다든지, 밝고 깨끗한 색으로 만족감이나 즐거움을 나타내는 것은 바로 아동의 마음이 이러한 색채에 의해서 대변되는 현상을 말하는 것이다.

아동의 정서적 상태는 시시때때로 바뀌는 다변성을 갖고 있다. 그런 만큼 그들의 조형 활동 가운데서도 이러한 현상은 곧잘 색채로 투영되어서 나타나는 경우를 볼 수 있다. 한 화면에서도 밝고 맑은 색과 어둡고 탁한 색이 공존하는 현상은 그리기 활동 중에서도 여러 가지 요인에 의해 마음의 심한 기복이 작용했음을 보여 주는 것이다. 이처럼 아동은 시각에 비치는 사실을 바탕으로 색채를 사용하는 것이 아니라 경험을 통해서 얻은 관념적인 색채에 표현의 중심을 두고 있음을 알 수 있다. 마음의 갈등이나 정서 불안과 욕구불만, 심리적인 변화를 색채에 담아 표출해 내는 것이 아동이다. 그러므로 아동이 즐겨 사용하는 색채를 잘 관찰하는 것도 곧 아동의 마음을 읽고 이해할 수 있는 방법이 된다.

▼ 미용실에서(6세 여아)

아동은 눈에 보이는 실상보다 자기 경험에 의해서 축적된 색을 정의적으로 나타낸다.
- 평소에 분홍계열 색을 좋아하는 아동의 표현이다.

3 화면의 전체적 분위기로 보는 아동의 이해

아동의 감정은 그들의 표현 활동에 그대로 반영되어서 표출된다는 점을 앞에서도 밝혔듯이 아동화에서 느낄 수 있는 여러 가지 요소는 곧 그들의 마음을 대변해 주는 표상이다. 어른들은 기분이 좋지 않거나 마음이 상하여 화가 날 때 그것을 해소하기 위해 갖가지 행동을 보여 준다. 얼굴이 상기된다거나 고함을 치면서 갈등을 해소하려고 하며 때로는 난폭한 행동을 보이거나 음주 등을 통해서 이러한 갈등의 해소를 도모하기도 한다. 아동이라고 하여 어른과 버금가는 갈등이 없는 것은 아니다. 어떻게 보면 어른들보다 더 많은 마음의 변화와 갈등을 겪는지도 모른다. 다만 아동은 갈등의 지속시간이 짧고 기복이 많다 보니 금방 해소가 된 것처럼 보일 뿐이지 마음 밑바닥에는 앙금이 되어 남게 되는 것이다. 아동은 지극히 사소한 것에도 즐거워하거나 상처를 받기도 하여 그런 것들이 마음속에 쌓여 간다. 이렇게 쌓인 앙금은 아동의 성격이나 인격을 형성하는 데 많은 영향을 준다.

▼ 파도(5세 남아)

아동의 여러 가지 좋지 못한 갈등이나 심정은 그림의 전체적인 분위기를 구성하는 데 많은 영향을 미친다.
- 갈등을 가라앉히기 위해 음악을 지휘하듯 선으로 표현했다.

어릴 때 경험한 심한 공포나 갈등을 해소하지 못하고 트라우마로 남아 성인이 될 때까지 영향을 끼치게 되면 결국은 성격파탄자나 인격장애로 전락하면서 정상적인 생활을 영위하기 어렵게 된다는 점을 강조한 심리학자들의 견해를 참고해 보아야 한다. 아동에게도 갈등의 해소를 위한 어떤 방법이 필요하다는 것을 느낄 수 있다. 이러한 의미에서 볼 때 아동은 그들의 마음속에 일어나는 갖가지 갈등이나 욕구불만을 표현 활동을 통해서 털어낸다는 사실에 주목해야 한다. 심한 꾸중을 들은 아동이 무질서한 낙서로 아무 곳에나 마구 칠을 해대거나 종이를 갈기갈기 찢어버리는 행동은 이러한 것을 통해서 응어리진 마음을 풀어내기 위한 수단으로 활용한다. 이와 같은 행동양식은 그리기 활동에서 특히 자주 나타나는 것을 볼 수 있다. 친구와 심하게 다투고 나서 그 친구의 얼굴을 험악하게 그려 준다든지, 꿈속에서 보았던 괴물을 그린 다음 그 위에 검은색으로 마구 칠해서 덮어버리는 행동은 모두가 이러한 마음의 갈등을 해소하기 위한 자정노력이라는 점이다. 바로 이러한 행동을 이해하는 것이 아동을 이해하는 첩경이며 나아가 아동의 올바른 인격을 육성하는 데 필요한 근본을 마련하는 의미로 보아야 한다.

▼ 축구경기(8세 남아)

아동의 설명에 의하면 축구를 못하는 자신이 유명한 선수가 되어서 골인하는 모습을 표현
-자기의 약점을 회복하려는 그림

화면의 전체적인 분위기가 난잡하거나 어둡고 침울한 경우 분명히 아동은 그러한 분위기의 정서에 빠져 있는 것이며, 명랑한 분위기를 보이는 경우에는 무언가 기분 좋은 상태에서 즐거운 마음을 표현한 것으로 볼 수 있다.

이처럼 아동의 감정은 그들의 표현 활동에서 나타나는 결과에 크게 영향을 미치고 있으며, 그림의 전체적인 분위기를 결정지어 주기도 한다. 그러므로 그림 속에 나타나는 이러한 분위기를 세밀하게 관찰하고 그들의 마음을 읽어보는 것은 곧 아동의 이해로 연결되는 길이며 올바른 인격배양을 위한 바탕이 된다.

4 그림으로 보는 아동 이해의 실제

목욕탕에서(7세 여아)

엄마를 따라서 간 목욕탕에서 물장구를 치며 즐겁게 놀았던 기억과 때수건으로 등을 밀어주는 모습을 재미있게 표현하였다.

아동은 화면의 구도, 그림의 전체적인 조화 등을 생각하지 않고 자신이 즐겁게 느꼈거나 감동받은 것에 집중하여 나타내려는 특징을 가지고 있다. 표현의식기와 개념화기를 거치는 과정에서 보여 주는 일반적인 표현 형식이라고 할 수 있는 그림이다.

과메기 건조장에서(7세 남아)

이 아동은 모처럼 바닷가 큰집에 놀러 갔었다. 수염이 덥수룩한 모습으로 열심히 엮은 과메기를 덕장에 걸어 말리는 큰아빠의 모습도 신기했지만, 걸어놓은 과메기를 노리는 갈매기의 날갯짓도 이 아동에게는 큰 충격이었고 감동이었다. 갯바위 틈을 재빠르게 기어가는 작은 게들도 그저 신기할 따름이었다. 아름다운 추억으로 담아 두었던 감동을 하나씩 끄집어내어 그린 기억화요 경험화다.

동물원(7세 여아)

동물원에 놀러 갔던 일을 회상하면서 그린 그림이다. 우리 안에 있는 사자, 곰, 독수리를 그렸다. 아동의 기억 속에서 가장 두드러진 감동으로 남아있는 동물이 세 가지라는 뜻이다. 사자의 얼굴은 정면, 몸체는 측면을 보이고 곰과 독수리는 모두 정면으로 묘사되었다. 관람하는 어린이의 몸체도 정면을 보이지만, 얼굴은 측면으로 나타나 있다. 동시적 표현이 나타나기 시작하는 초기 개념화기의 표현이라고 할 수 있으며, 사물과 사물의 관계를 고려하지 않고 나타내고자 하는 대상 하나하나에만 집중하여 표현하는 정의적(定意的) 표현이다.

나비가 되었어요(7세 여아)

봄이 오면서 온 세상에 아름다운 꽃이 많이 피었다. 붕붕거리며 날아다니는 꿀벌과 나풀나풀 나는 나비의 모습을 보면서 어느새 자신이 나비가 되어서 달콤한 꿀을 빨아 먹으러 이 꽃 저 꽃으로 날아다닌다. 동생과 친구들도 모두 나비가 되어 꿀을 마음껏 즐긴다는 내용의 대표적인 의인화이다.

이처럼 아동은 감동을 준 대상이 무엇이든 거기에 자신을 몰입시키는 특징을 갖기도 한다. 이러한 아동의 순수한 시각은 개념화기를 거치고 점점 자라면서 깨끗이 잊게 되지만 이러한 정서가 쌓이면서 아름다운 심성을 지닌 어른으로 성숙해가는 것이다.

오이 팩(7세 여아)

언뜻 보면 아이들이 좋아하는 스티커 놀이를 하는 그림처럼 보인다. 그린 아동의 설명을 듣고 나서야 그것이 엄마 얼굴에 붙인 오이라는 것을 알고는 웃음이 절로 나온다. 오이의 단면을 유심히 관찰하여 나타낸 것도 재미있고 오이를 붙여주는 아동에게 얼굴을 맡기고 지그시 눈을 감고 입가엔 행복한 미소를 잃지 않고 있는 엄마의 표정이 무척 재미있어 보인다.

비교적 섬세하고 관찰력이 뛰어난 아동이다. 이러한 아동은 장식적인 것에 흥미를 많이 느끼며 군더더기를 싫어하고 매사에 깔끔함을 좋아하며 남에게 지기 싫어하는 성격의 아동으로 보인다.

해저 여행(6세 여아)

가족들과 제주도 여행을 가서 타본 잠수정의 감동을 나타낸 기억화이다. 사진을 찍는 사람의 모습이나 바닷속에 사는 물고기들이 모두 등장한다. 실제 눈으로 본 물고기들이 아니라 책이나 이야기를 들어서 알고 있는 모든 물고기가 표현되었다.

자기를 포함한 모든 대상을 멀리서 바라보며 그린 듯, 객관적인 개념에서 표현한 경우이다. 이처럼 아동은 머리에 간직하고 있는 경험이나 감동을 그리는 것을 기본으로 한다. 삼각형과 타원형 물고기 등의 반복표현은 도식기의 특징을 보여 주는 대표적인 경우이다.

비 오는 날(6세 여아)

비 오는 장면을 그린 그림이다. 수직으로 죽죽 내리그은 선들이 비를 나타낸 것이다. 대체로 아동은 우산을 표현하는 데 어려움을 느끼는 모양이다. 한 아동은 길게 늘어진 녹색 우산으로, 화면 상단에 잘린 분홍색의 둥근 부분이 자기가 쓰고 있는 우산이다. 우산 손잡이로 보이는 부분은 길게 선으로 나타내어 반드시 손과 연결시켰다. 우산은 손에 쥐어야 한다는 사실을 강하게 의식하고 있는 표현 탓이다.

그것은 아동이 눈에 보이는 시각적인 것보다 알고 있는 객관적 사실에 집착하여 그리는 표현의식기 후반에 주로 나타나는 대표적인 양식이다.

우주여행(8세 남아)

우주선을 타고 먼 우주를 여행하는 모험만화나 우주를 그린 영화를 보고 그린 상상화이다. 우주과학에 많은 관심을 가진 아동으로 여겨진다. 그것은 과학소설이나 영화에서 볼 수 있는 우주정거장이나 도시의 모습이 꽤 구체적이며 합리적인 모습을 보여 주고 있기 때문이다. 우주에 대한 기본적인 상식을 많이 알고 있다는 증거이다.

이렇게 관심을 가진 분야를 그림으로 아주 진지하게 표현한다는 것은 자신의 장래희망을 나타낸 것이라고 할 수 있다. 이러한 표현들이 자라서 우주과학자가 되고 우주비행사가 되는 것이다. 그림은 아동의 장래희망까지도 투사해 내는 수단이 된다.

찾고 있어요(8세 남아)

길에서 지갑을 잃은 여자 친구가 어쩔 줄 몰라 울고 있는 모습을 그린 그림이다. 전봇대에 흔히 붙어있는 분실물 찾는 전단을 본 적이 있는 이 아동은 그것을 그대로 자기 그림에 재현했다.

바닥에 잃어버린 지갑이지만 커다란 돋보기로 전봇대를 들여다보는 것은 사실적(寫實的)인 면을 떠나 찾고 있다는 점에 초점을 맞춘 결과이다. 돋보기를 통해 보이는 확대된 눈동자를 표현한 것도 재미있고 아주 사소한 부분도 놓치지 않고 나타낸 맨홀 뚜껑에도 관심을 보여 준다.

앞으로 자라서 셜록 홈스를 능가하는 명탐정이 되는 것이 이 아동의 희망일지도 모른다.

만화동산(7세 남아)

만화를 보면서 감동받았던 장면을 임화나 기억화로 나타낸 경우이다. 아동은 만화, 동화, 그림책 등을 통하여 나름대로 도식적인 그림을 그리기도 한다. 이러한 활동이 또 하나의 새로운 창조로 이어지는 모티브가 되기도 한다.

일반적으로 모방인 임화는 창조성 발달에 그다지 큰 영향을 주지 못한다고 주장하는 사람도 있지만, 창조의 근원을 모방으로부터 출발한다고 강조하는 학자도 많다. 저자도 임화의 효과가 아동의 조형의식을 발달시키는 데 상당히 긍정적인 면이 있음을 강조하고 싶다.

예쁜 내 다리(8세 여아)

아빠와 함께 간 야구장에서 치어걸들의 응원하는 모습을 본 후 그린 만화적인 요소를 가미한 그림으로 보인다. 치어걸의 유니폼도 멋있었지만, 특별히 아동의 관심을 끌었던 것은 아름다운 무늬 스타킹이었다. 그것은 곧 아동의 예쁜 다리로 대변되었고 더욱더 아름답게 보이려는 욕구가 가미되었다고 볼 수 있다.

이런 경우는 모사(模寫)가 작용하는 경우도 많으며 디자인적인 면에 관심이 높은 아동이다. 디자이너가 되는 것을 꿈으로 여기는 아동일 수도 있다.

노인들을 도와주세요(7세 여아)

몸이 불편하신 할머니, 할아버지를 돕자는 캠페인을 보고 느낀 마음을 표현한 그림이다.

아동은 일상에서 조금이라도 감동적인 광경을 보았다면 그것이 곧 그림으로 나타나기도 한다. 대체로 아동이 소재에서 망설임이 없는 이유는 바로 이러한 마음에서 표현이 출발하기 때문이다.

우리 가족(4세 남아)

선이 주가 되는 낙서기 후반의 표현에서 흔히 볼 수 있는 양상이다. 점차 사물에 대한 객관적인 형태가 나타나기 시작하고 자기가 좋아하는 색채가 정의적(定意的)으로 사용된다.

표현의식기 초기에 주로 나타나는 머리에서 팔다리가 곧장 나오는 두족인의 양상에 비해서 오히려 발전된 것으로 보이나 아동의 의식 속에는 부위별 관계를 명확하게 판단할 수 있는 능력은 아직 부족하다. 단순한 선과 원의 표현은 표현의식기로 향하려는 바탕이 되는 것이다.

불빛축제(7세 여아)

불빛축제로 쏘아 올린 불꽃을 쳐다보며 탄성을 지르며 사진을 찍는 사람들의 모습이 감동을 자아내기에 충분했다. 이러한 추억이 아동의 뇌리에 사라지지 않고 남아 그림으로 표현된 것이다. 특히, 이 아동은 불꽃을 나름대로 독특하게 나타내기 위해 크레파스를 분말로 만들어 꾹꾹 누르고 그 위에 수채물감으로 나타내었다.

이처럼 나름의 표현방법을 여러 가지 방법으로 찾아보는 것은 새로운 것에 대한 도전 의식과 창조성을 키우는 계기가 된다.

전기공사(8세 남아)

아슬아슬하게 전봇대에 매달려 전기공사하는 아저씨의 모습이 너무도 신기하면서 한편으론 무섭기도 했다. 전기라면 무조건 위험하다고 들은 아동은 그런 무서운 전기선을 마음대로 주무르는 솜씨가 그저 놀라울 뿐이었다. 내내 기억에 남는 인상이 되었다. 마침 그리기 시간에 "장래희망을 그려 보세요."라는 주제에 이것이 언뜻 생각나서 그린 그림이라고 한다.

아동은 생활 주변에서 일어나는 일에 무엇이든 신기해하고 때로는 감동하기도 한다. 그리고 그런 것들이 그림의 소재가 되며, 이러한 활동을 계기로 나름의 새로운 자기 희망을 발견하기도 한다.

고기잡이(8세 남아)

가족들과 함께 바닷가에 놀러 가서 멀리 떠 있는 고기잡이배를 보고 상상의 나래를 펼친 경우이다. 그물에 걸린 물고기는 자기가 알고 있는 모든 종류의 물고기가 대변된 것이다. 머릿속에 담겨있는 모든 정보가 표현을 통해서 표출된다. 그리고 그것이 상상으로 이어지게 되는 것이다.

이처럼 아동은 눈에 보이는 하나의 광경에서도 얼마든지 상상을 펼쳐낼 수 있는 무한한 잠재력을 지니고 있다.

바닷가에서(7세 남아)

TV의 다큐멘터리 프로그램을 보고 그린 거북이와 물고기 그림이다. 주제를 화면 중앙에 그려 넣고 주변의 분위기를 살리기 위해 삼각형이나 별 모양을 반복적으로 채웠다. 이처럼 같은 형이나 색채가 반복적으로 나타나는 도식적 개념화기의 대표적인 양상을 보여 주는 그림이다.

특히, 이 아동은 다큐멘터리나 여행, 이국적인 것에 관심이 많은 아동으로 자기의 관심 분야를 밖으로 표출해 낸 그림이라고 할 수 있다. 차분함이나 논리성은 부족해 보인다.

바닷속에서(7세 남아)

이 아동도 TV를 통해서 신기한 바닷속의 세계를 보고 그린 그림이다. 자신이 잠수복을 입고 바닷속을 마음껏 유영해보고 싶은 생각을 담았다고 할 수 있다.

미지의 세계에 대한 호기심이 많아 보이는 아동이다. 언젠가는 자기도 잠수부가 되어 심해 탐사하는 일을 해보고 싶은 마음을 표현한 것으로 보인다. 아동은 자신이 희망하는 마음을 그림에 담아 표현하는 것으로 거기서 느끼는 강한 희망욕구를 해소하기도 한다.

방역차(7세 여아)

해충을 퇴치하기 위해서 연막소독을 하고, 예방 주사를 놓는 모습을 보면서 느낀 감동을 표현한 그림이다.

어린이뿐만 아니라 노인들도 예방 주사를 맞기 위해 기다리는 모습이 즐겁게 표현된 경우이다. 연막이 뿜어 나오는 방역차의 굴뚝이나 간호사의 주사기처럼 주제의 핵심이 무척 과장되어 있다. 이처럼 시선이 집중되는 부분을 과장하여 표현하는 것이 아동화의 특징이다. 일상에서 느낀 감동을 잘 표현한 경험화이다.

할머니와 호랑이(6세 남아)

전래동화에 나오는 호랑이를 대담하게 표현하였다. 떡 광주리를 머리에 인 할머니 앞에 '짜잔!' 하고 나타난 호랑이의 표정이 무척이나 험상궂어 보인다. 표현의식기에 보여 주는 일반적인 특징이 나타나고 있는 경우로 머리는 정면을 향하고 몸체는 측면으로 나타나는 동시적 표현 현상이 두드러진 그림이다. 머리나 몸체의 비례와 대소는 전혀 고려되지 않았다. 그것은 아동이 알고 있는 사실에 초점을 맞춘 결과이다. 아동의 성격이 비교적 활발하여 또래들과의 사귐이 원만하고 대담형에서 보여 주는 양상이 잘 나타난 유형이다. 섬세하고 차분함은 다소 부족해 보이는 아동이라고 할 수 있다.

야외에서(7세 여아)

아름다운 꽃들이 피어있고 나비들이 날아다니는 들판에 가족이 소풍을 가서 돗자리를 깔고 맛있는 음식을 먹으면서 즐겁게 놀았던 추억을 나타낸 그림이다. 중심이 되는 화면을 효과적으로 잘 보이게 하기 위해 동생은 누워있는 자세로 처리되었다. 사실적이고 객관적인 양 · 부를 고려하지 않은 결과이다. 형이나 채색으로 보아 비교적 장식적이고 디자인적인 것에 관심이 많으며 차분한 성격의 아동이다.

굴뚝이 있는 집(5세 여아)

낙서기를 지나 표현의식기로 접어드는 아동의 그림이다.

요즘에는 이러한 굴뚝이 존재하지 않는다. 그림책이나 동화책에서 등장하는 그림에서 영향을 받은 표현이다. 사물의 전체적인 조화와 균형은 존재하지 않으며, 그리고 싶은 욕구를 나름대로 자유롭게 나타냈다. 비교적 활발하고 자유분방하며 명랑한 성격의 아동이라고 할 수 있다.

물고기 학교(8세 남아)

TV를 통해서 바닷속 광경을 보면서 유영하는 물고기들의 생활이 무척 궁금했던 아동이다.

물고기도 우리 인간처럼 학교를 다니면서 서로 즐겁게 어울려 논다는 의인화 의식의 반영이다. 이처럼 아동은 모든 생물이 나와 같이 생각할 수 있고 나와 같은 감정을 느끼는 것으로 착각하곤 한다. 이것이 그대로 묘화에 나타나는 물활론적인 사고가 반영된 자기중심적 표현에서 기인하는 경우가 많다.

동물나라(6세 남아)

동물원 견학에서 보았던 동물의 인상을 나름대로 각색하여 차분하게 표현한 그림이다. 특히, 기린의 느낌이 그 어느 것보다 강력한 감동으로 머리에 남아있는 것이어서 화면의 중앙에 그려 넣었다. 사람과 교감하는 기린의 표정과 이 모습을 부러운 시선으로 여러 동물의 표정이 재미있어 보인다.

비교적 소심하고 섬세한 면이 많으며 생각이 많아 보인다. 활동성이 부족해 보이나 원만하고 순종적인 아동으로 볼 수 있다. 화면의 전체적인 조화나 공간개념은 아직 부족한 편이다.

별 보기(8세 남아)

밤하늘에 떠 있는 별을 보면서 그곳엔 무엇이 살고 있을까? 라는 궁금증을 가져보지 않은 아동은 없을 것이다. 우주세계에 대한 지식이 아직도 많이 부족한 아동으로서는 미지의 세계에 대한 의혹과 동경은 온갖 상상을 만들어 내기에 절대적인 대상이다. 어릴 때 밤하늘의 무수한 별을 보면서 상상의 나래를 폈던 것을 회상해 본다면 아이들의 마음을 쉽게 헤아릴 수 있다. 이 아동이 쳐다본 하늘에 무수히 떠 있는 별 속에는 나무도 자라고 벌레도 살고 있을 거라는 상상을 자유롭게 표현해 본 경우라고 하겠다.

어릴 때부터 그림 그리기를 통해서 상상을 많이 할 수 있게 도와주는 것은 창조적인 인간을 만드는 최고의 길임을 알아야 한다.

고래의사(8세 여아)

“지구를 살리자!”라는 주제를 두고 그린 주제제시 그림이다. 우리가 함부로 버리는 수많은 쓰레기는 결국 바다를 오염시키고 그 바다에 사는 고래는 쓰레기를 먹고 배가 터질 정도로 심각한 상태에 빠졌다고 보았다. 고래 뱃속에 꽉 차있는 쓰레기를 집게로 빨리 끄집어내야 고래는 회복되어 다시 바다로 나갈 수 있다는 생각으로 이 그림을 그린 것이다. 상상력이 풍부한 아동의 발상이다. 황당한 발상에서 나온 것 같지만, 이것이 새로운 것을 만드는 창조가 된다. 『해리포터』를 쓴 영국의 조앤 롤링만 봐도 그렇다. 그가 이 소설을 처음 출간하고자 했을 때 출판사마다 너무 황당한 내용이라고 해서 퇴짜를 놓았다. 그러나 우여곡절 끝에 출간된 이 한 권의 소설이 그를 금세기 최고의 작가 반열에 올려놓았다. 상상력은 위대한 창조를 낳는다는 사실에 주목하고 아동을 이끌어야 한다.

동생이 태어나던 날(8세 여아)

병원에서 태어난 동생을 처음 만나러 갔던 날을 기억하여 그린 경우이다. 환자복을 입은 엄마는 동생을 조심스럽게 안고 나와 보여 주었다. 자기도 안아보고 싶었지만, 엄마는 한사코 말렸다. 아기를 낳느라 힘이 들었다는 것을 상징하는 땀방울이 엄마의 이마에 달려 있다. 병실을 상징하는 가습기나 침대 등이 여백을 섬세하게 채우고 있는 것과 묘사한 윤곽선은 아동의 성격을 말해 준다. 깔끔한 것을 좋아하고 섬세하며 장식적인 디자인을 좋아하는 것으로 보인다. 자유로움이 적어 딱딱해 보이는 면도 있다.

전국노래자랑(8세 여아)

TV에서 본 전국노래자랑을 보고 그 느낌을 즐겁게 그린 그림이다. 예쁜 옷을 입고 무대 위에 선 사람이 기억에 남아 그림으로 그려본 경우이다. 물론 무대 위의 사람은 자기일 수도 있다. 자기도 이런 무대에 서면 얼마든지 잘 부를 수 있다는 강한 자신감이 상징적으로 나타난 경우일 수도 있다. 평소에 자주 보았던 화면이었는지 무대 위의 장식이나 소품들, 심사위원들까지 매우 섬세하게 묘사한 것으로 보아 예민한 성격을 가졌다고 보인다. 화면 전체의 자유로움은 부족해 보이며 비교적 디자인적인 장식에 관심이 많아 보이는 그림이다.

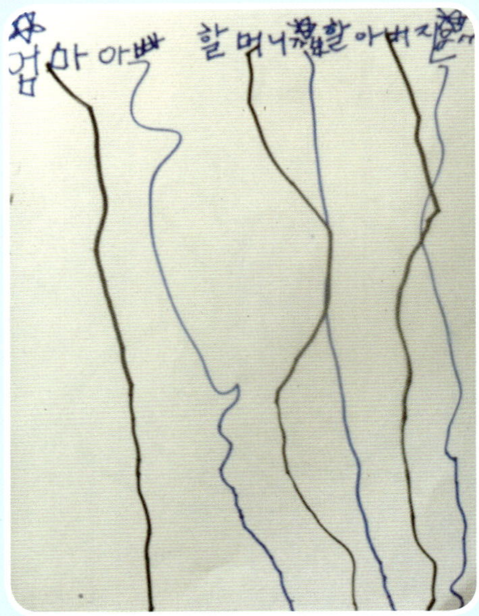

선 가족(6세 여아)

선으로 가족을 그린 아주 독특한 선화다. 이 아동은 스스로 글자를 깨우쳐 가족명칭을 쓰고 그 아래에 가족들의 성격으로 보이는 선으로 나타내었다. 선 하나로 마음을 표현할 수 있다는 동양회화사상의 한 단면을 보여 주는 양상이다. 선의 굴곡 정도에 따라서 자신에게 주어지는 사랑의 정도나 간섭의 강도를 나타낸 것으로 보이기도 한다. 아동의 정서적인 특징으로 보아 얼마든지 가능한 표현 방법이며 이러한 선 하나에도 마음을 실어내는 것이 아동이다.

가위바위보(6세 여아)

롱 다리 소녀들(6세 여아)

개념화기에 접어든 비슷한 또래의 아동들이다. 꼭 한 아동이 그린 것 같이 비슷한 양상으로 나타난다. 여러 매스컴을 통해서 각인된 미의 기준이 적용된 것 같아 씁쓸하다. 걸그룹 세대들이 인기를 끌면서 한류열풍이 전 세계를 뜨겁게 달군 결과로 파생된 긴 생머리와 롱다리 신드롬이 아동의 묘화에까지 영향을 미친 결과로 보인다.

어린 세대의 의식을 경직시킬지도 모른다는 우려로 걱정되는 양상이며 아동의 마음이 대변된 경우여서 앞으로도 잘 살펴보면서 아동의 마음을 읽어볼 수 있는 묘화활동이라 할 수 있다.

5 아동화 이해의 바람직한 방법

아동의 조형 활동에 대한 의식은 성인들의 그것과는 근본적인 차이가 있다는 것은 앞에서도 여러 차례 강조한 바 있다. 아동은 신체적 · 정신적인 성숙 정도에 따라서 단계별 특성을 보여 준다는 사실과 그들의 여러 감각을 통한 경험을 바탕으로 하여 조형 활동의식이 형성되며 그리기 활동의 근본으로 작용한다.

그리기 활동에서 일반적으로 성인은 눈에 보이는 대상물을 얼마나 객관적이고 사실적으로 그릴 것인지에 고심하고, 또한 대상과 닮은 정도를 가지고 양부로 평가하려는 의식이 바탕을 이룬다고 한다면, 아동은 성인의 이러한 의식과는 다른 특성을 보인다. 그것은 사물을 관찰하고 인식한다는 의미보다 눈에 보이는 대상을 통해 머리에 간직하고 경험이나 개념의 조각들을 펼쳐놓는 형식의 표현이 이루어진다는 것이 정확한 표현이다. 그러므로 아동의 이러한 표현 의식을 이해하는 것이 아동화를 올바르게 이해할 수 있는 길이다. 따라서 아동화의 바람직한 이해는 그들의 이러한 조형의식을 염두에 두고 아동화를 분석하고 판단하는 것이 우선되어야 한다.

아동화의 올바른 이해를 돕기 위해서는 다음과 같은 관점에 초점을 맞추어 보는 것도 바람직한 아동화 이해의 방법이 될 것이다.

1) 아동화의 근본은 아동이 지금까지 경험하고 느낀 것에서 시작되는 자기표출이다.

경험이 적은 아동일수록 표현 활동에 있어서 소극적 · 수동적이며 내용면에서도 다양성이 떨어지는 반면에 여러 가지 경험을 많이 쌓은 아동일수록 적극성과 풍부한 표현이 이루어지고 있는 경우를 흔히 볼 수 있다. 이러한 사실로 미루어 보아 아동의 경험과 표현 활동은 서로 깊은 상관관계를 가진다는 뜻으로 해석할 수 있다.

외국 속담에 "자식을 바르게 키우려면 여행을 많이 시켜라!"라는 말이 있다. 경험이 많을수록 보다 행복한 인생을 살 수 있다는 뜻이다. 바람직한 조형 활동을 위해서는 여행이나 견학, 체험활동 등 다양한 경험을 가질 기회를 많이 제공해 주는 것이 필요하다.

2) 아동은 시각에 의한 사실적(寫實的) 표현이 아니라 자기가 알고 있는 느낌을 나타내는 것이다.

현재 눈으로 확인할 수 있는 사실을 바탕으로 하지 않고 과거에 보았던 것, 경험되어진 지각의 조각들을 자기 나름대로의 정의적(定意的)인 방식으로 표출해 내는 것이라고 볼 수 있다. 그러므로 실제의 사물과 얼마나 닮았는가?, 얼마나 객관적이고 사실적이냐? 하는 것을 가늠해 보는 것은 아동화 이해에 있어 무의미하다.

아동화는 놀이로서의 산물이라는 관점으로 이해하는 것이 좋다. 성인이나 화가라고 일컫는 사람의 작품과는 근본적으로 표현의식이 다른 동기에서 출발한다는 점을 알아야 한다. 화가가 그리는 그림이 사실화이든 추상화이든 여러 가지 사상적 배경을 모티브로 하는 것이라면 아동화에서는 이러한 사상적 배경은 존재하지 않는다. 아동이 느낀 감동이나 정서를 아무런 정제 과정을 거치지 않고 그대로 뱉어내는 단순성을 지닌다.

회화의 원리가 되는 여러 가지 구성요소는 근본적으로 존재하지 않으며 다만 자기가 좋아하는 형태나 색상으로 표현의 기쁨을 즐긴다는 의미에 초점을 두는 경우가 많다. 그러므로 무엇을 만들어낸다는 생각보다 놀이라는 의미에 더 가까운 활동을 보이므로 경우에 따라 장난처럼 보이는 이유도 아동의 바로 이러한 의식이 밑바닥에 깔려 있다고 보면 이해가 쉬울 것이다.

▼ 갓 돌을 지난 어린 아이들에게도 그리기는 즐거운 놀이다(2, 3세 남아)

3) 아동은 그림에 대한 비판이나 비교의식이 존재하지 않는다.

그것은 조형 원리에 대한 이해가 부족하고 양 · 부의 판단이 성숙하지 못하기 때문이다. 그래서 또래의 그림과 비교하면서 우열을 가린다는 것은 아동에게는 그다지 큰 의미가 없다. 이러한 우열의 판단이나 기준은 어른의 몫이지 아동의 사기나 의욕을 부추기기 위한 수단으로 이용하기 위해서라면 그것은 아동의 조형 감각이나 의식을 알지 못하는 어리석은 생각이며, 조형 활동의 궁극적인 목적을 이해하지 못한 결과라고 할 수 있다. 따라서 미술대회나 발표회 등에서 객관적인 조형 원리를 바탕으로 우열을 가려서 순위를 정하고 시상을 하여 활동을 고무시킨다는 의도는 어른의 개념적인 의식을 아동화에 그대로 적용시킨 오류이다. 그러므로 아동화의 양 · 부나 우열을 가늠하는 것은 그다지 중요한 의미를 갖지 못한다는 사실을 깊이 깨달아야 한다.

아동의 바람직한 성장 발달을 도모하기 위한 방법으로 아동의 조형 활동이 이해되어야 하며, 조형 원리가 자리 잡기 시작하여 비판이나 우열의 판단이 가능해지기 시작하는 개념화기 후반을 기점으로 자연스럽게 얻어지는 가치관의 성숙에 맡기는 것이 가장 좋은 길임을 알아야 한다.

미술은 아동의 성장 발달에 맞추어 자연스럽게 체득하는 발달 과정에 초점을 맞추되 미리 교육시킴으로써 발달을 앞당긴다는 인식은 결코 아동의 바람직한 인격체의 육성에 그다지 큰 도움이 되지 못한다는 사실을 깨달아야 한다.

4) 아동의 미술활동은 교육되는 것이 아니라 스스로 행동하는 데서 자연스럽게 육성되는 것이다.

엄밀히 말해서 미술은 교육하는 것이 아니라 활동하는 것이며 활동을 고무시키고 표현 의지를 한층 고양시키는 것이라는 인식이 필요하다. 그래서 아동에게 강제되는 교육으로서가 아니라 스스로의 의욕에 의해 자신을 표현하고 자신의 솔직한 감정과 감동을 나타냄으로써 새로운 것에 대한 부단한 탐구와 창조 의식을 자연스럽게 발달시켜 나가는 것이 가장 의미가 있다.

정해진 수준에 도달하기 위한 지식의 획득이 아니라 자발적인 활동이 이루어질 수 있도록 의욕을 고취하고 용기를 북돋워 주어 자유롭고 활기찬 자기표현으로 유도될 때 더욱 생동감 있는 그림을 기대할 수 있는 것이다. 생명력 있는 아동화를 기대하기 위해서는 강제되고 통제된 활동은 지양되어야 하며 자유로운 활동을 통하여 솔직한 아동의 심정이 잘 나타날 수 있도록 도와주고 이끌어 주는 자세가 필요하다. 그리하여 아동의 활기찬 표현 의욕이 얼마나 잘 투영되었는지를 읽어보는 것도 아동화 이해를 돕는 하나의 방법임을 알아야 한다.

5) 활동과정에서 아동의 여러 가지 욕구와 심정이 어떻게 투영되어 나타나고 있는지를 판단해 보는 것은 아동화를 올바르게 이해하는 길이며 또한 아동 이해의 바탕이다.

한결같은 활동을 지속시키기 위해서 심한 통제나 압박을 가하는 것은 오히려 아동의 정신적 해방과 자율성을 키워 나가는 데 장애 요소가 되기도 한다. 얌전하고 말 잘 듣는 수동적인 아동보다는 자신을 당당하게 내세울 수 있는 능동적인 자세를 키워 준다는 의미는 21세기 미래사회를 이끌어 나가는 데 필요한 자질을 연마하는 활동으로 보아야 한다. 마음에서 일어나는 심한 갈등과 동요는 아동의 그림에서 그다지 어렵지 않게 볼 수 있다. 이러한 것을 이해해 주고 또한 활동을 부추겨 줌으로써 마음의 응어리를 털어내고 더욱 자신감 있는 자기표현으로 이끌어주는 배려가 절대적으로 필요하다.

어디까지나 그림다워야 한다는 의미보다 마음의 갈등을 풀어내는 수단으로서, 마음을 정화시키는 방법으로서의 이해가 뒤따를 때 또 다른 아동화 이해를 도모하는 길이 된다. 난잡하고 장난스러워 기대치에 부합하지 못한다 하여 강요하거나 제재를 가하는 것은 아동에게 그다지 큰 도움이 되지 못한다.

아동의 여러 가지 복잡한 마음의 갈등과 동요가 자연스럽게 표출되어 스스로를 정화해 나갈 수 있도록 도와준다는 뜻으로 이해한다면 더욱 바람직한 인격을 갖춘,

진정으로 미래사회를 주도할 수 있는 능동적이고 발전적인 인간을 육성하는 길이 될 것이다.

6 아동화 이해의 맺는 말

아동화에서 보여 주는 여러 가지 표현 양상을 이해한다는 의미는 곧 아동의 이해로 이어지는 첩경이다. 원만한 인격체의 육성을 위한 바탕을 마련한다는 뜻 속에는 이해라는 과제를 전제로 하지 않으면 불가능하다. 즉, 이해를 바탕으로 할 때 아동이 느끼고 있는 문제가 무엇이며, 거기에 따르는 해결방법이 어떤 것인가를 생각할 수 있고 또한 그 해답을 구할 수 있는 것이다.

아직 아무것도 모르는 철부지라는 이유를 들어 무조건 무시하고 억압을 가하여 눌러버린다면 그것은 아동이 느끼는 문제가 결코 소멸되는 것이 아니라 더 큰마음의 응어리를 키워가는 꼴이 된다.

▼ 훨훨 날고 싶어요(6세 여아)

나비가 되거나 용을 타고 푸른 하늘을 마음껏 훨훨 날아가고 싶은 심정을 표현했다.
욕구불만을 해소하고 싶은 마음의 표출로 보인다.
이처럼 아동은 즐거운 그리기에서 갈등을 해소하기도 한다.

아동의 갖가지 감정의 기복을 가장 손쉽게 표출하는 것이 미술이라고 많은 학자가 주장하는 이유는 그 어떤 수단보다 미술활동을 통한 방법이 효과적이라고 인식하기 때문이다. 따라서 그것이 좋은 감정이든 나쁜 감정이든 그것을 그림으로 풀어낼 수 있다는 사실과 그 속에는 아동을 이해할 수 있는 많은 요소를 간직하고 있다는 점이다. 바로 이것을 잘 관찰하고 이해할 수 있을 때 아동을 더욱 바람직한 방향으로 끌어갈 수 있는 길을 찾을 수 있다는 뜻이다.

아무도 예측할 수 없는 미래사회의 일원이 될 아동을 올바르게 키워나가야 한다는 것이 오늘날의 교육에서 가장 강조하는 과제라고 한다면, 이러한 시점에서 교육의 목표를 달성하기 위한 또 하나의 중요한 의미를 담는 것이 미술활동이다. 바람직한 미술활동을 위해서는 아동을 이해하는 가장 효과적인 수단인 아동화 이해를 기반으로 하여야 함은 당연하다. 또한, 올바른 인격체의 육성을 달성하기 위한 최고의 가치를 가진다고 해도 과언은 아닐 것이다.

참 고 문 헌

강전청 (1966). 현대아동미술교육. 서울: 경향문화사.

계간미술 (1981). 현대미술 용어사전. 서울: 중앙일보사.

금성출판 편집부 (1973). 세계미술대사전. 서울: 금성출판사.

권상구 (1996). 아동미술교육. 서울: 미진사.

김수명 (1979). 아동미술 및 창작공예. 서울: 학문사.

김영학 (1978). 미술의 교육. 서울: 향서각.

김재은 (1980). 교사를 위한 삐아제 입문. 상,하. 서울: 배영사.

김정 (1984). 유아의 묘화 분석. 서울: 백록출판사.

____ (1978). 유아미술 입문. 서울: 일지사.

김춘일 (1985). 아동미술론. 서울: 미진사.

김택용 (1979). 아동미술교육의 현장이론. 서울: 한겨레출판사.

노재우 (1980). 미술교육. 서울: 학문사.

대학 미술교재 편찬회 (1982). 미술교육. 서울: 학문사.

미술교재연구회 (1975). 미술교육. 제6권. 서울: 학문사.

서울교대 미술교육 연구회 (1997). 유아미술 교육학. 서울: 학문사.

염태진 (1987). 유아미술 교육. 서울: 창지사.

오종숙 (1988). 유아미술의 이론과 실제. 서울: 백록출판사.

오정현 (1997). 아동미술. 서울: 형설출판사.

오홍종 (1973). 국민학교 무늬그리기에 대한 연구. 청주교육대학교.

유아미술 연구회 (1995). 유아미술교육. 서울: 학문사.

윤근만 (1975). 아동화에서의 X-Ray화 연구. 계명대학교 교육대학원.

이인태 (1990). 유아미술활동. 서울: 동문사.

임영방 (1973). 국민학교 미술교육. 서울대학교 출판부.

장승림 (1980). 아동심리학. 서울: 법문사.

차동채 · 김춘일 (1988). 아동미술의 지도와 이해. 서울: 미진사.

최재영 (1982). 아동화의 동시적 현상에 관한 연구. 계명대학교 교육대학원.

______ (2001). 아동 미술활동의 지도와 이해. 서울: 창지사.

______ (2008). 개정) 아동 미술활동의 지도와 이해. 서울: 창지사.

______ (2016). 3판) 아동 미술활동의 지도와 이해. 서울: 창지사.

한국교육학회 (1981). 유아교육. 서울: 배영사.

Janson, H. W. (1973). *History of Art*. 김윤수 외 역. 서울: 삼성출판사.

Linstrum, M. (1980). 아동미술의 세계. 김정 역. 서울: 배영사.

Lowenfeld, V. (1954). *Your Child and His Art*. NewYork: Macmillan Co.

Piajet, J. (1951). *Play Dream and Limitation in Childhood*. NewYork: Norton & Co.

Wadsworth, B. J. (1980). 삐아제의 인지발달론. 정태위 역. 서울: 배영사.

V. ローウエンフエルト. 竹内清. 外, 共驛 (1965). 美術にんる人間形成. 東京: 黎明書房.

ロータケロシク. 染田尚彦. 驛 (1974). 兒童畫の發達過程. 東京: 誠文書房.

外山柳三郎 (1956). 兒童畫の理論. 東京: 曉教育圖書.

大下正男編 (1966). 子とぬの美術. 東京: 美術出版社.

저 자 소 개

최 재 영

계명대학교 미술대학(서양화 전공)졸업

동 교육대학원(아동미술교육 전공)에서 '아동화의 동시적 표현현상'에 관한 연구논문으로 석사학위 받음

개인전 8회(서울, 대구, 울산, 포항, 마산). 찾아가는 미술관30회(전국일원) 개최

해외 초대전 12회(미국, 일본, 중국 등). 국내 초대전 및 그룹전 450여 회 참가

포항대학교 유아교육과, 사회복지과에서 겸임 및 외래교수로 25년간 재직

한국미술협회 본부이사, 한국미협 포항지부장, 포항예총부회장 거침

경북도미술대전운영위원, 포항환경미술대전운영위원장, 불빛미술대전운영위원, 대구미술대전심사위원 거침

포항시정자문위원, 포항시건축장식물심의위원, 경북매일칼럼리스트(06-10) 포항대학교 이사 거침

중고등학교 미술교사 및 교감 거침

녹조근정훈장 수훈

현재: SS민ON · 관 · 공 단체 언론기관 아동미술대회 심사위원, 자문위원으로 활동 중
유아교육기관 부모교육 및 교양강좌 강사로 활동 중
한국미술협회원, 미목회, 계명회, 구상회원으로 활동 중

37606 포항시 북구 삼호로 335, 606호

e-mail: choitalo@hanmail.net / daum cafe 황칠마당

제4판
미래인을 키우기 위한
아동 미술활동의 지도와 이해

초판 1쇄 발행 2001년 2월 8일
초판 6쇄 발행 2007년 7월 20일
개정판 1쇄 발행 2008년 6월 4일
개정판 4쇄 발행 2011년 12월 20일
제3판 1쇄 발행 2016년 1월 11일
제4판 1쇄 발행 2019년 8월 14일

지 은 이 | 최재영
펴 낸 이 | 김기섭
편 집 인 | 이혜란
펴 낸 곳 | 창지사 www.changjisa.com
153-802 서울시 금천구 가산디지털 1로 83 파트너스타워1차 9층
전화 (02) 719-2211~3
팩스 (02) 701-9386
등 록 | 1977년 4월 28일 · 제1-421호

ISBN 978-89-426-1241-3 (93370)

값 22,000원

「이 도서의 국립중앙도서관 출판예정도서목록 (CIP) 은 서지정보유통지원시스템 홈페이지 (http://seoji.nl.go.kr) 와 국가자료공동목록시스템 (http://www.nl.go.kr/kolisnet) 에서 이용하실 수 있습니다 .(CIP 제어번호 : CIP2019031443)